高等职业教育财务会计类专业创新教材

管理会计实务

GUANLI KUAIJI SHIWU

主　编　李娟

副主编　赵向东　李春燕　张霞　刘艳彤
　　　　李承乾　刘建明　李真

东北财经大学出版社　大连
Dongbei University of Finance & Economics Press

图书在版编目（CIP）数据

管理会计实务 / 李娟主编．—大连：东北财经大学出版社，2023.6
（高等职业教育财务会计类专业创新教材）
ISBN 978-7-5654-4822-5

Ⅰ.管… Ⅱ.李… Ⅲ.管理会计-高等职业教育-教材 Ⅳ.F234.3

中国国家版本馆CIP数据核字（2023）第059610号

东北财经大学出版社出版
（大连市黑石礁尖山街217号 邮政编码 116025）
网 址：http://www.dufep.cn
读者信箱：dufep@dufe.edu.cn
大连日升彩色印刷有限公司印刷 东北财经大学出版社发行

幅面尺寸：185mm×260mm 字数：334千字 印张：15.25
2023年6月第1版 2023年6月第1次印刷

责任编辑：王天华 周 慧 责任校对：慧 心
封面设计：冀贵收 版式设计：原 皓

定价：38.00元

教学支持 售后服务 联系电话：（0411）84710309

如有印装质量问题，请联系营销部：（0411）84710711

前　言

党的二十大报告中指出："深入实施人才强国战略，培养造就大批德才兼备的高素质人才，是国家和民族长远发展大计。"教材编写遵循教育优先发展，人才引领驱动的理念，依托财政部发布的一系列管理会计指引进行内容整合。2016年6月，财政部印发了《管理会计基本指引》，2017年又陆续发布了《关于印发〈管理会计应用指引第100号——战略管理〉等22项管理会计应用指引的通知》，截至目前，财政部共发布了7项概括性指引和27项具体应用指引，这标志着管理会计正从国家顶层设计走向地方携手推进，从理论宏观指导走向企业落地实践。

本教材共分九个项目，项目一主要讲解管理会计的产生与发展、管理会计指引体系；项目二至项目八主要讲解战略管理、预算管理、成本管理、投资管理、营运管理、绩效管理、风险管理；项目九主要讲解管理会计报告。

本教材具有以下特点：

1. 产教融合，学岗直通

整个教材的编写，由学校和企业专家共同组成教材编写小组，多次深入企业进行调研探讨，深化产教融合，实现学岗直通。充分挖掘课程思政资源，将思政元素融入教学内容，针对每个项目精心设计，加入"明德善思"栏目，做到思政沁润，内化于心，为高职院校人才培养目标的实现奠定基础。

2. 资源丰富，拓宽视野

教材的编写，是基于我国2016年后印发的《管理会计基本指引》《管理会计应用指引》进行的。为了拓宽学生视野，丰富教学内容，我们将相关指引做成二维码融入教材的学习中。同时，针对每一个学习任务，配套制作了微课、电子教案、PPT课件、课程标准和同步训练等课程资源，丰富了课程资源，有利于学生学习。为方便查找，特在书后增加"微课索引"。我们同步开发了与本教材配套的在线开放课程，扫描封底二维码，可以直接获取更多学习资源。

3. 以赛促教，强化实践

"以赛促学、以赛促教"能够将高等教育课程教学需求与社会实践需要相结合。为了更好地使大赛融入教学，在教材编写中吸纳了全国会计职业技能大赛的技能点和知识点要求，突出了会计职业技能的新热点，全方位训练学生管理会计实践能力、专业知识应用能力，从而提高学生的综合素养。

本教材由济宁职业技术学院李娟担任主编，济宁职业技术学院赵向东、李春燕、张霞、刘艳彤，济宁市大明化工设备有限责任公司李承乾，济宁市工业行业发展服务中心刘建明，济宁市松岳建设机械有限公司李真担任副主编。

本教材既可以作为高等职业院校会计、财务管理等专业相关课程的教学用书，也可以作为会计实务工作者学习管理会计知识及报考会计专业相关资格考试的参考用书。

在本教材的撰写过程中，参阅了国内外众多专家学者的研究成果，得到了东北财经大学出版社的大力支持和帮助，在此一并表示衷心的感谢。由于编者水平有限，书中不当之处在所难免，恳请读者批评指正。

编　者

2023年5月

目　录

项目一

管理会计基础认知

学习目标

1.认知管理会计的概念、目标以及职能
2.举例说明财务会计和管理会计的差别
3.解释管理会计的四大要素
4.列举管理会计工具和方法
5.领会管理会计的应用原则
6.区分管理会计基本指引和应用指引
7.复述管理会计发展的规律

知识点

管理会计　管理会计目标　管理会计的特点　管理会计工具方法　管理会计因素　基本指引　应用指引

技能点

构建管理会计工作的体系

思政融入点

1.制订人生发展计划，树立前行的目标，实现个人价值。
2.坚持正确的职业理念，传承会计文化，发展企业经济。
3.诚实守信，爱岗敬业，树立正确的人生观、价值观，用正确的人生航标做指引。

知识结构

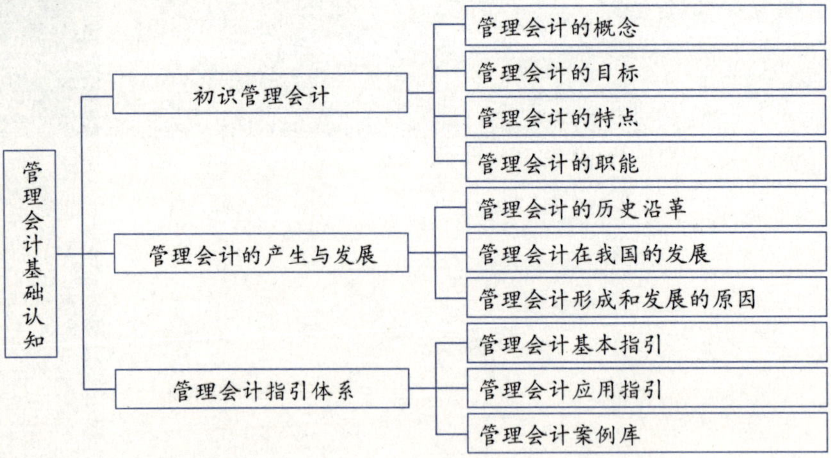

案例导入

海尔的财务转型与组织变革

财务转型与组织变革是海尔财务信息化体系有效运行的前提，进入互联网时代，海尔根据新的时代特征与企业战略进行财务转型与组织变革，从事后核算转变为事前算赢和创造价值，实现财务的定位、组织、信息系统与企业的战略、整体架构、业务流程相匹配。

一、财务定位转型

为提升财务的价值，海尔财务以“规划未来，引领价值”为目标，对财务定位进行转型，从传统的事后算账转变为事前算赢，从价值记录转变为价值创造，从约束控制转向决策支持，从后台职能部门转变为前台业务伙伴，从成本中心转变为增值中心。通过转型，财务人员主动为管理者和员工提供各种决策信息支持，广泛参与战略规划、预算管理、业绩评价和风险控制等过程。

二、财务组织变革

基于新的财务定位，海尔从2006年开始进行了财务组织变革，原则是“集中的更集中，分散的更分散”，即交易处理与会计核算更集中，业务支持更分散。变革后的海尔财务分成三大块：业务财务、专业财务以及财务共享服务中心。其中，业务财务主要从管理会计角度提供决策支持与增值服务，与业务紧密融合，成为业务的合作伙伴；专业财务主要通过推进资金管理、投资、财务专业服务等实现增值；财务共享服务中心主要通过交易处理与会计核算的信息化集中共享，提升会计核算与交易处理效率，降低财务组织成本。通过财务组织变革，海尔的财务人员结构发生了很大变化，转型以前核算财务人员占80%，现在仅占20%左右。大部分财务人员从烦琐、重复的核算业务中解放出来，转型从事管理会计工作，推进了会计职能从重核算到重管理决策的拓展。

海尔的财务转型和组织变革有力地支持了企业价值创造和经营效率的提升。海尔自2007年以来的利润复合增长率达到38%，现金转换周期是-10天，达到行业领先水平。

资料来源：彭家钧. 海尔财务信息化系统的构建与运行［J］. 财务与会，2015（15）：18-20.

任务一　初识管理会计

任务导学

管理会计和财务会计是现代会计的两大分支，经过其他课程的学习我们已经掌握了较为系统的财务会计知识。在此基础上，我们需要进一步学习管理会计的知识，从企业的角度掌握管理会计工作的全面技能。

本任务要求能清晰解释管理会计的概念、目标、特点和职能，熟悉并能绘制管理会计基本框架，对管理会计有全面认知。

一、管理会计的概念

在会计发展历史上，“管理会计”这一术语在美国会计学者奎因斯坦于1922年出版的著作《管理会计：财务管理入门》中首次被提及。1952年，在伦敦举行的会计师国际代表大会上正式提出“管理会计”一词，标志着“管理会计”正式形成，现代会计由此产生了两大分支——财务会计和管理会计。此后，现代管理会计的理论与实践得到不断发展，逐渐受到重视。

财政部印发的《管理会计基本指引》给出了管理会计的定义：管理会计是会计的重要分支，主要服务于单位（包括企业和行政事业单位，下同）内部管理需要，是通过利用相关信息，有机融合财务和业务活动，在单位规划、决策、控制和评价等方面发挥重要作用的经济活动。此定义包括以下要点：一是管理会计应用主体既包括追求经济效益的企业，也包括亟须提高公共管理服务效率的行政事业单位；二是管理会计应当主动嵌入业务活动，实现“业务催生财务，财务融入业务”；三是管理会计应运用先进的工具方法，参与单位规划、决策、控制和评价活动，实现单位战略目标。

管理会计的重心是“管理”，是管理活动的重要组成部分。管理会计关注在动态竞争环境中运用各种技术有效利用资源，增加组织价值。早在1980年法国巴黎举行的一次欧洲会计专家会议上，与会者就发出呼吁：“为了在当今复杂多变的世界上使企业生存下去并繁荣起来，一个战略性的问题就是应用和推广管理会计。”

中国经济已经进入“经济增速已经放缓，企业盈利能力减弱”的新常态，企业需要以“精细化管理”求突破，而管理会计正是企业实施精细化管理的有效工具。为了指导我国企业的管理会计实践，2016年，财政部发布的《管理会计基本指引》为我国管理会计的发展规划了蓝图、指明了方向。

二、管理会计的目标

《管理会计基本指引》从战略的层面和高度制定了管理会计的目标：通过运用管理会计工具方法，参与单位规划、决策、控制、评价活动并为之提供有用信息，推动单位实现战略规划。

在微观层面，管理会计在战略管理、预算管理、成本管理、投融资管理、营运管理、风险管理、绩效管理等方面，通过选择合理的管理会计工具方法，收集汇总、分析和报告各种经济信息，借以进行预测和决策，制订计划，对经营业务进行控制，对业绩进行评价，以强化企业内部管理水平，改善经营管理能力，为企业创造新价值，从而实现提高企业经济效益的目标。在宏观层面，强化管理会计可以深入推进会计强国战略，促进经济转型升级，支持国家战略。在全球经济一体化和国家“一带一路”倡议下，只有提升企业管理能力，增强企业竞争力，中国企业才能在国际环境中更具竞争力。

【明德善思】管理会计的目标，作为管理会计人员的行动指南，指导管理会计系统按正确的方向运行。通过员工齐心协力，提升企业内部管理水平，改善经营管理能力，进而提高企业经济效益。党的二十大报告中指出“到二〇三五年，我国发展的总体目标是：经济实力、科技实力、综合国力大幅跃升，人均国内生产总值迈上新的大台阶，达到中等发达国家水平；实现高水平科技自立自强，进入创新型国家前列”。从我国的总体发展目标，到企业管理会计目标，我们不难看出，制定发展目标的重要性，作为学习者，同样需要制订人生发展计划，树立前行的目标，实现个人价值。

三、管理会计的特点

管理会计与财务会计是现代会计的两大分支，在同时为企业提供服务时，各有各的特点，与财务会计相比，管理会计有以下四个特点：

（一）管理会计是对内报告会计

在服务对象方面，管理会计主要是为强化单位内部经营管理、提高经济效益服务的，属于“对内报告会计”，服务对象是企业内部的各级管理层；而财务会计主要侧重于为外部相关单位和人员提供财务信息，属于“对外报告会计”，服务对象是企业的外部股东、债权人、政府和社会公众。

（二）管理会计重在创造价值

在职能定位方面，管理会计侧重于“创造价值”，其职能是解析过去、控制现在与筹划未来的有机结合；而财务会计侧重于“记录价值”，通过确认、计量、记录和报告等程序提供并解释历史信息。

（三）管理会计的程序和方法灵活多样

在程序与方法方面，管理会计采用的程序与方法灵活多样，具有较大的可选择性；而财务会计有填制凭证、登记账簿、编制报表等较固定的程序与方法，受企业会计准则等约束。

（四）管理会计主要面向未来

管理会计不仅关注过去和现在，更关注未来；财务会计主要关注过去，有时也关注未来。

【提示】财务会计以货币为统一计量单位，以凭证、账簿、报表为基本载体，通过确认和计量反映企业的财务状况、经营成果和现金流量情况，其核心工作是核算和监督。而管理会计利用相关信息，通过规划、决策、控制和评价等活动增加企业价值。两者本质上都是一种管理活动，都具有控制与考核的职能；二者的基本信息来源一致；二者的会计最终目标一致。

四、管理会计的职能

管理会计的职能是指管理会计实践本身客观存在的必然性所决定的内在功能。一般在企业管理中，通常将管理的职能划分为计划、组织、指挥、协调、控制。按照管理五项职能的观点，可以将管理会计的主要职能概括为以下五个方面：预测经济前景、参与经营决策、规划经营目标、控制经营过程和评价经营业绩。

（一）预测经济前景

预测是指采用科学的方法预计、推测客观事物未来发展的必然性或可能性的行为。管理会计发挥预测经济前景的职能，就是按照企业的战略和经营方针，充分考虑经济规律的作用和经济条件的约束，选择合理的模型，有目的地预计与推测企业未来销售、利润、成本及资金的变动趋势和水平。

（二）参与经营决策

决策是在充分考虑各种可能的前提下，按照客观规律的要求，通过一定程序对未来实践的方向、目标、原则和方法作出决定的过程。决策是各项管理职能的核心，也是各级管理人员的主要工作。管理会计正是通过对企业历史、现状的分析，科学预测未来，控制现在，提出各种决策方案，最终选择最优的行动方案。

（三）规划经营目标

规划是对企业未来的生产经营活动进行科学的安排与筹划。管理会计在对有关指标进行预测和决策后，主要的工作就是正确编制各项计划，即实行全面预算。全面预算是经营管理决策的具体化，通过它将事先确定的有关经济目标分解落实到各有关预算中去，从而合理有效地组织协调企业的供、产、销以及人、财、物之间的关系，并为控制和责任考核创造条件。

（四）控制经营过程

控制是指审核和检查实际的进度是否与计划相符，从而找出错误和不足并加以纠正，以求达到或超过预期的目标。管理会计为了实现有效的控制，通过对生产经营过程的跟踪活动，了解掌握计划的执行情况，对出现的差异进行分析、评价，督促有关部门及时采取措施，保证经营活动按预定的计划有效地推进。

（五）评价经营业绩

管理会计根据事后各责任单位编制的业绩报告，把实际完成情况和预算目标进行对比，分析差异发生的原因，评价和考核各部门及有关人员的工作业绩；并通过信息反馈，及时对企业经济活动的各个方面进行调整、控制和组织。

管理会计行动的一般逻辑步骤是：分析企业内外部环境和预测经济前景，为管理层制定战略和战略目标提供支持；围绕战略目标制定企业各层次经营目标，为实现目标提出各种行动方案，并参与决策；编制行动计划和预算，并对生产经营过程跟踪和控制；实时掌握计划和预算的执行情况，并对出现的差异进行分析，制定有效的改进措施；根据计划和预算的完成情况评价和考核各部门及有关人员的工作业绩。管理会计的基本框架如图1-1所示。

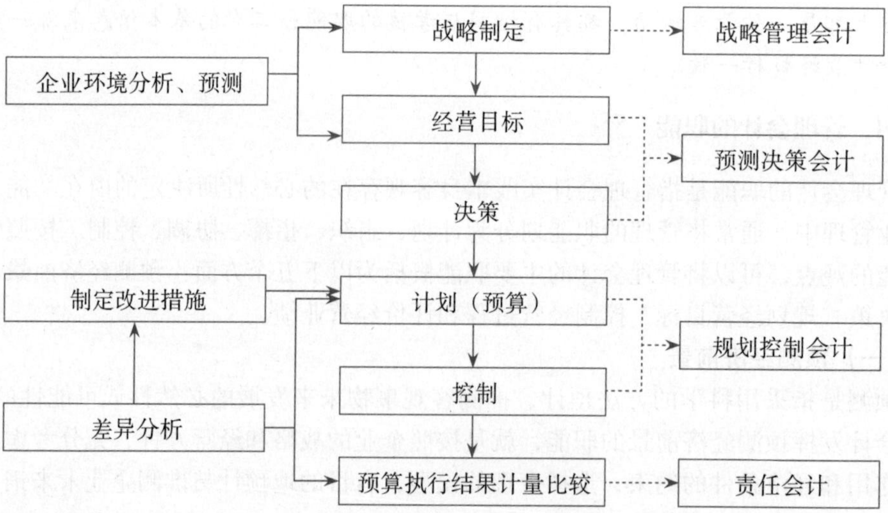

图1-1　管理会计的基本框架

【想一想】管理会计和财务会计是现代会计的两个分支，它们之间有什么联系？

同步训练

一、单项选择题

1.现代会计包括财务会计和（　　）两个分支。

A.管理会计　　B.成本会计

C.国际会计　　D.财务管理

2.管理会计的最终目的是（　　）。

A.规划经营目标　　B.提高经济效益

C.真实反映企业经济现状　　D.编报会计报表

3.下列说法正确的是（　　）。

A.管理会计是经营型会计，财务会计是报账型会计

B.财务会计是经营型会计，管理会计是报账型会计

C.管理会计是对外报告会计

D.财务会计是对内报告会计

4.“管理会计”这个名词正式提出在（　　）。

A.1910年　　B.1952年　　C.1960年　　D.2014年

5.管理会计的服务侧重于（　　）。

A.股东　　B.外部集团

C.债权人　　D.企业内部的经营管理

二、多项选择题

1.2016年6月，财政部印发了《管理会计基本指引》，明确指出了管理会计的目标，其内容包括（　　）。

A.参与单位规划、决策、控制、评价活动

B.提供单位规划、决策、控制、评价活动的信息

C.推动单位实现战略规划

D.编制管理会计报告

2.管理会计的职能不包括（　　）。

A.预测经济前景　　B.编制资产负债表

C.评价经济业绩　　D.会计核算

3.管理会计的特点包括（　　）。

A.对内报告会计　　B.重在创造价值

C.核心工作是核算和监督　　D.程序和方法灵活多样

4.管理会计属于（　　）。

A.现代企业会计　　B.经营型会计

C.外部会计　　D.报账型会计

5.下列项目中，可以作为管理会计主体的有（ ）。

A.企业整体 B.分厂

C.车间 D.班组

参考答案

三、简答题

1.简要说明管理会计的职能。

2.简述管理会计与财务会计的联系和区别。

任务二 管理会计的产生与发展

任务导学

管理会计是会计工作的重要组成部分。管理会计同其他学科一样也经历了从无到有、从简单到复杂及从低级到高级的发展阶段，管理会计的繁荣是人类智慧的结晶。

本任务要求能叙述管理会计在国内外的发展历程，能解释管理会计发展的规律，以及管理会计发展和经济发展的联系。

一、管理会计的历史沿革

西方工业革命促进了经济的发展，必然产生对管理技术的需求，管理会计就是那个时代的产物。20世纪初期，伴随着企业管理方式的转变，规范的管理会计工作萌芽于美国。随着经济社会环境、企业生产经营模式以及管理科学和科技水平的不断发展，管理会计逐步演进，变成了至今业财融合的有效管理工具。管理会计的发展大致经历了四个阶段。

（一）早期管理会计的萌芽阶段

“复式记账”的方法产生于15世纪末的意大利，1765年詹姆斯·哈格里发明的珍妮纺纱机的问世，揭开了工业革命的序幕。之后，随着企业结构日益复杂，经营范围更加广泛，企业对管理水平的要求也相应地提高了，工厂主必须知道如何测算产品的成本，以便确定产品的利润，于是一种简单的成本计算方法产生了，这便是管理会计的萌芽，即通过一系列指标的设定，把原材料和人工成本分摊到产品上。虽然这类指标较为简单，但是很好地满足了当时管理者管控生产全过程的基本需要。

这一阶段管理会计在企业经营管理中的贡献是将成本核算与成本管理相结合，确定了成本计算的方法，并按照用途和部门归集分配生产费用，揭示成本水平、成本构成与责任归属，进行成本的事后控制，对成本降低起到了重要作用。

（二）20世纪10～50年代的成本决策与财务控制阶段

20世纪初，由于生产专业化、社会化程度的提高以及竞争日益激烈，企业强烈地意识到，要想在竞争中生存和发展，必须加强内部管理，提高生产效率，以降低成本、费用，获取最大限度的利润。泰罗的科学管理理论的核心在于追求效率，满足了该阶段社会经济发展的客观要求。1921年，美国《预算与会计法案》颁布，推动了“预算控制”被引入管理会计；1922年，奎因斯坦在其《管理会计：财务管理入门》一书中首次提出“管理会计”的名称。

这一阶段管理会计以科学管理理论为基础构建了标准成本系统，以责任会计为主体协助企业提高生产效率和经营效果，实现了成本管理的事前规划、事中控制和事后分析与评价。同时管理会计理论有两大突出进步：一是将成本按性态分类，区分组织的固定性资源和弹性资源，使资源投入基于成本特性进行规划与控制成为现实；二是在计算利润的过程中区分边际贡献和盈亏平衡点，从而揭示企业及产品盈利的能力和组织经营的风险程度，形成对经营方案决策支持的信息系统。

（三）20世纪50～80年代的管理控制与决策阶段

随着信息经济学、交易成本理论和不确定性理论被广泛引进管理会计领域，加上新技术如电子计算机大量应用于企业流程管理，管理会计向着精密的数量化技术方法方向发展。一批计划决策模型得到发展，流程分析、战略成本管理等理论与方法体系纷纷建立，极大地推动了管理会计在企业的有效应用，管理会计职能转向为内部管理人员提供企业计划和控制信息。但管理会计对高新技术发展重视不足，且依旧局限于传统责任范围。为改变这一状况，管理会计学者对新的企业经营环境下管理会计发展进行了探索，质量成本管理、作业成本法、价值链分析以及战略成本管理等创新的管理会计方法层出不穷，初步形成了一套新的成本管理控制体系。

这一阶段管理会计完成了从“为产品定价提供信息”到“为企业经营管理决策提供信息”的转变，由成本计算、标准成本制度、预算控制发展到管理控制与决策阶段。

（四）20世纪90年代至今的强调价值创造阶段

随着经济全球化和知识经济的发展，世界各国经济联系和依赖程度日益增强，企业之间分工合作日趋频繁，准确把握市场定位、客户需求等尤为重要。在此背景下，管理会计越来越容易受到外部信息以及非财务信息对决策相关性的冲击，企业内部组织结构的变化也迫使管理会计在管理控制方面要有新的突破，需要从战略、经营决策、商业运营等各个层面掌握并有效利用所需的管理信息，为此管理会计以强调价值创造为核心，发展了一系列新的决策工具和管理工具。一些国家也尝试将管理会计引入公共部门管理，并随着新公共管理运动的兴起在全世界范围推广。

这一阶段管理会计的管控标准从滞后性的财务指标向前导性指标转变，通过构建与战略管控相适应的作业、流程、价值链分析与核算系统以及平衡计分卡绩效管理系统，实现了对企业价值提升的全方位管理。

二、管理会计在我国的发展

阅读材料

新时代会计向管理会计转型的动因

自20世纪50年代初管理会计开始在我国企业获得应用，其发展历程大致可分为三个阶段：

第一个阶段（1950—1991年）是以经济责任制为基础的管理会计体系建设期。这一阶段是我国尚未明确建立市场经济的阶段，因为计划经济占据主流地位。管理会计在这个阶段，从内容体系上，仅仅围绕成本管理和责任会计，取得了一些应用和发展。

第二个阶段（1992—2008年）是以市场为导向的计划、决策性管理会计体系发展期。这个阶段，随着我国市场经济体制的确立，管理会计从单纯的成本管理拓展到了成本管理和资金管理相结合，企业对管理会计的应用开始由执行性管理会计转变为以市场为导向的计划、决策性管理会计。

第三个阶段（2009年至今）是以价值创造为核心的战略管理会计体系建设发展期。这个阶段，全球金融危机终结了全球经济的繁荣时代，而中国经济在连续高速发展30年后，也进入了艰难的转型期。市场竞争的日趋白热化迫使中国企业更加重视战略落地和价值创造，而原有竞争优势的逐渐丧失也迫使中国企业开始空前重视内部管理。这推动了战略管理会计的引入和发展，中国管理会计的研究和应用进入了一个与国际趋同和本土化发展相适应的多内容、多视角、多学科的创新时期。

财政部于2014年10月印发了《财政部关于全面推进管理会计体系建设的指导意见》，明确提出了全面推进管理会计体系建设的指导思想、基本原则、主要目标、主要任务和措施及工作要求。为我国管理会计的发展规划了蓝图、指明了方向。2016年6月财政部印发了《管理会计基本指引》，总结提炼了管理会计的目标、原则、要素等内容，以指导单位管理会计实践。财政部于2017年10月正式发布《管理会计应用指引第100号——战略管理》等22项管理会计应用指引，2018年8月正式发布《管理会计应用指引第202号——零基预算》等7项管理会计应用指引，2018年12月正式发布《管理会计应用指引第204号——作业预算》等5项管理会计应用指引。

三、管理会计形成和发展的原因

（一）社会生产力的进步、经济的繁荣发展及其对经营管理的客观要求，是导致管理会计形成和发展的内在原因

社会生产力是人类运用各类专业科学工程技术，制造和创造物质文明和精神文明产品，满足人类自身生存和生活的能力。会计和管理都不是凭空产生的，它们是社会生产力发展到一定水平的必然产物，并随着经济的不断进步而发生深刻变化。社会生产力的发展对管理不断提出新的要求，会计作为经济管理的重要组成部分，必然要适应这种要求，不断完善和进步。从本质上看，社会生产力的进步是管理会计产生和发展的根本原因。

同时，管理会计的产生和发展又和一定的历史条件密切相关。进入20世纪以后，世界经济形势的变化，尤其是信息条件下的社会化大生产，为现代会计发挥预测、决策、规划、控制、责任考核等作用创造了物质基础；高度繁荣的经济，特别是全球范围内的经济发展，为管理会计开辟了用武之地。

（二）管理会计的形成和发展过程中，现代管理科学理论起到了积极的促进作用

作为管理会计的理论总结和知识体系，管理会计学的形成与现代管理科学的完善密切相关。现代管理科学不仅奠定了管理会计学的理论基础，而且不断为充实其内容提供理论依据，从而使管理会计学逐步成为较为科学的管理工具，能够更好地指导管理会计的实践。因此，管理科学的发展为管理会计的产生和发展提供了有利的外部条件。

【明德善思】管理会计是企业战略、业务、财务一体化最有效的工具，是所有管理者必备的管理常识。作为现代会计的一个分支，管理会计是管理知识与会计知识有机结

合的产物，以强化企业经营管理、实现最优经济效益为根本目的。我国会计有着古老灿烂的文化，在此影响下，管理会计得到了蓬勃发展。从我国管理会计发展的三个时期来看，正处于以价值创造为核心的战略管理会计体系建设发展期，最大限度发挥管理会计职能，需要具备更多知识技能和管理思想的管理人才来完成。作为未来的会计工作者，同学们需要用丰富的管理会计知识和素质提升自己，树立正确的职业理念，传承会计文化，发展企业经济，责任重大。

【想一想】结合管理会计发展的历史沿革，思考一下工业革命和管理会计发展的关系。

同步训练

一、单项选择题

1.管理会计的萌芽可以追溯至（　　）。

A.15世纪中叶　　B.18世纪初　　C.20世纪中叶　　D.20世纪初

2.“管理会计”一词是1922年（　　）在其专著《管理会计：财务管理入门》中首次提出的。

A.泰罗　　B.麦金西　　C.奎因斯坦　　D.布利斯

3.财政部于（　　）年印发了《财政部关于全面推进管理会计体系建设的指导意见》。

A.2010　　B.2015　　C.2014　　D.2018

4.随着经济全球化和知识经济的发展，20世纪90年代至今的管理会计工作强调（　　）。

A.成本核算　　B.绩效管理　　C.投资决策　　D.价值创造

5.中华人民共和国建立初期到改革开放，我国应用管理会计的主要领域是（　　）。

A.成本管理和责任会计　　B.投资管理

C.战略管理　　D.风险管理

二、多项选择题

1.国外管理会计随着经济社会环境、科学技术和管理科学的发展而逐步演进，至今大致经历了（　　）。

A.成本决策与财务控制阶段　　B.管理控制与决策阶段

C.流程再造阶段　　D.强调价值创造阶段

2.管理会计早期萌芽阶段的贡献是（　　）相结合，确定了成本计算的方法。

A.成本核算　　B.成本管理

C.标准成本计算　　D.作业成本计算

3.财政部于2014年10月印发了《财政部关于全面推进管理会计体系建设的指导意见》，明确提出了全面推进管理会计体系建设的（　　）。

A.指导思想和基本原则　　B.主要目的

C.主要任务和措施　　D.工作要求

参考答案

任务三　管理会计指引体系

任务导学

财政部于2014年10月27日颁布的《财政部关于全面推进管理会计体系建设的指导意见》文件，标志着我国走上了管理会计规范化发展之路，随后又颁布了管理会计基本指引和应用指引等一系列文件，用于指导企事业单位的管理会计实践。

本任务要求能清晰列举各指引的内容，能叙述管理会计应用原则和应用主体，理解企事业单位应用管理会计的要素，解释管理会计案例库的作用。

管理会计指引体系是在管理会计理论研究成果的基础上，形成的具有可操作性的系列标准。我国的管理会计指引体系包括基本指引、应用指引和案例库，用以指导单位管理会计实践。

管理会计指引体系中，基本指引是对管理会计普遍规律的总结提炼，解决对管理会计的基本认识问题。管理会计既有普遍规律，又具有差异化特点，需要考虑不同性质、特殊行业等的需求，很有必要形成应用指引。应用指引依据基本指引，明确管理会计的多种工具方法，可以具体指导实务操作。管理会计为单位内部管理服务，制定案例标准，建立管理会计案例库，大量总结实践中好的经验、做法，提炼为典型案例，将更好地为单位提供具体示范。

一、管理会计基本指引

（一）管理会计基本指引的地位

阅读材料

管理会计基本指引

管理会计基本指引在管理会计指引体系中起统领作用，是制定应用指引和建设案例库的基础。基本指引将管理会计普遍规律上升到标准，是对管理会计基本概念、基本原则、基本方法、基本目标等内容的总结、提炼。但是，不同于企业会计准则——基本准则，管理会计基本指引只是对管理会计普遍规律和基本认识的总结升华，并不对应用指引中未作出描述的新问题提供处理依据。

【明德善思】《管理会计基本指引》在管理会计指引体系中起统驭作用，是制定应用指引和建设案例库的基础，为管理会计在企业中的运用指明了基础路径和发展方向。首次以官方发布基本指引的形式确立了管理会计在中国会计体系中的地位，其重要意义在于指导企业建立一个管理会计的框架，在中国会计界具有里程碑的作用。这同时也提醒我们，在创造财富的同时，还要树立正确的人生观、价值观，要有正确的人生航标指引。

著名作家托尔斯泰曾经说过："理想是指路明灯，没有理想，就没有坚定的方向；没有方向，就没有生活。"作为会计人我们都要有自己的理想信念，诚实守信，爱岗敬业，遵循准则，不做假账，走好自己的人生路，创造有价值的人生。

（二）管理会计应用原则和应用主体

1. 管理会计应用原则

《管理会计基本指引》第四条规定单位应用管理会计，应遵循以下原则：

（1）战略导向原则。管理会计的应用应以战略规划为导向，以持续创造价值为核心，促进单位可持续发展。

（2）融合性原则。管理会计应嵌入单位相关领域、层次、环节，以业务流程为基础，利用管理会计工具方法，将财务和业务等有机融合。

（3）适应性原则。管理会计的应用应与单位应用环境和自身特征相适应。单位自身特征包括单位性质、规模、发展阶段、管理模式、治理水平等。

（4）成本效益原则。管理会计的应用应权衡实施成本和预期效益，合理、有效地推进管理会计应用。

2. 管理会计应用主体

管理会计主体不等于法人主体，可以是单位整体，也可以是单位内部的责任中心，如果单位责任中心划分够细，那么一个人也可以构成一个管理会计主体。例如，车间通过相关数据采集，对于单个车间生产人员就可以定义为一个成本中心。

（三）管理会计要素

单位应用管理会计，应包括应用环境、管理会计活动、工具方法、信息与报告四项管理会计要素。这四项要素构成了管理会计应用的有机体系，单位应在分析管理会计应用环境的基础上，合理运用管理会计工具方法，全面开展管理会计活动，并提供有用信息，生成管理会计报告，支持单位决策，推动单位实现战略规划。

1. 应用环境

管理会计应用环境是单位应用管理会计的基础。单位应用管理会计，首先应充分了解和分析其应用环境，包括外部环境和内部环境。外部环境主要包括国内外经济、市场、法律、行业等因素，内部环境主要包括与管理会计建设和实施相关的价值创造模式、组织架构、管理模式、资源保障、信息系统等因素。

2. 管理会计活动

管理会计活动是单位管理会计工作的具体开展，是单位利用管理会计信息，运用管理会计工具方法，在规划、决策、控制、评价等方面服务于单位管理需要的相关活动。在了解和分析其应用环境的基础上，单位应将管理会计活动嵌入规划、决策、控制、评价等环节，形成完整的管理会计闭环。

在规划环节，单位应用管理会计，应做好相关信息支持，参与战略规划拟定，从支持其定位、目标设定、实施方案选择等方面，为单位合理制定战略规划提供支撑。

在决策环节，单位应用管理会计，应融合财务和业务等活动，及时充分提供和利用相关信息，支持单位各层级根据战略规划作出决策。

在控制环节，单位应用管理会计，应设定定量定性标准，强化分析、沟通、协调、反馈等控制机制，支持和引导单位持续高质高效地实施单位战略规划。

在评价环节，单位应用管理会计，应合理设计评价体系，基于管理会计信息等，评价单位战略规划实施情况，并以此为基础进行考核，完善激励机制；同时，对管理会计活动进行评估和完善，以持续改进管理会计应用。

3.工具方法

管理会计工具方法是实现管理会计目标的具体手段，是单位应用管理会计时所采用的模型、技术、流程的统称，包括战略地图、滚动预算管理、作业成本管理、本量利分析、平衡计分卡等。管理会计工具方法具有开放性，随着实践发展不断丰富完善。

管理会计工具方法主要应用于以下领域：战略管理、预算管理、成本管理、营运管理、投融资管理、绩效管理、风险管理等。

单位应用管理会计，应结合自身实际情况，根据管理特点和实践需要选择适用的管理会计工具方法，并加强管理会计工具方法的系统化、集成化应用。

4.信息与报告

管理会计信息包括管理会计应用过程中所使用和生成的财务信息和非财务信息，是管理会计报告的基本元素。单位应充分利用内外部各种渠道，通过采集、转换等多种方式，获得相关、可靠的管理会计基础信息。单位应有效利用现代信息技术，对管理会计基础信息进行加工、整理、分析和传递，以满足管理会计应用需要。单位生成的管理会计信息应相关、可靠、及时、可理解。

管理会计报告是管理会计活动成果的重要表现形式，旨在为报告使用者提供满足管理需要的信息，是管理会计活动开展情况和效果的具体呈现。管理会计报告按期间可以分为定期报告和不定期报告，按内容可以分为综合性报告和专项报告等类别。单位可以根据管理需要和管理会计活动性质设定报告期间。一般应以公历期间作为报告期间，也可以根据特定需要设定报告期间。

二、管理会计应用指引

（一）管理会计应用指引的地位

管理会计应用指引是我国管理会计指引体系建设的主体内容，是对企业管理会计工作的具体指导，包括7项概括性指引和27项具体应用指引。在管理会计指引体系中，应用指引居于主体地位，是对企业管理会计工作的具体指导。管理会计应用指引既要遵循基本指引，也要体现实践特点，并随管理实践发展而不断发展完善。

（二）管理会计应用指引的特点

1.注重指导性

管理会计属于内部报告会计，主要为企业内部管理决策提供信息支持，而企业内部管理既具共性，又个性化特点鲜明，应用指引采用指导性文件方式印发，既有利于普遍推广，又有利于灵活应用，从而发挥制度效应。

2.注重应用性

管理会计工具方法只有与企业管理实践相结合，才能创造价值。企业管理领域不同，适用的管理会计工具方法亦不尽相同。一般而言，企业管理可分为战略管理、预算管理、成本管理、营运管理、投融资管理、绩效管理、风险管理等七大领域，每一领域在实践中都形成了各自适用的管理会计工具方法。为此，应用指引本着“管理会计在管理中的应用”这一设计理念，注重在管理中的应用性，围绕七大管理领域，系统阐述管理会计工具方法在相关管理领域中的应用。

3. 注重开放性

首先，管理会计的应用领域具有开放性，不仅限于上述七大领域，随着管理会计实践的发展其应用领域也将不断拓展。其次，每一领域下的管理会计工具方法都不是一成不变的，而是将随实践发展不断得到丰富完善。最后，每项管理会计工具方法的应用领域也都具有一定的开放性，即某一领域下的某项工具方法也可应用于其他领域。例如，绩效管理领域的平衡计分卡也常常用于战略管理领域。

4. 注重可操作性

为了提高管理会计应用指引的可操作性，每一管理领域的应用指引都按照“概括性指引和工具方法指引相结合”的思路构建，其中，概括性指引一般由总则、应用程序和附则等组成，概要阐述本领域常用工具方法种类，以及这些工具方法应用的共性要求。工具方法指引一般由总则、应用环境、应用程序、应用评价和附则等组成，内容围绕管理会计应用展开，从而增强可操作性。

（三）应用指引的内容简介

《管理会计应用指引》在遵循基本指引的基础上，坚持立足国情、借鉴国际上成熟的管理方法和原则，兼顾了系统性和可操作性，据此其基本框架分为总体框架和基本指引框架两个层次，见表1-1。

表1-1　管理会计应用指引框架

概括性指引	具体应用指引	
第100号——战略管理	第101号——战略地图	
第200号——预算管理	第201号——滚动预算 第203号——弹性预算	第202号——零基预算 第204号——作业预算
第300号——成本管理	第301号——目标成本法 第303号——变动成本法	第302号——标准成本法 第304号——作业成本法
第400号——营运管理	第401号——本量利分析 第403号——边际分析 第405号——多维度盈利能力分析	第402号——敏感性分析 第404号——内部转移定价
第500号——投融资管理	第501号——贴现现金流法 第503号——情景分析	第502号——项目管理 第504号——约束资源优化
第600号——绩效管理	第601号——关键绩效指标法 第603号——平衡计分卡	第602号——经济增加值法 第604号——绩效棱柱模型
第700号——风险管理	第701号——风险矩阵	第702号——风险清单
	第801号——企业管理会计报告 第802号——管理会计信息系统 第803号——行政事业单位	

1. 总体框架

根据基本指引，将管理会计工具方法按战略管理、预算管理、成本管理、营运管理、投融资管理、绩效管理和其他等不同应用领域予以介绍，其中，概括性指引以“100”“200”“300”等标示，主要介绍该领域的相关管理程序。

具体应用指引以“101”“201”“202”“301”“302”等标示，主要介绍管理会计工具方法。这样既便于单位在同一领域选择适用的工具方法，又体现了开放性的特点，随工具方法在实践中的完善而予以补充。

2.应用指引框架

概括性指引主要介绍该领域的相关管理程序，概括总结本领域内相关管理会计工具方法的共性内容，一般由总则、应用程序和附则等组成。

每一领域下的具体应用指引一般都由总则、应用环境、应用程序、工具方法评价和附则等组成。其中，总则主要介绍应用相关工具方法的目标、基本定义、原则等；应用环境主要介绍应用相关工具方法所需要的内、外部环境；应用程序主要介绍应用相关工具方法的应用流程；工具方法评价主要介绍应用相关工具方法的优缺点。

三、管理会计案例库

（一）管理会计案例库的作用

阅读材料

管理会计行业调研报告及案例（第一辑）

案例库是对国内外管理会计经验的总结提炼，是对如何运用管理会计应用指引的实例示范。建立管理会计案例库，为单位提供直观的参考借鉴，是管理会计指引体系指导实践的重要内容和有效途径，也是管理会计体系建设区别于企业会计准则体系建设的一大特色。

在国外，管理会计在发展过程中，历来强调案例的重要示范作用。例如，美国管理会计师协会发布的管理会计公告中就包含了系列案例，为企业应用该公告提供了借鉴。在我国，总结实践经验形成典型案例，予以宣传推广是推动管理会计应用的有效方式。将单位的成功经验上升为案例能够帮助单位更好地理解和掌握管理会计应用指引，增强管理会计指引体系的应用效果，达到提升单位价值创造力的目标。

案例库建设将坚持典型性和广泛性相结合的原则，在统一框架结构、基本要素、质量特征等案例标准，形成案例规范格式文本的基础上，分别不同性质、不同行业、不同规模、不同发展阶段等情况，逐步提炼若干管理会计案例，并不断予以丰富和完善。同时，既提炼总结管理会计整体应用案例，也针对管理会计的某些领域和应用指引中的相关工具方法提炼专项应用案例。财政部争取经过5—10年的时间，通过经验交流、调研座谈、案例单位自主梳理等有效方式，总结提炼一批覆盖多领域、多行业、多种工具方法的案例，构建内容丰富且示范性强的管理会计案例库。

（二）管理会计案例库示例——长江电工以“成本领先战略”为目标的标准化成本体系构建

据《财务与会计》2015年第3期“长江电工的标准化成本体系构建”介绍，重庆长江电工工业集团有限公司（以下简称“长江电工”）是国家特品生产定点企业，主要产品有特品、汽车零部件、金属材料等三大系列共10余个品种。

作为机械加工制造类企业，成本领先战略是长江电工持续发展的基础和必然选择。在近几年的实践中，长江电工结合自身管理现实，探索总结了标准成本编制的“五因素法”，并坚持“两个原则”，同时找准“五个切入点”将标准成本运用融入生产经营实践，实现了标准成本与其他管理工作的有机对接，促进了技术、业务与财务的交汇融合，有效提升了企业管控决策质量。

"五因素法"分别是工艺进步因素、历史成本因素、年度预算因素、规模变动因素和产能变动因素。"两个原则"分别是业务与财务、技术与经济综合平衡的原则，以及重视历史数据处理、保证标准成本的合理性原则。"五个切入点"分别是确保标准价格体系的准确适用、确保标准定时修订、确保物料投入产出标准闭环、确保标准编制效率和质量平衡、编制时注意划分成本性态。

同步训练

一、单项选择题

1. 管理会计指引体系不包括（　　）。

A. 基本指引　　B. 应用指引　　C. 案例库　　D. 管理会计制度

2. 我国管理会计体系框架的法律文件是（　　）。

A. 中华人民共和国会计法　　B. 管理会计应用指引

C. 管理会计基本指引　　D. 政府会计准则

3. 管理会计实施的基本条件是（　　）。

A. 管理会计活动　　B. 管理会计应用环境

C. 管理会计的工具方法　　D. 管理会计信息报告

4. 管理会计的应用应与单位应用环境和自身特征相适应，这是管理会计应用原则的（　　）。

A. 战略导向原则　　B. 成本效益原则　　C. 适应性原则　　D. 融合性原则

5. 管理会计主体（　　）法人主体。

A. 不等于　　B. 等于　　C. 类似于　　D. 凌驾于

二、多项选择题

1. 管理会计基本指引是将管理会计普遍规律上升到标准，是对管理会计（　　）等内容的总结、提炼。

A. 基本概念　　B. 基本原则　　C. 基本方法　　D. 基本目标

2. 管理会计的应用原则包括（　　）。

A. 融合性原则　　B. 战略导向原则　　C. 成本效益原则　　D. 适应性原则

3. 下列各项属于管理会计要素的有（　　）。

A. 应用环境　　B. 高新技术　　C. 工具方法　　D. 管理会计活动

4. 管理会计的应用主体可以是（　　）。

A. 整个企业　　B. 集团公司　　C. 生产部门　　D. 生产人员

5. 下列各项属于我国《管理会计基本指引》中明确的管理会计应用领域有（　　）。

A. 战略管理　　B. 预算管理

C. 成本管理　　D. 绩效管理

参考答案

项目二

战略管理

学习目标

1. 认知战略的含义与战略的层次
2. 熟悉战略管理的概念、原则
3. 区别各个环节在战略管理程序中的作用
4. 应用PEST分析和SWOT分析
5. 规划企业战略地图

知识点

战略　战略管理　SWOT分析方法　PEST分析方法　战略地图

技能点

企业内外部环境分析　战略地图的应用

思政融入点

1. 坚持解放思想、实事求是、与时俱进、求真务实，一切从实际出发。
2. 结合自身实际，制定人生发展战略，不断修订计划，完善自己，实现自我价值。

知识结构

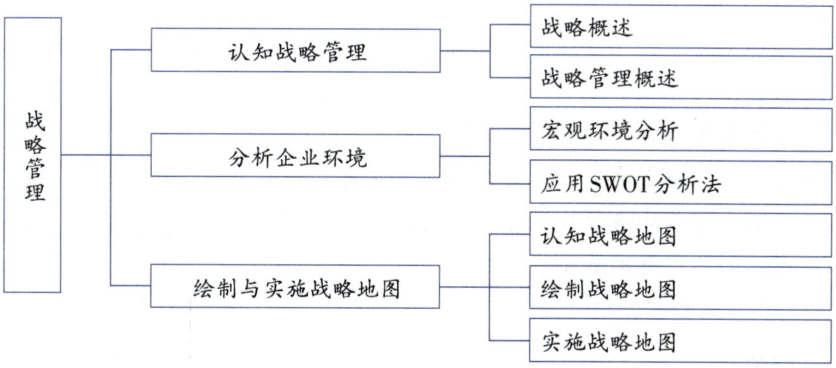

案例导入

磬梅公司的战略决策

磬梅照明电器贸易公司（以下简称“磬梅公司”）主要经营各种品牌的照明电器批

发零售业务，该行业竞争日趋激烈，自2012年初磐梅公司的总经理刘涛就开始为公司寻找转型的出路。一次他出国旅游，在下榻的酒店中第一次接触到德国公司生产的B滤水壶。这个外形简单、可以方便过滤自来水的产品一下子就吸引了他。B滤水壶产品的核心在于独有的双重滤芯技术，其采用的材质如椰壳活性炭、无钠离子交换树脂等均是世界级的自有专利技术，从材质到技术在业内均有非常高的认可度。

刘涛敏感地认识到B滤水壶在中国很可能有广阔的市场前景，回国后马上召集公司管理人员认真分析了国家的一系列政策和市场的消费需求等因素，公司管理层一致认为代理B滤水壶有较好的前景。磐梅公司安排专业人员对滤水器市场进行专项调研，专家的调研报告显示市场对滤水壶有较高的需求。2012年底，磐梅公司前往欧洲与德国公司谈判，2013年4月，磐梅公司与德国公司签订了B滤水壶产品在中国区的独家代理协议。磐梅公司实现了企业经营的战略转型。

磐梅公司根据国家宏观环境的变化作出战略转型的选择是适应企业生存和竞争需要的。企业战略管理关注企业内外部环境、重视内外协调和关注未来等特点显示了其强大的生命力，战略管理的思想已被许多国家的企业采用和发展，并成为企业繁荣成长的重要保证。

在环境复杂的条件下，传统管理会计的理论与方法已无法适应当今竞争的要求。无论从理论还是从实践的角度看，以战略管理的思想为指导，对管理会计的理论与方法加以完善和提高，从而将其推进到管理会计的新阶段都是一种历史和逻辑的必然结果。

资料来源：中国注册会计师协会. 公司战略与风险管理：2020年注册会计师全国统一考试辅导教材［M］. 北京：中国财政经济出版社，2020.

任务一　认知战略管理

任务导学

将战略管理引入管理会计领域，是政府指导管理会计应用的一个重大转变。企业战略管理对其他管理活动具有统领作用，所有工作应围绕实现战略目标而开展，良好的战略管理对于企业发展不可或缺。

本任务要求能理解战略及战略管理的基本内容，认知战略管理的特征、原则及应用程序，能区分各个环节战略管理程序中的作用，从而对战略管理有一个全貌、概括的了解，为后续内容的学习奠定基础。

一、战略概述

随着世界经济格局的变化，20世纪60年代以后企业的生存环境呈现动荡不安的特点。如何在竞争日趋激烈、复杂多变的环境中求得生存和发展，已经成为企业面临的首要问题，解决这一问题的关键是确立适应外部环境和自身条件，且符合利益相关者期望的企业战略。

（一）战略的定义

阅读材料

管理会计应用指引第100号——战略管理

“战略”一词主要源于军事，专指军事家们对战争全局的规划和谋略。直到20世纪六七十年代，西方的一些学者才开始尝试将战略的理念引申和应用于政治、经济和企业管理领域。1962年，美国学者钱德勒（Chandler A. D.）在其《战略与结构》一书中，将战略定义为“确定企业基本长期目标、选择行动途径和为实现这些目标进行资源分配”。这标志着“战略”一词被正式引入企业经营管理领域，不同学者和专家从不同的研究视角给出了企业战略的定义。

《管理会计应用指引第100号——战略管理》第二条规定：战略，是指企业从全局考虑作出的长远性的谋划。企业通过战略实现战略目标，进而体现企业宗旨的要求和逐步实现对愿景的追求。此定义包括以下含义：

1. 战略具有强烈的目标导向性

战略规定了企业未来一定时期内的方向，实施战略的目的是实现战略目标。

2. 战略具有长期效应

战略的立足点是谋求提高企业的市场竞争力，使企业兴旺发达、长盛不衰。战略谋求的是企业的可持续发展。

3. 战略具有全局性

战略以企业全局为出发点和着眼点，是企业发展的整体蓝图，注重对企业未来总体行动的谋划。

实际上，企业战略并不是一个简单的概念，理解企业战略这一概念需要多维的视角，它不仅要确定企业的未来方向和使命，还涉及企业所有的关键活动，同时需要根据内外部环境的变化不断加以调整，以有助于战略目标的实现。

（二）战略的层次

企业战略一般分为三个层次，包括选择可竞争的经营领域的总体战略、某经营领域具体竞争策略的业务单位战略（也称竞争战略）和涉及各职能部门的职能战略。具体如图2-1所示。

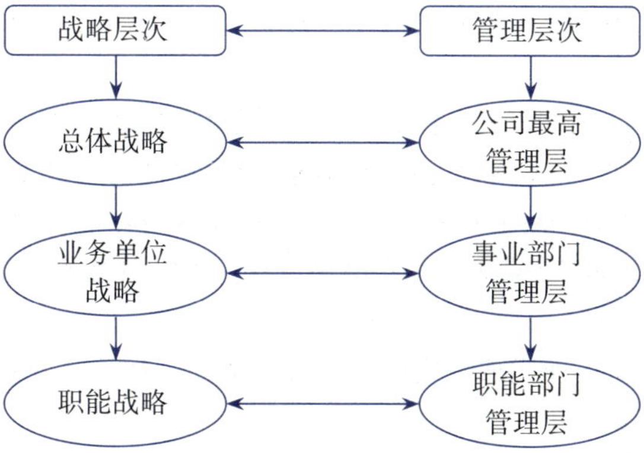

图2-1　公司战略的结构层次

1. 总体战略

总体战略又称公司层战略。在大中型企业里，特别是在经营多项业务的企业里，总体战略是企业最高层次的战略。它需要根据企业的战略目标，选择企业可以竞争的经营领域，合理配置企业经营所必需的资源，使各项经营业务相互支持、相互协调。例如，中粮集团“从田野到餐桌”的全产业链战略为集团的米、面、油等农产品与食品业务提供了经营领域规划。

2. 业务单位战略

公司的二级战略常常被称作业务单位战略或竞争战略。业务单位战略涉及各业务单位的主管以及辅助人员，他们的主要任务是将公司战略所包括的企业目标、发展方向和措施具体化，形成本业务单位具体的竞争与经营战略。业务单位战略要针对不断变化的外部环境，在各自的经营领域中有效竞争。为了保证企业的竞争优势，各经营单位要有效地控制资源的分配和使用。例如，农夫山泉在设计包装上与竞争对手有明显的区别，特别是以“天然水”的概念挑战竞争对手，这一系列的差异化是农夫山泉成功的基石。

3. 职能战略

职能战略，又称职能层战略，主要涉及企业内各职能部门，如营销、财务、生产、研发、人力资源、信息技术等，如何更好地配置企业内部资源，为各级战略服务，并提高组织效能。例如，丰田公司的雷克萨斯事业部技术部门，独立于丰田主流品牌进行品牌推广和渠道建设；其著名的柔性制造系统和严格的质量管控为其差异化优势作出了重要贡献。

二、战略管理概述

（一）战略管理的概念

战略管理的概念产生于20世纪60年代。当时以美国为代表的发达国家进入后工业化时代，企业生存和发展的环境发生了很大变化。战略管理一词是由安索夫（H.Igor Ansoff）在其1976年出版的《从战略规划到战略管理》一书中首先提出来的。1979年，安索夫又出版了《战略管理论》，他认为，战略管理是指将企业的日常业务决策同长期计划决策相结合而形成的一系列经营管理业务。

《管理会计应用指引第100号——战略管理》第二条明确了战略管理的定义：战略管理是指对企业全局的、长远的发展方向、目标、任务和政策，以及资源配置作出决策和管理的过程。

从上述关于战略管理含义的表述可以看出，战略管理是一种区别于传统职能管理的管理方式。这种管理方式的基本内容是：企业战略指导着企业一切活动，企业战略管理的重点是制定和实施企业战略，制定和实施企业战略的关键是对企业的外部环境和内部条件进行分析，并在此基础上确定企业的使命和战略目标，使它们之间形成并保持动态平衡。

（二）战略管理的特征

由传统职能管理走向现代战略管理是企业管理的一次重大飞跃。与传统的职能管理相比，战略管理具有如下特征：

1. 战略管理是企业的综合性管理

战略管理为企业的发展指明基本方向和前进道路，是各项管理活动的精髓。战略管理的对象不仅包括研究开发、生产、人力资源、财务、市场营销等具体职能，还包括统领各项职能战略的竞争战略和公司战略。战略管理是一项涉及企业所有管理部门、业务单位及所有相关因素的管理活动。

2. 战略管理是企业的高层次管理

战略管理的核心是对企业现在及未来的整体经营活动进行规划和管理，它是一种关系到企业长远生存发展的管理。战略管理企求的不仅是眼前财富的积累，更是企业长期健康稳定的发展和长久的竞争力。与企业的日常管理和职能管理不同，战略管理必须由企业的高层领导来推动实施。

3. 战略管理是企业的一种动态性管理

战略管理的目的是依据企业内部条件和外部因素制定并实施战略决策和战略方案，以实现战略目标。而企业的内外部条件和因素总是不断变化的，战略管理必须及时了解、研究和应对变化的情况，对战略进行必要的修正，确保战略目标的实现。因此，企业战略管理活动应具有动态性，即适应企业内外部各种条件和因素的变化进行适当调整或变更。

（三）战略管理的原则

企业进行战略管理，一般应遵循以下原则：

1. 目标可行原则

战略目标的设定，应具有一定的前瞻性和适当的挑战性，使战略目标通过一定的努力可以实现，并能够使长期目标与短期目标有效衔接。

2. 资源匹配原则

企业应根据各业务部门与战略目标的匹配程度进行资源配置。

3. 责任落实原则

企业应将战略目标落实到具体的责任中心和责任人，构成不同层级彼此相连的战略目标责任圈。

4. 协同管理原则

企业应以实现战略目标为核心，考虑不同责任中心业务目标之间的有效协同，加强各部门之间的协同管理，有效提高资源使用的效率和效果。

（四）战略管理的应用程序

一般来讲，企业应当首先阐明企业的使命，企业的使命主要阐明企业组织的根本性质与存在理由；其次是根据使命和环境分析制定战略目标，战略目标是企业使命的具体化；最后制定实现战略目标的战略规划。

企业应用战略管理工具方法，一般按照战略分析、战略制定、战略实施、战略评价和控制、战略调整等程序进行。

1. 战略分析

战略分析是战略管理的首要环节，是战略制定的基础。战略分析的目的是应对环境的复杂性，了解影响企业现状和未来的主要因素是什么，了解企业的能力和利益相关者的期望，判定企业现在的位置和将要达到的目标。因此，这个分析过程，也可以称为“战略定位”。企业可根据对整体目标的保障、对员工积极性的发挥以及企业各部门战略方案的协调等实际需要，选择自上而下、自下而上或上下结合的方法，制定战略目标。

战略分析需要考虑许多方面的问题，主要是外部因素分析和内部因素分析。

（1）外部因素分析

外部因素分析包括宏观环境分析、产业环境分析和经济环境分析。环境的现状影响企业的价值创造，环境的变化会给企业带来机会与威胁，认识环境变量对企业的影响，是制定战略的基础之一。环境的可变因素很多，逐一分析是不现实的，通常要找出具有关键影响的因素进行分析。

（2）内部因素分析

内部因素分析也称资源与能力分析，包括内部资源分析、企业能力分析和核心竞争力分析。内部因素分析的目的是识别自己的优势和劣势，掌握战略选择的限制性因素。

2.战略制定

战略分析为战略选择提供了坚实的基础，根据战略分析阶段确定的战略目标，结合外部环境、自身条件，从不同的总体战略和业务单位战略中选择适宜的战略。同时对战略方案进行资源分配，确定战略实施的政策和计划，运用战略地图等工具对战略目标进行层层分解，制定相应的策略和计划。

（1）总体战略

公司层面的竞争战略包括成长型战略、稳定型战略和收缩型战略。成长型战略是以扩张经营范围或规模为导向的战略。稳定型战略是以巩固现有经营范围和规模为导向的战略，包括暂停战略、无变战略和维持利润战略；收缩型战略是以缩小经营范围或规模为导向的战略，包括扭转战略、剥离战略和清算战略。

（2）业务单位战略

业务单位层面的竞争战略包括成本领先战略、产品差异化战略和细分市场的集中化战略三个基本类型。

战略选择的标准是：是否适应企业环境，是否符合利益相关者预期，从企业的资源和能力看是否实际可行。

3.战略实施

所谓战略实施就是将战略转化为行动。一家企业确定方案之后能否取得预定的效果，还要看战略实施的过程。企业战略方案一经选定，管理者的工作重点就要转到战略实施上来。战略实施是贯彻执行既定战略规划所必需的各项活动的总称，也是战略管理过程的一个重要部分。

企业应加强战略管控，结合使用战略地图、价值链管理等多种管理会计工具方法，将战略实施的关键业务流程化，并落实到企业现有的业务流程中，确保企业高效率和高效益地实现战略目标。

4.战略评价和控制

战略评价和控制，是指企业在战略实施过程中，通过检测战略实施进展情况，评价战略执行效果，审视战略的科学性和有效性，不断调整战略举措，以达到预期目标。

企业主要应从以下几个方面进行战略评价：

战略是否适应企业的内外部环境；战略是否达到有效的资源配置；战略涉及的风险程度是否可以接受；战略实施的时间和进度是否恰当。

5. 战略调整

战略调整，是指根据企业情况的发展变化和战略评价结果，对所制定的战略及时进行调整，以保证战略有效指导企业经营管理活动。

战略调整一般包括调整企业的愿景、长期发展方向、战略目标及其战略举措等。

【想一想】企业的战略目标和一般的经营目标有何联系和区别？

同步训练

一、单项选择题

1. 现代管理中的“战略”一词来源于（　　）。

A. 古代商业活动　B. 军事活动　C. 政治活动　D. 外交活动

2. 战略目标的制定方法不包括（　　）。

A. 自上而下　B. 自下而上　C. 上下结合　D. 复制竞争对手的

3. “战略目标的设定，应具有一定的前瞻性和适当的挑战性，使战略目标通过一定的努力可以实现。”这句话描述的是战略管理的（　　）原则。

A. 资源匹配　B. 协同管理　C. 目标可行　D. 协同管理

4. 下列各项关于战略管理的说法，错误的是（　　）。

A. 战略管理是企业的综合性管理　B. 战略管理是企业的一种动态性管理

C. 战略管理是企业的高层次管理　D. 战略管理仅涉及管理层

5. 下列各项属于战略实施环节的是（　　）。

A. 纠正偏差　B. 确定目标

C. 战略目标变成现实的过程　D. 奖励与惩罚

二、多项选择题

1. 下列各项中，属于战略管理特点的有（　　）。

A. 综合性管理　B. 高层次管理　C. 动态性管理　D. 普遍性管理

2. 企业战略的三个层次包括（　　）。

A. 总体战略　B. 一体化战略　C. 业务单位战略　D. 职能战略

3. 下列各项属于战略管理原则的有（　　）。

A. 协同管理原则　B. 资源匹配原则　C. 目标可行原则　D. 责任落实原则

4. 下列各项属于战略调整的有（　　）。

A. 调整企业的愿景　B. 长期发展方向

C. 战略目标　D. 战略举措

5. 下列各项属于制定战略目标方法的有（　　）。

A. 自上而下　B. 自下而上

C. 上下结合　D. 董事长指定

参考答案

任务二 分析企业环境

任务导学

现代企业的生存和发展，与企业环境及环境的未来变化有着越来越密切的关系。企业要进行战略管理，首要任务是必须全面、客观地分析和掌握外部环境的变化，以此为基础来制定企业战略和实施战略管理。

本任务要求能区分企业的内外部环境因素；能区分企业内外部因素的优势与劣势、威胁与机会，能解释企业环境分析的目的。

企业环境分析是战略管理的起点。企业开始制定战略时，必须首先识别和评价来自企业外部环境和内部条件的信息，分析外部环境带来的机会与威胁以及内部条件具有的优势与劣势，为确定战略目标、制订并实施战略计划奠定良好的基础。战略管理的有效性在很大程度上取决于能否准确地评价外部环境和透彻地识别内部条件。

一般来说，战略分析主要包括对外部因素和内部因素的分析。本教材主要介绍两种分析方法：外部宏观环境的PEST分析方法；内外部环境的SWOT分析方法。

一、宏观环境分析

（一）宏观环境分析的内容

一般说来，宏观环境因素可以概括为四类，即：政治和法律因素（Political Factors）；经济因素（Economical Factors）；社会和文化因素（Social Factors）；技术因素（Technological Factors）。因为这4类因素的英文第一个字母组合起来是PEST，所以宏观环境分析也被称为PEST分析。主要宏观环境因素如图2-2所示。

1. 政治和法律因素

政治和法律因素，是指那些制约和影响企业的政治要素和法律系统，以及其运行状态。政治环境包括国家的政治制度、权力机构、颁布的方针政策、政治团体和政治形势等因素。法律环境包括国家制定的法律、法规、法令以及国家的执法机构等因素。政治和法律因素是保障企业生产经营活动的基本条件。在一个稳定的法治环境中，企业能够真正通过公平竞争，获取自己正当的权益，并得以长期稳定地发展。国家的政策法规对企业的生产经营活动具有控制、调节作用，同一个政策或法规，可能会给不同的企业带来不同的机会或制约。

2. 经济因素

经济因素是指构成企业生存和发展的社会经济状况及国家的经济政策，包括社会经济结构、经济发展水平、经济体制、宏观经济政策、当前经济状况和其他一般经济条件等要素。与政治和法律因素相比，经济因素对企业生产经营的影响更直接、更具体。

3. 社会和文化因素

社会和文化因素是指企业所处的社会结构、社会风俗和习惯、信仰和价值观念、行

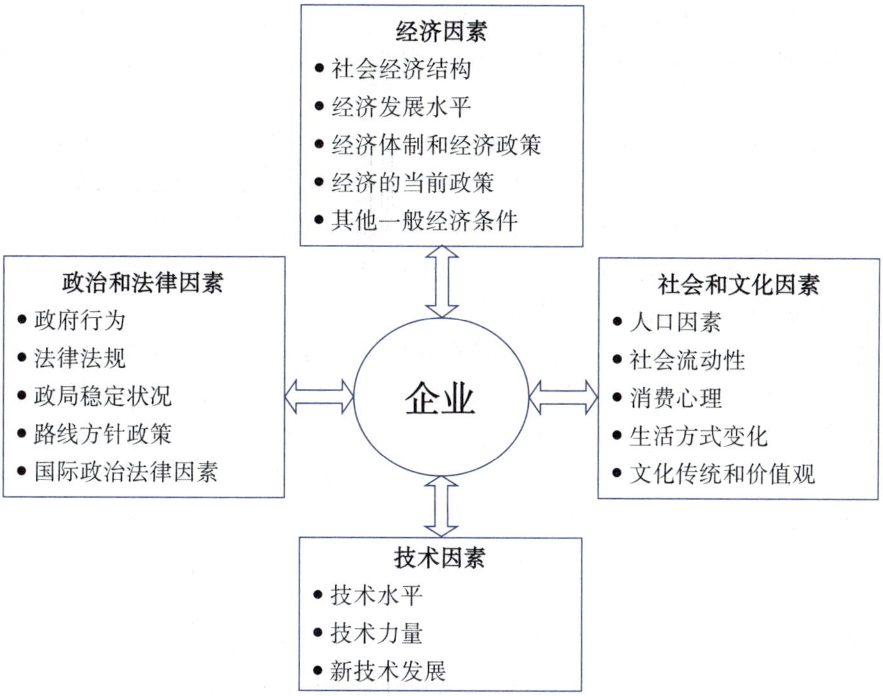

图2-2 主要宏观环境因素

为规范、生活方式、文化传统、人口规模与地理分布等因素的形成和变动。社会和文化因素对企业生产经营的影响也是不言而喻的。例如，人口规模、社会人口年龄结构、家庭人口结构、社会风俗对消费者消费偏好的影响是企业在确定投资方向、产品改进与革新等重大经营决策时必须考虑的因素。

社会和文化因素的范围甚广，主要包括人口因素、社会流动性、消费心理、生活方式、文化传统和价值观等。

4. 技术因素

技术因素是指企业所处环境中的科技要素及与该要素直接相关的各种社会现象的集合，包括国家科技体制、科技政策、科技水平和科技发展趋势等。在科学技术迅速发展变化的今天，技术因素对企业的影响可能是创造性的，也可能是破坏性的，企业必须预见这些新技术带来的变化，并在战略管理上作出相应的战略决策，以获得新的竞争优势。

市场或行业内部和外部的技术趋势与事件会对企业战略产生重大影响。某个特定行业内的技术水平在很大程度上决定了应生产哪种产品或提供哪种服务、应使用哪些设备以及应如何进行经营管理。

（二）宏观环境分析的目的

企业宏观环境具有先动性的特点，一般外部环境的变化需要经过一段时间才可能逐步导致市场和行业、竞争环境的变化。环境还具有广泛性的特点，一般外部环境的变化通常会对处于这个环境中的所有市场和行业以及所有企业的竞争环境产生广泛影响。宏观环境分析的目的主要有以下几个方面：

（1）通过宏观环境分析可以对企业外部环境进行全面的了解和分析，它提供了一组对企业有潜在影响的、概括性的环境因素清单。管理会计PEST分析提供的信息能帮助管理者更好地理解企业所面临的机会和威胁，帮助他们建立企业未来经营形态的愿景并思考如何在竞争中盈利。

（2）宏观环境分析也是用以理解市场的增长或衰退的良好工具，它主要的关注点在于宏观环境因素对未来的影响。深刻理解外部环境因素还有助于管理者避免作出由于不可控制的外部原因而注定会失败的战略选择。企业只有科学地了解和分析宏观环境，才能保证企业战略与外部环境变化保持一致。相比仅仅为了生存而适应环境或抵制环境变化，企业主动利用环境变化更能获得成功。

【例2-1】森旺股份有限公司（以下简称森旺或公司）成立于2000年，是一家在我国南方地区从事水果零售的连锁企业。公司与多家水果基地密切合作，利用其自有的水果加工配送中心，将水果配送至门店，再通过线下及线上两种模式销售给消费者。森旺旗下经营“优旺”和“捷旺”两个品牌系列。其中“优旺”主要面向中高端消费群，除销售精品水果外，还提供诸如制作商务宴会果盘、3千米内1小时送达等特色商品和服务；“捷旺”主打“好吃不贵”，通过规模化采购控制成本，面向大众市场平价销售，并保证水果新鲜。

作为农业重要组成部分的水果产业，国家一直以来给予政策支持。国家“十二五”规划，将“推进农业产业化经营，扶持壮大农产品加工业和流通业，促进农业生产经营专业化、标准化、规模化、集约化”作为产业调整指导思想，旨在促进大型水果企业发展，推动水果产业集中度提升。同时，国家也高度重视水果线上零售的发展，并在政策层面给予大力支持。自2012年开始至今，每年的中央一号文件均明确提出“发展农产品电子商务等交易方式”“加强农产品电子商务平台建设”“支持电商、物流等企业参与涉农电子商务平台建设”等。

近年来，我国国内生产总值逐步增加，恩格尔系数持续下降，人民生活水平显著提高。我国人口的增加和城镇化水平的提高，也推动了人均消费能力的提升。消费水平的升级驱动消费观念发生较大变化，消费正在向品质化、品牌化、个性化、多样化转变。人们对于水果的消费需求不再满足于买得到、吃得着，更对水果的新鲜程度、外观、口感、内在品质等都提出要求。从目前现状看，由于我国水果产业集中度相对较低，水果质量和标准都不统一，消费者对品牌还不敏感。但随着人们对健康观念的重视和消费水平的升级，消费者对食品安全的意识会越来越高，在购买生鲜食品时会愈加重视产品质量。与此同时，消费者的购买习惯也在发生着转变，从到超市、菜市场购买水果，逐步转变为在精致社区水果店或网上购买水果。

冷链物流的快速发展提升了生鲜产品的流通效率，使得消费者在购买水果时，不再受限于区域、季节、距离、时间等因素，促进了对保鲜要求较高的水果，如草莓、蓝莓、樱桃等浆果的消费。同时互联网工具的加入，催生了生鲜电商的兴起，改变了水果的销售业态：由过去的路边摊、个人店、农贸市场，到超市，再到连锁专卖店、生鲜电商，呈现出多元化发展态势。但是，我国水果种植的自动化程度依然较低，在产品标准化程度、生产率方面仍需改进。此外，我国水果在流通环节的损耗率较高，预处理、冷藏及物流技术也需要加强。

微课

PEST例题解析

要求：运用PEST方法分析森旺面临的有利因素和不利因素。

解析：

1.有利因素

（1）政治和法律因素：

①国家一直以来对水果产业给予政策支持。

②国家“十二五”规划旨在促进大型水果企业发展，推动水果产业集中度提升。

③国家高度重视水果线上零售的发展，并在政策层面给予大力支持。

（2）经济因素：

①我国国内生产总值逐步增加，恩格尔系数持续下降，人民生活水平显著提高。

②我国人口的增加和城镇化水平的提高，推动了人均消费能力的提升。

（3）社会和文化因素：

①消费观念发生较大变化，消费向品质化、品牌化、个性化、多样化转变。

②对水果的新鲜程度、外观、口感、内在品质等都提出要求。

③消费者对食品安全的意识越来越高，愈加重视产品质量。

④消费者的购买习惯发生转变。

（4）技术因素：

①冷链物流的快速发展提升了生鲜产品的流通效率。

②互联网工具的加入，催生了生鲜电商的兴起，改变了水果的销售业态，呈现出多元化发展态势。

2.不利因素

（1）社会和文化因素：消费者对品牌还不敏感。

（2）技术因素：

①我国水果种植的自动化程度依然较低，在产品标准化程度、生产率方面仍需改进。

②我国水果在流通环节的损耗率较高，预处理、冷藏及物流技术也需要加强。

【明德善思】PEST分析是对宏观环境的分析，从政治和法律环境、经济环境 、社会文化环境、技术环境四个方面入手。我们在分析森旺公司水果零售连锁企业所处的背景时，就是通过这四个因素来分析企业集团所面临的状况。进行PEST分析需要掌握大量、充分的相关研究资料，并对所分析的企业有着深刻的认识。党的二十大报告中指出：“我们必须坚持解放思想、实事求是、与时俱进、求真务实，一切从实际出发”，广泛开展调查研究，取得第一手资料，在此基础上分析四个因素对企业集团产生的影响，从而作出正确的战略决策。

二、应用SWOT分析法

（一）基本原理

SWOT分析是一种综合考虑企业内部条件和外部环境的各种因素，进行系统评价，从而选择最佳经营战略的方法。这里，S是指企业内部的优势（Strengths），W是指企业内部的劣势（Weakness），O是指企业外部环境的机会（Opportunities），T是指企业外部环境的威胁（Threats）。

1.企业内部的优势和劣势分析

企业内部的优势和劣势是相对于竞争对手而言的，一般表现在企业的资金、技术设备、员工素质、产品、市场、管理技能等方面。判断企业内部的优势和劣势一般有两项标准：一是单项的优势和劣势。例如，企业资金雄厚，则在资金上占优势；市场占有率低，则在市场上处于劣势。二是综合的优势和劣势。为了评估企业的综合优势和劣势，应选定一些重要因素，进行评价打分，然后根据其重要程度按加权平均法加以确定。概括地说，寻找企业的优势和劣势，实际上就是回答两方面的问题：

（1）企业依靠什么资源或能力来保持与加强目前的竞争地位？

（2）哪些资源或能力方面的不足会削弱企业的竞争力？

2.企业外部的机会与威胁分析

企业外部环境的机会是指环境中对企业有利的因素，如政府支持、高新技术的应用、良好的与购买者和供应者的关系等。企业外部环境的威胁是指环境中对企业不利的因素，如新竞争对手的出现、市场增长缓慢、购买者和供应者讨价还价能力增强、技术老化等。发现企业的机会与威胁实际上就是回答以下几方面的问题：

（1）供求状况将如何变化？

（2）造成行业巨变的潜在契机有哪些？

（3）现有的和潜在的竞争对手将有什么举动？

【例2-2】某公司发展共享单车业务的SWOT分析，如图2-3所示。

内部优势分析（Strengths） • 企业资金雄厚，企业实力强劲 • 服务价格低廉，使用方便 • 服务优质，满意度高	内部劣势分析（Weakness） • 骑行不便，损坏严重 • 安全隐患，容易失窃 • 用户定位，保修困难
外部机会分析（Opportunities） • 外部合作提供的帮助强大 • 潜在竞争小 • 市场需求量大	外部威胁分析（Threats） • 内部行业竞争激烈 • 各项法律法规处在制定和完善阶段 • 技术革新较慢

图2-3 共享单车的SWOT分析

（二）SWOT分析的目的

SWOT分析在国内外普遍使用。优劣势分析主要是着眼于企业自身的实力及与竞争对手的比较，而机会和威胁分析将注意力放在外部环境的变化及其对企业的可能影响上。SWOT分析的主要思想就是：抓住机遇，强化优势，避免威胁，克服劣势。SWOT分析将企业面临的外部机会和威胁与企业内部具有的优势和劣势进行对比，得出四种组合方式，分别以四个区域表示，如图2-4所示。

这个方法使用的前提条件是企业对一个（或几个）业务已经有了初步的选择意向。SWOT分析的目的是进一步考察这个（些）业务领域是否适合企业经营，是否能够建立持久竞争优势。

【想一想】PEST分析的是企业的宏观环境因素，SWOT分析的是企业的内外部因素，SWOT分析的因素包括宏观环境因素吗？

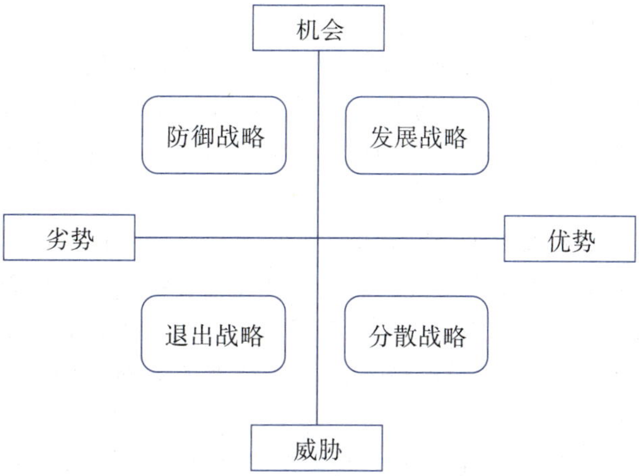

图2-4　SWOT分析

同步训练

一、单项选择题

1.企业环境分析是战略管理的（　　）。

A.起点　　B.过程　　C.辅助　　D.支持

2.社会风俗对消费者消费偏好的影响因素是（　　）。

A.政治和法律环境　　B.经济环境

C.社会和文化环境　　D.技术环境

3.良好的与购买者和供应者的关系属于SWOT分析中的（　　）。

A.内部优势　　B.内部劣势　　C.外部机会　　D.外部威胁

二、多项选择题

1.一般说来，宏观环境因素可以概括为（　　）。

A.政治和法律因素　　B.经济因素

C.社会和文化因素　　D.技术因素

2.经济环境是指构成企业生存和发展的社会经济状况及国家的经济政策，包括（　　）。

A.社会经济结构　　B.经济发展水平　　C.经济体制　　D.宏观经济政策

3.SWOT分析的主要思想就是（　　）。

A.抓住机遇　　B.强化优势　　C.避免威胁　　D.克服劣势

三、案例分析题

请对下列资料进行阅读分析，并回答问题：

太原响亮青城装饰有限公司是一家从事装修服务的企业，公司秉承专业精神与服务理念，在激烈的市场竞争中，凭借自身的经营能力在装修市场站稳了脚跟。近期随着经济的发展变化和市场竞争，公司的盈利能力日趋下降。现在为了更好地生存和发展，公司欲改变现状，重新作出战略规划，安排管理会计人员对公司经营的环境进行调查。以下是调研材料的主要观点：

A.当前大量公司进入家装行业，家装行业竞争进入白热化。

B.“80后”“90后”已成为购房的主力军，在选择家装时越来越追求个性化、自主化、多元化，关注自我。在享受消费和选择服务的过程中注重自我体验已成为当今社会消费价值的趋势。

C.2017年，党的十九大报告中明确指出，要进一步深化供给侧结构性改革，优化流通结构，节省交易成本，提高有效经济总量，优化消费结构，实现消费品不断升级，不断提高人民生活品质，实现“创新-开放-共享”的经济发展模式。

D.随着科技的高速发展，虚拟现实技术已经被成熟地应用于娱乐、房地产开发、展示、设计等多个领域。

E.家装服务内容同质化严重，客户基本都是在数套预设的家装风格样式中进行选择，也只能通过平面设计图和家装效果图来进行挑选，而最终交付成果时会出现“所得非所愿”的情况。

F.公司之前没有熟悉VR技术的相关人员，也没有相关的技术经验，掌握VR技术设备操作需要培训较长周期或外部招聘。

G.公司于2018年新聘请到行业内标杆企业特瑞森公司的设计与施工团队核心人员。此人将室内家装业务梳理出480道施工工序，通过该ERP监理和后台远程控制，可对每一个节点和施工进度进行工具化管理，大大提升了作业质量。

H.目前已有较多同行业领先的装饰公司开始着手布局应用VR技术针对高端群体进行家装服务。

I.公司历来高度重视技术学习和经验积累，并将积累的经验在借鉴同行业先进的施工和管理经验基础上进行作业的标准化；公司加强信息技术应用，采购适配装饰行业的ERP系统，有效地提高了项目管理效率和质量，增强了服务水平，运用云设计软件实现产品，可快速生成效果图，快速导出报价清单，在当地众多装修装饰企业中具备竞争优势。

J.公司严把产品质量和客户服务关，凭借数年在行业内的积淀，在本地形成了自身强大的品牌优势，具有较好的用户口碑和市场声誉。同时，因公司在标准化设计、装配化施工、一体化装修、信息化管理及智能化应用等方面取得的显著成果与建设成效，成为太原市最早获得住房和城乡建设局认定的建筑装饰装修标杆企业之一。

参考答案

要求：根据本调查资料，完成SWOT分析和PEST分析，将调研材料主要观点使用大写字母A～D分别填入表2-1PEST分析表对应的项目中；使用大写字母A～J分别填入表2-2SWOT分析表对应的项目中。

表2-1　　PEST分析表

项目	序号
政治和法律因素（P）	
经济因素（E）	
社会和文化因素（S）	
技术因素（T）	

表2-2　　SWOT分析表

项目	序号
优势（S）	
劣势（W）	
机会（O）	
威胁（T）	

任务三　绘制与实施战略地图

任务导学

战略管理的基本假设是所选定的战略将能实现企业的目标，但在战略实施过程中，由于种种原因不能实现原来的规划，其中一个重要原因是企业无法达成对战略的共识，而战略地图是一张可视化的战略因果关系图，可以解决这个问题。

本任务要求能解释战略地图的内涵，能叙述绘制战略地图的步骤，能解释实施战略地图的重要环节。

一、认知战略地图

（一）战略地图的概念

阅读材料

管理会计应用指引第101号——战略地图

战略地图由罗伯特·卡普兰（Robert S. Kaplan）和戴维·诺顿（David P. Norton）提出，他们是平衡计分卡的创始人，在对实行平衡计分卡的企业进行长期的指导和研究的过程中，两位大师发现，企业由于无法全面地描述战略，管理者之间及管理者与员工之间无法沟通，对战略无法达成共识，严重地影响战略的实施和完成。“平衡计分卡”只建立了一个战略框架，而缺乏对战略进行具体而系统、全面的描述。2004年1月，两位创始人的第三部著作《战略地图——化无形资产为有形成果》出版，创造了战略地图这个描述和表达战略的工具。

战略地图，是指为描述企业各维度战略目标之间因果关系而绘制的可视化的战略因果关系图。战略地图通常以财务、客户、内部业务流程、学习与成长等四个维度为主要内容，通过分析各维度的相互关系，绘制战略因果关系图。企业可根据自身情况对各维度的名称、内容等进行修改和调整。战略地图内容框架示意图如图2-5所示。

（二）战略地图的评价

战略地图的主要优点是：能够将企业的战略目标清晰化、可视化，并与战略KPI和战略举措建立明确联系，为企业战略实施提供了有力的可视化工具。

战略地图的主要缺点是：需要多维度、多部门的协调，实施成本高，并且需要与战略管控相融合，才能真正实现战略实施。

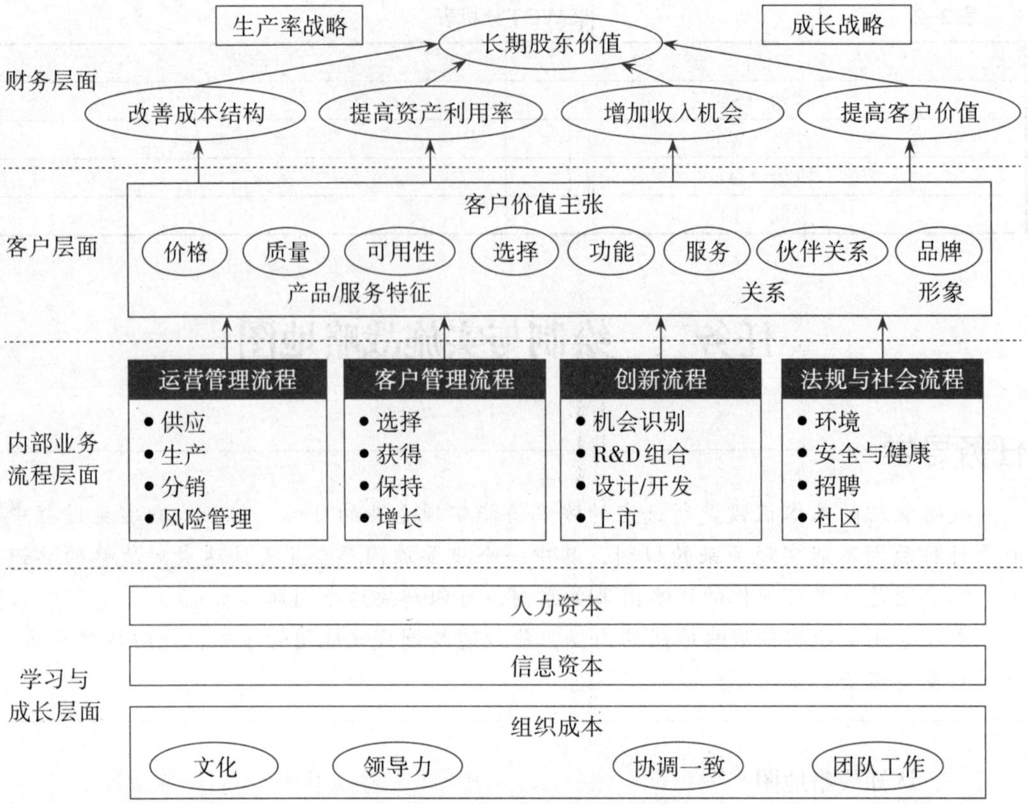

图2-5 战略地图内容框架示意图

二、绘制战略地图

企业设计战略地图，一般按照设定战略目标、确定业务改善路径、定位客户价值、确定内部业务流程优化主题、确定学习与成长主题、进行资源配置、绘制战略地图等程序进行。

（一）设定战略目标

企业根据确定的愿景、使命和环境分析情况，选择和设定战略目标。根据具体情况企业可根据对整体目标的保障、对员工积极性的发挥以及企业各部门战略方案的协调等实际需要，选择自上而下、自下而上或上下结合的方法，制定战略目标。

（二）确定业务改善路径

企业应根据已设定的战略目标，对现有客户（服务对象）和可能的新客户以及新产品（新服务）进行深入分析，寻求业务改善和增长的最佳路径，提取业务和财务融合发展的战略主题。需要强调的是，在财务维度，战略主题一般可划分为两个层次：第一层次一般包括生产率提升和营业收入增长等；第二层次一般包括创造成本优势、提高资产利用率、增加客户机会和提高客户价值等。

（三）定位客户价值

企业应对现有客户进行分析，从产品（服务）质量、技术领先、售后服务和稳定标准等方面确定、调整客户价值定位。在客户价值定位维度，企业一般可设置客户体验、双赢营销关系、品牌形象提升等战略主题。

（四）确定内部业务流程优化主题

企业应根据业务提升路径和服务定位，梳理业务流程及其关键增值（提升服务形象）活动，分析行业关键成功要素和内部营运矩阵，从内部业务流程的管理流程、创新流程、客户管理流程、遵循法规流程等角度确定战略主题，并将业务战略主题进行分类归纳，制订战略方案。

（五）确定学习与成长主题

企业应根据业务提升路径和服务定位，分析创新和人力资本等无形资源在价值创造中的作用，识别学习与成长维度的关键要素，并相应确立激励制度创新、信息系统创新和智力资本利用创新等战略主题，为财务、客户、内部业务流程维度的战略主题和关键业绩指标（Key Performance Indicator，KPI）提供有力支撑。

（六）进行资源配置

根据各维度战略主题，企业应分析其有形资源和无形资源的战略匹配度，对各主题进行战略资源配置。同时应关注企业人力资源、信息资源、组织资源等在资源配置中的定位和价值创造中的作用。

（七）绘制战略地图

企业可应用平衡计分卡的四维度划分绘制战略地图，以图形方式展示企业的战略目标及实现战略目标的关键路径。具体绘制程序如下：

（1）确立战略地图的总体主题。总体主题是对企业整体战略目标的描述，应清晰表达企业愿景和战略目标，并与财务维度的战略主题和KPI对接。

（2）根据企业的需要，确定四维度的名称。把确定的四维度战略主题对应画入各自战略地图内，每一主题可以通过若干KPI进行描述。

（3）将各个战略主题和KPI用路径线链接，形成战略主题和KPI相连的战略地图。

在绘制过程中，企业应将战略总目标（财务维度）、客户价值定位（客户维度）、内部业务流程主题（内部流程维度）和学习与成长维度与战略KPI链接，形成战略地图。

企业所属的各责任中心的战略主题、KPI相应的战略举措、资源配置等信息一般无法都绘制到一张图上，一般采用绘制对应关系表或另外绘制下一层级责任中心的战略地图等方式来展现其战略因果关系。

以下以KS机械公司运用战略地图清晰描绘企业战略来说明战略地图的设计。

【例2-2】KS机械公司主要生产食品加工机械，产品生产历史悠久，2018年经过企业改制进入良性发展的新阶段。经过企业管理层及会计师对外部环境和自身经营条件的专业分析，确定未来五年内主要产品国内市场占有率达到25%，企业拟采用总成本最低的战略实现战略目标。

（1）财务视角分析。公司根据设定的战略目标，寻找以下业务改善的路径实现企业战略，如图2-6所示。

（2）客户视角分析。公司选择总成本最低战略的目的是让目标客户感受到“总成本最低”的购买体验，为客户提供具有高竞争性的价格与稳定的质量、快速购买和周到的服务。客户视角的战略地图如图2-7所示。

（3）业务视角分析。KS机械公司关键内部流程发生在运营管理部分，企业必须和

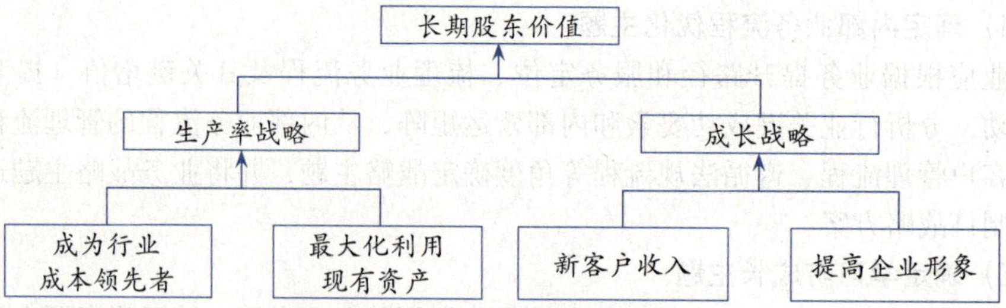

图2-6 财务视角的战略地图

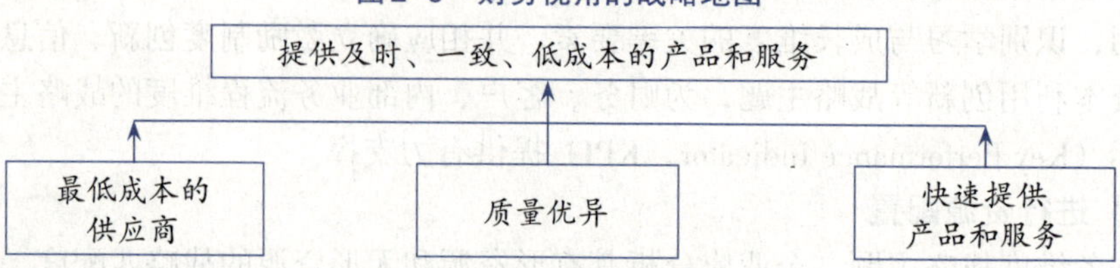

图2-7 客户视角的战略地图

供应商建立战略合作伙伴关系，还需拥有高效的运营流程，这些流程可以把供应商的输入转换为提供给客户的产品和服务输出；转换流程应当不仅在行业内成本很低，而且必须稳定、优质、快速反应，以及用最短周期把输入或客户要求转换为输出。对客户的分销流程也必须是低成本、及时和零差错的。客户管理流程要求为客户提供便利。企业不断追求流程创新以降低成本、提高质量，以及改善订单、转换、分销和客户管理流程。一旦业务扩展，企业能够快速、有效地增加产能，在采购、运营和分销流程等方面获得规模经济。法规与社会流程业绩至关重要，不仅能减少员工和社区的风险，而且可以防止引起公司成本提高的事故和环境问题，如图2-8所示。

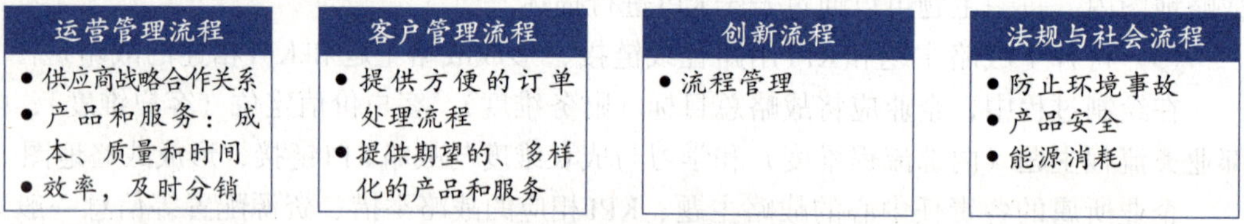

图2-8 业务视角的战略地图

（4）学习与成长视角分析。KS机械公司的学习与成长流程为改善流程而强调员工能力，对员工进行全面质量管理、QC小组、六西格玛、作业成本、现场管理等知识的培训，使他们获得降低成本、缩短周转期和提高质量的能力和知识。与供应商和客户建立信息化的关系对降低成本相当重要，电子商务使订购和分销流程无差错、方便和快速。另外一个信息技术目标是为员工提供关于成本、质量、流程周期和客户的准确、及时的数据，以利于持续改进。公司应当及时分享最有效率部门的成功经验，引入最优的流程创新。公司文化应强调“更好、更快、共赢”的理念，如图2-9所示。

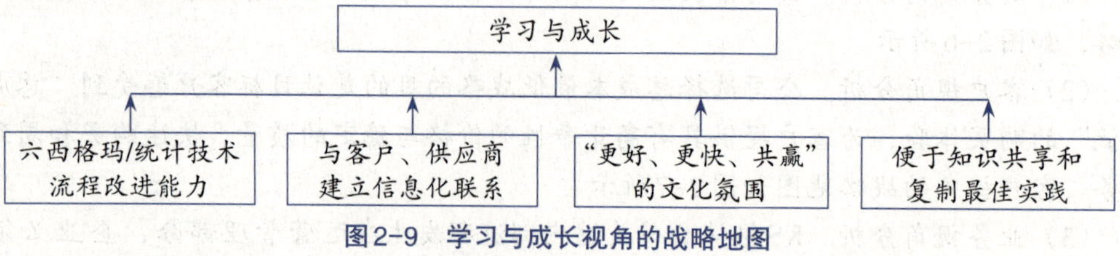

图2-9 学习与成长视角的战略地图

三、实施战略地图

战略地图实施，是指企业利用管理会计工具方法，确保企业实现既定战略目标的过程。战略地图实施一般按照战略KPI设计、战略KPI责任落实、战略执行、执行报告、持续改善、评价激励等程序进行。

（一）设定战略关键指标

企业应用战略地图，应设计一套可以使各部门主管明确自身责任与战略目标相联系的考核指标，即进行战略KPI设计。

【例2-3】KS机械公司财务层面根据目标制定的关键绩效指标，见表2-3。

表2-3 财务层面关键绩效指标

目标	关键绩效指标
成为行业成本领先者	单位成本；单位产出成本的年降低率
最大化利用现有资产	资产周转率、存货周转率
长期股东价值	资本保值增值率、主营业务收入、利润总额
新客户收入	来自新客户的收入
良好的企业形象	因社会责任引起的财务支出降低、因良好企业公民形象吸引的新的客户收入

（二）战略KPI责任落实

企业应对战略KPI进行分解，落实责任并签订责任书。具体可按以下程序进行：

1. 将战略KPI分解为责任部门的KPI

企业应从最高层开始，将战略KPI分解到各责任部门，再分解到责任团队。每一责任部门、责任团队或责任人都有对应的KPI，且每一KPI都能找到对应的具体战略举措。企业可编制责任表，描述KPI中的权、责、利和战略举措的对应关系，以便实施战略管控和形成相应的报告。每一责任部门的负责人可根据上述责任表，将KPI在本部门进行进一步分解和责任落实，层层建立战略实施责任制度。

2. 签订责任书

企业应在分解明确各责任部门KPI的基础上，签订责任书，以督促各执行部门落实责任。责任书一般由企业领导班子（或董事会）与执行层的各部门签订。责任书应明确规定一定时期内（一般为一个年度）要实现的KPI任务、相应的战略举措及相应的奖惩机制。

（三）战略执行

企业应以责任书中所签任务为基础，按责任部门的具体人员和团队情况，对任务和KPI进一步分解，并制定相应的执行责任书，进行自我管控和自我评价。同时，以各部门责任书和职责分工为基础，确定不同执行过程的负责人及协调人，并按照设定的战略目标实现日期，确定不同的执行指引表，采取有效战略举措，保障KPI实现。

（四）编制战略执行报告

企业应编制战略执行报告，反映各责任部门的战略执行情况，分析偏差原因，提出具体管控措施。

（1）每一层级责任部门应向上一层级责任部门提交战略执行报告，以反映战略执行情况，制定下一步战略实施举措。

（2）战略执行报告一般可分为以下三个层级：

①战略层（如董事会）报告，包括战略总体目标的完成情况和原因分析；

②经营层报告，包括责任人的战略执行方案中相关指标的执行情况和原因分析；

③业务层报告，包括战略执行方案下具体任务的完成情况和原因分析。

（3）企业应根据战略执行报告，分析责任人战略执行情况与既定目标是否存在偏差，并对偏差进行原因分析，形成纠偏建议，作为责任人绩效评价的重要依据。

（五）持续改善

企业应在对战略执行情况进行分析的基础上，进行持续改善，不断提升战略管控水平。

1. 与既定目标相比，发现问题并进行改善

企业应根据战略执行报告，将战略执行情况与管控目标进行比对，分析偏差，及时发现问题，提出解决问题的具体措施和改善方案，并采取必要措施。企业在进行偏差分析时，一般应关注以下问题：

（1）所产生的偏差是否为临时性波动；

（2）战略KPI分解与执行是否有误；

（3）外部环境是否发生重大变化，从而导致原定战略目标脱离实际情况。

企业应在分析这些问题的基础上，找出发生偏差的根源所在，及时进行纠正。

2. 达成既定目标时，考虑如何提升

达成战略地图上所列的战略目标时，企业一般可考虑适当增加执行难度，提升目标水平，按持续改善的策略与方法进入新的循环。

（六）评价激励

企业应按照《管理会计应用指引第100号——战略管理》中战略评价的有关要求，对战略实施情况进行评价，并按照《管理会计应用指引第600号——绩效管理》的有关要求进行激励，引导责任人自觉地、持续地积极工作，有效利用企业资源，提高企业绩效，实现企业战略目标。

【明德善思】战略地图将战略转化为企业的经营管理导向，并将其分解为一系列的、与各部门相关的主题，这相当于在公司与战略目标之间绘制了一幅基本的路线图，让企业各项经营管理活动直指目标，而不至于偏航。战略地图能够将企业的战略目标清晰化、可视化，为企业战略实施提供了有力的可视化工具。受战略地图的启示，同学们在学习期间也要结合自身实际情况，制定适合自己的人生发展战略，并根据自己不同时期的表现，以及可能实现的自我价值，不断修订计划，完善自己，为自己正确的人生之路努力学习。

【想一想】战略地图与平衡计分卡以及关键绩效指标（KPI）的关系如何？

同步训练

一、单项选择题

1.下列各项属于战略地图顶层的是（ ）。

A.财务视角　　B.客户视角

C.内部业务流程视角　　D.学习与成长视角

2.下列各项属于战略地图设计首要环节的是（ ）。

A.确定业务改进路径　　B.设定战略目标

C.确定客户价值　　D.确定内部业务流程

3.实施战略地图的目的是（ ）。

A.提高生产率

B.提高市场占有率

C.绩效管理

D.为企业战略实施提供了有力的可视化工具

二、多项选择题

1.战略地图通常以（ ）维度为主要内容，通过分析各维度的相互关系，绘制战略因果关系图。

A.财务　　B.客户　　C.内部业务流程　　D.学习与成长

2.可以作为客户维度战略主题的有（ ）。

A.增加客户体验　　B.促进营销关系

C.提升品牌形象　　D.提高利润率

3.下列各项属于业务层面战略主题的有（ ）。

A.运营管理　　B.业务创新

C.客户管理　　D.客户体验

参考答案

项目三

预算管理

学习目标

1. 区分预算和一般管理计划
2. 认知预算管理的内涵
3. 理解预算管理应遵循的原则
4. 把握全面预算体系的内在联系
5. 应用预算管理的工具和方法
6. 认知经营预算、专门决策预算和财务预算的内涵
7. 编制经营预算、专门决策预算和财务预算
8. 描述预算控制和考核的过程

知识点

预算　预算管理　经营预算　专门决策预算　财务预算　弹性预算　零基预算　滚动预算

技能点

预算方法应用　经营预算编制　财务预算编制　专门决策预算编制

思政融入点

1. 增强文化自信，传承中华优秀传统文化，勤俭节约 立德树人。
2. 树立爱岗敬业、知行合一的职业精神，遵纪守法，创新守正

知识结构

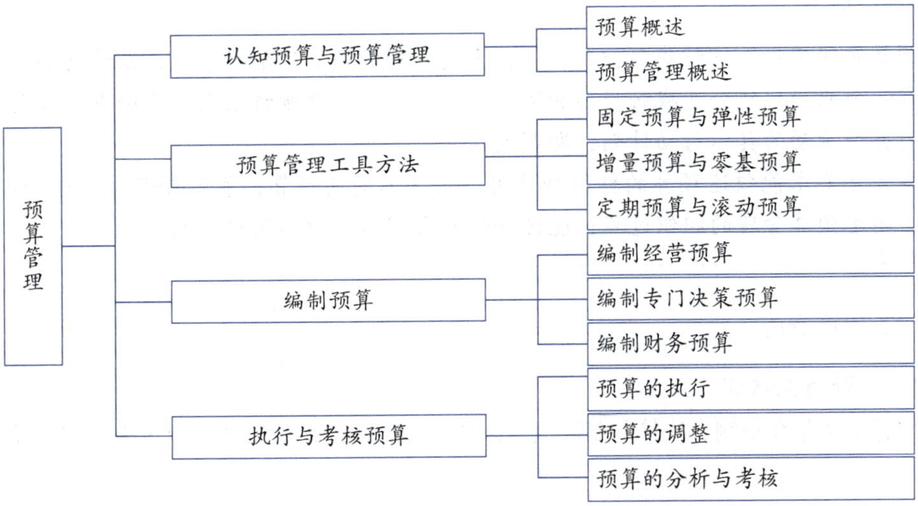

案例导入

沈阳机床：以全面预算化解危机

沈阳机床（集团）有限责任公司（以下简称“沈阳机床”），于1995年12月通过对沈阳原三大机床厂资产重组而成立。公司机床产销量多年来始终居国内同行业首位，于2011年入选首批“国家技术创新示范企业”。

2000年以来，受中国机床市场需求持续旺盛的影响，国内机床企业很多都有跨越式的发展，产值和利润规模逐年大幅递增。然而，多数机床企业在技术研发、内部管理等方面都存在着问题，面对低端产品市场趋于饱和，中高档数控系统既受制于人，又被外国一统天下的尴尬局面，企业的发展受到了大幅影响。2004年，沈阳机床就开始自主开发预算管理软件，并与东北财经大学联合，在集团内实施全面预算管理系统，在为集团战略调整提供信息支持、提升财务管理水平方面起到了很大的作用。

2006年，沈阳机床又决定引入全球领先的甲骨文海波龙预算管理系统，进一步升级全面预算管理系统。新的全面预算管理系统覆盖整个企业，从之前的预算管理部门以财务部门为主，扩展到各职能部门和下属各分厂，还扩充到其他预算，如销售收入预算、资本预算和财务预算等。该系统有机地结合了业务预算、资本预算和投资预算，实现了公司资源的合理分配、现金与利润的有效管理，有力保障了企业战略目标的实现。

由于成功实施了全面预算管理，沈阳机床不仅没有遭受全球经济危机的打击，还在这次危机中调整了战略目标，实现了稳步发展。在国家统计局出炉的2008年中国大企业集团竞争力500强名单中，沈阳机床居第41位，较上一届前移50位，跻身竞争力前50强。

资料来源：财政部会计司. 管理会计案例库［EB/OL］.［2021-03-10］. http：//kjs.mof.gov.cn.

任务一　认知预算与预算管理

任务导学

预算管理不仅是一种费用控制方法，更是一种财务资源配置手段，是管理会计的核心内容。企业为实现企业战略规划和达到战略目标，必须制订未来一定时期内经营、投资、财务等活动的具体行动计划，即制定预算。

本任务要求能叙述预算的特征和作用，区分不同的预算；能解释预算管理的概念、原则，阐述预算管理的组织过程；能区分预算管理体系中不同环节的作用。

一、预算概述

（一）预算的特征

预算是企业在预测、决策的基础上，以数量和金额的形式反映企业未来一定时期内经营、投资、财务等活动的具体计划，是为实现企业目标而对各种资源和企业活动的详细安排。预算涵盖了企业的业务和财务管理活动，是企业实现业财融合的切入点，因此，预算亦可称作全面预算（Comprehensive Budget）。预算的本质是一种可据以执行和控制经济活动的、最为具体的计划，是对目标的具体化，也是实现企业战略导向预定目标的有力工具。

阅读材料

管理会计应用指引第200~204号

预算具有两个特征：首先，预算与企业的战略目标保持一致，因为预算是为实现战略目标而对各种资源和企业活动所做的详细安排；其次，预算是数量化的并具有可执行性，因为预算是一种数量化的详细计划，它是对未来活动的细致、周密安排，是未来经营活动的依据，因此数量化和可执行性是预算最主要的特征。

（二）预算的作用

预算的作用主要表现在以下几个方面：

1.预算通过引导和控制经济活动，使企业经营达到预期目标

通过预算指标可以控制企业实际活动过程，随时发现问题，采取必要的措施，纠正不良偏差，避免经营活动的漫无目的和随心所欲，通过有效的方式实现预期目标。因此，预算具有规划、控制、引导企业经济活动有序进行、以最经济有效的方式实现预定目标的功能。

2.预算可以实现企业内部各个部门之间的协调

从系统论的观点来看，局部计划的最优化，对于全局来说不一定是最合理的。为了使各个职能部门向着共同的战略目标前进，它们的经济活动必须密切配合，相互协调，统筹兼顾，全面安排，搞好综合平衡。通过各部门预算的综合平衡，促使各部门管理人员清楚地了解本部门在全局中的地位和作用，尽可能地做好部门之间的协调工作。

3.预算可以作为业绩考核的标准

预算作为企业财务活动的行为标准，使各项活动的实际执行有章可循。预算标准必须作为各部门责任考核的依据。经过分解落实的预算规划目标能与部门、责任人的业绩考评结合起来，成为奖勤罚懒、评估优劣的准绳。

【想一想】预算和一般的管理计划有何区别？

（三）预算的分类

1.预算按其涉及的预算期不同，可分为长期预算和短期预算

通常将预算期在1年以内（含1年）的预算称为短期预算，预算期在1年以上的预算则称为长期预算。预算的编制时间可以视预算的内容和实际需要而定，可以是1周、1月、1季、1年或若干年等。在预算编制过程中，往往应结合各项预算的特点，将长期预算和短期预算结合使用。一般情况下，企业的业务预算和财务预算多为1年期的短期预算，年内再按季或月细分，而且预算期间往往与会计期间保持一致。

2.预算按其内容不同，可分为经营预算、专门决策预算和财务预算

经营预算是指与企业日常经营活动直接相关的经营业务的各种预算。它主要包括销售预算、生产预算、直接材料预算、直接人工预算、制造费用预算、产品成本预算、销售费用和管理费用预算等。

专门决策预算是指企业不经常发生的、一次性的重要决策预算。专门决策预算直接反映相关决策的结果，是对实际中选方案的进一步规划。如资本支出预算，其编制依据

可以追溯到决策之前搜集到的有关资料，只不过预算比决策估算更细致、更准确一些。例如，企业对一切固定资产购置都必须在事先做好可行性分析的基础上编制预算，具体反映投资额需要多少，何时进行投资，资金从何筹得，投资期限多长，何时可以投产，未来每年的现金流量为多少。

财务预算是指企业在计划期内反映有关预计现金收支、财务状况和经营成果的预算。财务预算作为全面预算体系的最后环节，它从价值方面总括地反映企业经营预算与专门决策预算的结果，也就是说，经营预算和专门决策预算中的资料都可以用货币金额反映在财务预算内，这样一来，财务预算就成了各项业务预算和专门决策预算的整体计划，故亦称为总预算，其他预算则相应称为辅助预算或分预算。显然，财务预算在全面预算中具有举足轻重的地位。

（四）预算体系

预算与企业战略目标保持一致，也就意味着预算是个有机且相互联系的整体。一般将由经营预算、专门决策预算和财务预算组成的预算体系称为全面预算体系，如图3-1所示。

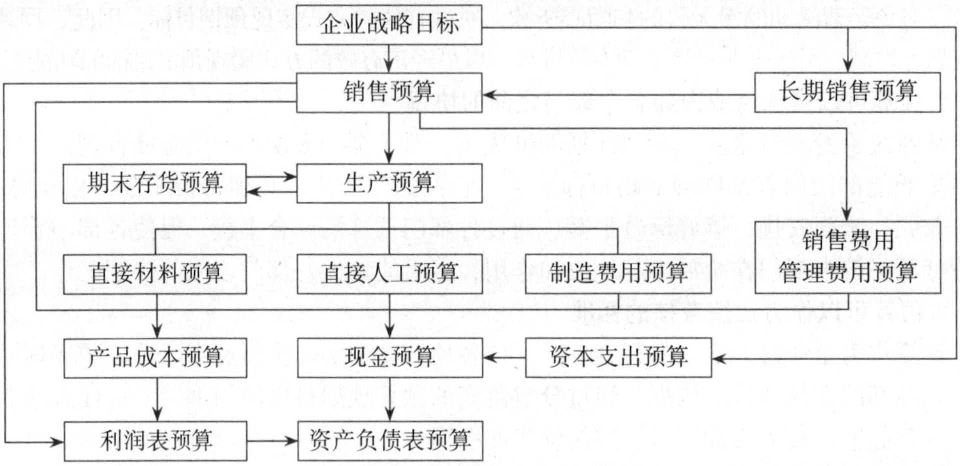

图3-1　全面预算体系

企业应依据企业战略目标及长期市场预测和生产能力，编制长期销售预算，以此为基础，确定本年度的销售预算，并根据企业财力确定资本支出预算。销售预算是年度预算的编制起点，根据“以销定产”的原则确定生产预算，同时确定所需要的销售费用、管理费用。生产预算的编制，除了考虑计划销售量外，还要考虑现有存货和年末存货。根据生产预算来确定直接材料、直接人工和制造费用预算。产品成本预算和现金预算是有关预算的汇总。利润表预算和资产负债表预算是全部预算的综合。

二、预算管理概述

（一）预算管理的概念

预算管理是指企业以战略目标为导向，通过对未来一定期间内的经营活动和相应的财务结果进行全面预测和筹划，科学、合理配置企业各项财务和非财务资源，并对执行过程进行监督和分析，对执行结果进行评价和反馈，指导经营活动的改善和调整，进而推动实现企业战略目标的管理活动。

（二）预算管理的原则

企业进行预算管理，一般应遵循以下原则：

1. 战略导向原则

预算管理应围绕企业的战略目标和业务计划有序开展，引导各预算责任主体聚焦战略、专注执行、达成绩效。

2. 过程控制原则

预算管理应通过及时监控、分析等把握预算目标的实现进度并实施有效评价，对企业经营决策提供有效支撑。

3. 融合性原则

预算管理应以业务为先导、以财务为协同，将预算管理嵌入企业经营管理活动的各个领域、层次、环节。

4. 平衡管理原则

预算管理应平衡长期目标与短期目标、整体利益与局部利益、收入与支出、结果与动因等关系，促进企业可持续发展。

5. 权变性原则

预算管理应刚性与柔性相结合，强调预算对经营管理的刚性约束，又可根据内外环境的重大变化调整预算，并针对例外事项进行特殊处理。

（三）预算管理工作的组织

预算管理工作的组织包括决策层、管理层、执行层和考核层，具体如下：

（1）企业董事会或类似机构应当对企业预算的管理工作负总责。企业董事会或者经理办公会可以根据情况设立预算委员会或指定财务管理部门负责预算管理事宜，并对企业法定代表人负责。

（2）预算委员会或财务管理部门根据企业战略拟定预算的目标、政策，制定预算管理的具体措施和办法，审议、平衡预算方案，组织下达预算，协调解决预算编制和执行中的问题，组织审计、考核预算的执行情况，督促企业完成预算目标。

（3）企业财务管理部门具体负责企业预算的跟踪管理，监督预算的执行情况，分析预算与实际执行的差异及原因，提出改进管理的意见与建议。

（4）企业内部生产、投资、物资、人力资源、市场营销等职能部门具体负责本部门业务涉及的预算编制、执行、分析等工作，并配合预算委员会或财务管理部门做好企业总预算的综合平衡、协调、分析、控制与考核等工作。其主要负责人参与企业预算委员会的工作，并对本部门预算执行结果承担责任。

（5）企业所属基层单位是企业预算的基本单位，在企业财务管理部门的指导下，负责本单位现金流量、经营成果和各项成本费用预算的编制、控制、分析工作，接受企业的检查、考核。其主要负责人对本单位财务预算的执行结果承担责任。

【明德善思】预算管理不仅是一种费用控制方法，更是一种财务资源配置手段，是管理会计的核心内容。预算管理的实施必须以党和国家的方针政策为指针，以促进国民经济的平衡发展为重点。常言道，凡事预则立，不预则废。预算管理已经成为现代化企业不可或缺的重要管理模式。强化预算，做好资源的合理配置，是企业管理会计工作成败的关键。党的二十大会议中，习近平总书记指出：必须坚持中国特色社会主义文化发展道路，增强文化自信，强调要传承中华优秀传统文化。勤俭节约，立德树人，是我们中华民族的优良传统，无论是国民经济的发展，企业经济的推进，还是个人生活的规划，预算管理都不可或缺。

（四）预算管理的行动体系

从行动的角度来看，预算管理体系是一个闭环的反馈系统，如图3-2所示。

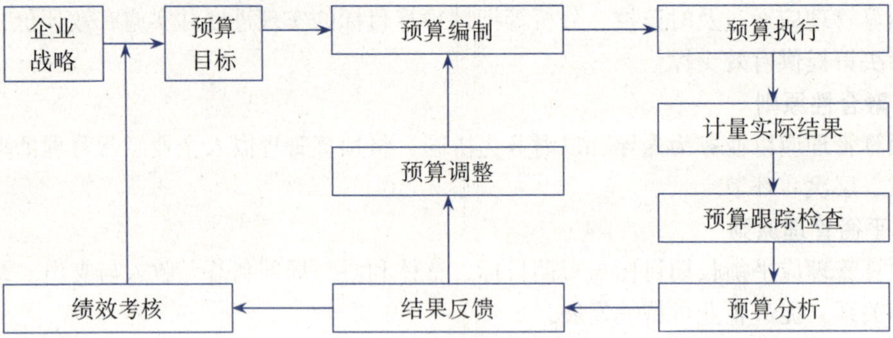

图3-2 预算管理行动体系

预算管理体系主要包括目标确定、预算编制、预算的执行、调控以及事后对预算的分析考核五个环节，在这个过程中始终贯穿着价值和行为的双重管理。

一方面，预算是以货币的形式展示未来的某一种特定期间内企业全部经营活动的各项目标以及资源配置的定量说明，它是在企业预测与决策基础上，按照确定的目标和内容将企业未来的销售、生产、成本、现金流入流出的有关方面以计划的形式具体、系统地反映出来，以便有效地组织与协调企业的生产经营活动，完成企业既定的生产经营目标。

另一方面，预算管理中的各项制度规则、各类目标要求都会对企业的每一个部门、每一名员工产生约束力。在这种约束力的影响下，企业的经营行为、管理行为以及员工个人行为的规范也势必会相应形成。这样，预算管理的要求实际上就在企业日常经营管理过程中得到体现，成为规范企业日常经营管理活动的准绳。

【想一想】预算和一般的工作计划有何区别和联系？

同步训练

一、单项选择题

1. 下列各项中，不属于预算作用的是（　　）。

A. 通过规划、控制和引导经济活动，使企业经营达到预期目标

B. 是业绩考核的重要依据

C. 可以揭示实际与目标的差距

D. 可以实现企业内部各个部门之间的协调

2. 根据全面预算体系的分类，下列预算中，属于财务预算的是（　　）。

A.销售预算　　B.现金预算
C.直接材料预算　　D.直接人工预算

3.下列预算中，属于专门决策预算的是（　　）。
A.直接人工预算　　B.资本支出预算
C.现金预算　　D.销售预算

4.下列各项中，不属于业务预算内容的是（　　）。
A.生产预算　　B.产品成本预算
C.销售及管理费用预算　　D.资本支出预算

5.企业全面预算体系中，作为总预算的是（　　）。
A.财务预算　　B.专门决策预算　　C.现金预算　　D.业务预算

二、多项选择题

1.下列各项中，属于预算最主要特征的有（　　）。
A.数量化　　B.标准化　　C.可执行性　　D.可监督性

2.下列各项中，不属于全面预算体系最后环节的有（　　）。
A.业务预算　　B.财务预算　　C.专门决策预算　　D.生产预算

3.预算按其涉及的业务活动领域不同，包括（　　）。
A.投资预算　　B.营业预算　　C.利润表预算　　D.现金预算

4.下列各项中，属于业务预算的有（　　）。
A.资本支出预算　　B.生产预算
C.管理费用预算　　D.销售预算

5.下列各项关于财务预算的表述，正确的有（　　）。
A.财务预算多为长期预算
B.财务预算又被称作总预算
C.财务预算是全面预算体系的最后环节
D.财务预算主要包括现金预算和预计财务报表

参考答案

任务二　预算管理工具方法

任务导学

预算管理领域应用的管理会计工具方法，一般包括滚动预算、零基预算、弹性预算、作业预算等。企业可根据其战略目标、业务特点和管理需要，结合不同工具方法的特征及适用范围，选择恰当的工具方法综合运用。

本任务要求能区分不同预算方法的特点；能阐述具体预算方法的核心要点，为后面预算的编制打好基础。

一、固定预算与弹性预算

编制预算的方法按其业务量基础的数量特征不同，可分为固定预算和弹性预算。

（一）固定预算

固定预算，又称静态预算，是以预算期内正常的、可实现的某一既定业务量水平为基础编制的预算。固定预算是最基本的预算编制方法，一般适用于固定费用或者数额比较稳定的预算项目。

固定预算的缺点表现在两个方面：

一是适应性差。因为编制预算的业务量基础是实现假定的某个业务量。在这种方法下，不论预算期内业务量水平实际可能发生哪些变动，都只将事先确定的某一个业务量水平作为编制预算的基础。

二是可比性差。当实际的业务量与编制预算所依据的业务量存在较大差异时，有关预算指标的实际数与预算数就会因业务量基础不同而失去可比性。例如，某企业预计业务量为销售100 000件产品，按此业务量给销售部门的预算费用为5 000元。如果销售部门的实际销售量达到120 000件，超出了预算业务量，固定预算下的费用预算仍为5 000元。

（二）弹性预算

弹性预算是指企业在不能准确预测业务量的情况下，根据本、量、利之间有规律的数量关系，按照一系列业务量水平编制的有伸缩性的预算。

它的基本特征是：第一，按预算期内可预见的多种业务量水平确定不同的预算额，或按其实际业务量水平调整预算额；第二，待实际业务量发生后，将实际指标与实际业务量相应的预算额进行对比，使对预算执行情况的评价和考核建立在更加客观的基础上，更好地发挥预算控制作用。

弹性预算的适用范围主要是：销售预算、直接材料预算、直接人工预算、变动制造费用预算和变动销售与管理费用预算等。

编制弹性预算的方法主要有多水平法和公式法两种。

所谓多水平法，就是首先在确定的业务量范围内，划分出若干不同水平，然后分别计算各项预算数据，再汇总列入一张预算表格。我们以图表为例，列举多水平法的应用。

【例3-1】W公司利用多水平法编制制造费用预算。假定W公司100%的生产能力水平为600小时，生产能力变动范围为70%～110%，将生产能力分为5个水平，见表3-1。

由于弹性预算的多水平法是按一系列业务量水平编制的，从而扩大了预算的适用范围。就表3-1提供的资料来说，若仅按600直接人工小时编制，就成了固定预算，其总额为2 000元。这种预算只有在实际业务量接近600小时的情况下，才能发挥作用。如果实际业务量与作为预算基础的600小时相差很多，而仍用2 000元控制和评价成本，显然是不合适的。在表3-1中，分别列示了5种业务量水平的成本预算数据，根据企业情况，也可以按更多的业务量水平列示。这样，无论实际业务量达到何种水平，都有适用的一套成本数据来发挥控制作用。

表3-1 W公司制造费用预算（多水平法） 金额单位：元

业务量（直接人工小时） 占正常生产能力百分比	420 70%	480 80%	540 90%	600 100%	660 110%
变动成本：					
运　输（b=0.2）	84	96	108	120	132
电　力（b=1.0）	420	480	540	600	660
消耗材料（b=0.1）	42	48	54	60	66
合　计	546	624	702	780	858
混合成本：					
修理费	440	490	544	600	746
油　料	180	220	220	220	240
合　计	620	710	764	820	986
固定成本：					
折旧费	300	300	300	300	300
管理人员工资	100	100	100	100	100
合　计	400	400	400	400	400
总　计	1 566	1 734	1 866	2 000	2 244

二、增量预算与零基预算

编制预算的方法按其出发点特征不同，可分为增量预算和零基预算。

（一）增量预算

增量预算是指以基期成本费用水平为基础，结合预算期业务量水平及有关降低成本的措施，通过调整有关费用项目而编制预算的方法。增量预算以过去的费用发生水平为基础，主张不需在预算内容上作较大的调整，它的编制遵循如下假定：

（1）企业现有业务活动是合理的，不需要进行调整；

（2）企业现有各项业务的开支水平都是合理的，在预算期予以保持；

（3）以现有业务活动和各项活动的开支水平，确定预算期各项活动的预算数。

【例3-2】某企业上年的制造费用为50 000元，考虑到本年生产任务增大10%，按增量预算编制计划年度的制造费用预算。

计划年度制造费用预算＝50 000×（1＋10%）＝55 000（元）

增量预算编制方法的缺陷是可能导致无效费用开支项目无法得到有效控制，因为不加以分析地保留或接受原有的成本费用项目，可能使原来不合理的费用继续开支而得不到控制，导致不必要开支合理化，造成预算上的浪费。

（二）零基预算

零基预算，全称为“以零为基础编制计划与预算”，与传统预算编制方法的不同之处在于它不以现有费用水平为基础，而是以“零”为起点，对每项成本费用的开支必要性进行反复分析和权衡，并进行评定分级，确认成本支出的合理性和先后顺序。然后根据生产经营的客观需要和一定时期内资金供应的实际可能，在预算中对各成本项目进行择优安排，从而提高资金的使用效益，节约费用开支。零基预算最早是由美国得州仪器公司彼德派尔在20世纪60年代末提出来的，目前在西方国家较为流行。

零基预算的编制方法大致可以概括为：

（1）划分基层预算单位，根据本企业计划期的目标和任务，列出在计划期内需要发生哪些费用项目，并说明费用开支的目的，以及需要开支的具体数额。

（2）根据具体开支数额对基层预算单位的业务提出计划。

（3）由基层预算单位对本身的业务作具体分析，并提出相应的业务解决方案。

（4）对每项业务计划进行“费用与效益比较分析”，排出优先顺序，并把它们分成等级。

（5）根据生产经营的客观需要与一定期间内资金供应的实际可能，判定纳入预算的费用项目可以达到几级，并对已确定可纳入预算的费用项目进行汇总，形成综合性的费用预算。

零基预算的缺点是工作量太大，费用高昂；业绩较差的人员或部门会认为零基预算是一种压力，因此拒绝接受。但是其能够调动各级管理人员的创造性，有助于提高管理人员的投入产出意识，特别适用于产出较难辨认的服务性部门，避免资金浪费。

三、定期预算与滚动预算

编制预算的方法按其预算期的时间特征不同，可分为定期预算和滚动预算。

（一）定期预算

定期预算是指在编制预算时，以不变的会计期间（如日历年度）作为预算期的一种编制预算的方法。这种方法的优点是能够使预算期间与会计期间相对应，便于将实际数与预算数进行对比，也有利于对预算执行情况进行分析和评价。但这种方法固定以1年为预算期，在执行一段时间之后，往往使管理人员只考虑剩下来的几个月的业务量，缺乏长远打算，导致一些短期行为的出现。

（二）滚动预算

滚动预算，又称“永续预算”或“连续预算”，是一种稳定的、保持一定期限的预算。这种期限经常被定为一年。滚动预算的基本特点是：凡预算执行过一个月（或一个季节）后，就根据前一个月（或季节）的经营成果结合执行中发生的变化等信息，对剩余的11个月（或三个季节）加以修订，并自动后续一个月（或一个季节），重新编制新一年的预算，从而使总预算经常保持在一年的期限内。我们以月份为例，滚动预算的具体编制方式，如图3-3所示。

滚动预算的编制，工作量较大；时间跨度较长，预测较为困难；事先预见到的预算期内的某些活动，在预算执行过程中往往会有所变动，而原有预算却未能及时调整，从而使原有预算显得不相适应；同时，预算执行人员会发生只顾眼前利益而忽视长远利益的情况。

但是，这种预算的优点也不容忽视。它可以使管理人员经常对未来时期的经营活动进行筹划，企业将始终有一个长远的总体战略目标。

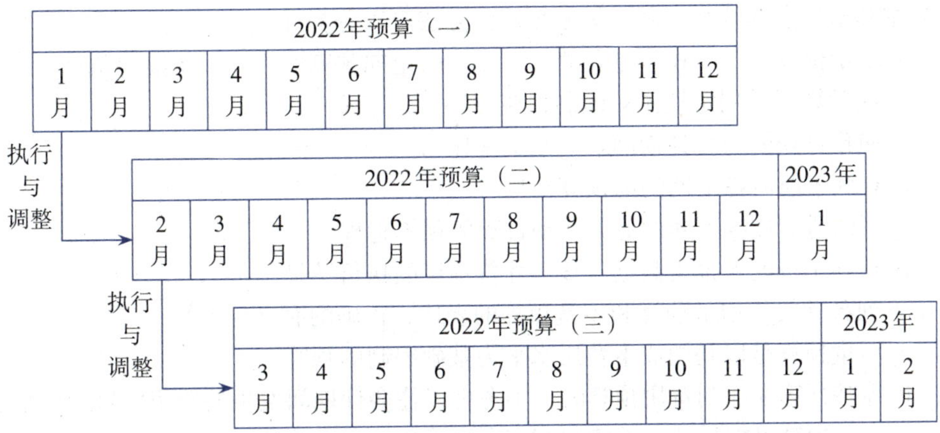

图3-3　滚动预算编制图示

【想一想】滚动预算是否可以按年滚动？

同步训练

一、单项选择题

1.经营预算的编制方法分为定期预算和滚动预算的依据是（　　）。

A.出发点特征不同　　B.业务量基础的数量特征不同

C.预算期的时间特征不同　　D.会计期间特征不同

2.下列各项中，可能会使预算期间与会计期间相分离的预算方法是（　　）。

A.增量预算　　B.零基预算　　C.滚动预算　　D.弹性预算

3.以历史期实际经济活动及其预算为基础，结合预算期经济活动及相关影响因素的变动情况，通过调整历史期经济活动项目及金额形成预算的预算编制方法，称为（　　）。

A.弹性预算　　B.零基预算　　C.增量预算　　D.滚动预算

4.下列预算编制方法中，可能导致无效费用开支项目无法得到有效控制的是（　　）。

A.增量预算　　B.弹性预算　　C.滚动预算　　D.零基预算

5.下列各项中，不属于零基预算特点的是（　　）。

A.以零为起点编制预算，不受历史期经济活动中的不合理因素影响，能够灵活应对内外环境的变化，预算编制更贴近预算期企业经济活动需要

B.可能导致无效费用开支无法得到有效控制，使得不必要开支合理化，造成预算上的浪费

C.有助于增加预算编制透明度，有利于进行预算控制

D.预算编制工作量较大、成本较高

二、多项选择题

1.采用滚动预算编制预算，按照滚动的时间单位不同可分为（　　）。

A.逐月滚动　　B.逐季滚动　　C.逐日滚动　　D.混合滚动

2.按其出发点的特征不同，编制预算的方法可以分为（　　）。

A.增量预算　　B.零基预算　　C.定期预算　　D.滚动预算

3.短期预算可采用定期预算编制，该方法（　　）。

A.使预算期间与会计期间在时期上配比

B.有利于前后各个期间的预算衔接

C.可以适应连续不断的业务活动过程的预算管理

D.有利于按财务报告数据考核和评价预算的执行结果

4.下列各项关于增量预算和零基预算的表述，正确的有（　　）。

A.增量预算是以基期成本费用水平为基础编制的预算

B.零基预算在编制费用预算时，不考虑以往会计期间发生的费用项目或费用数额

C.零基预算可能导致无效费用开支项目无法得到有效控制

D.增量预算不受现有费用项目的限制

5.下列各项中，属于定期预算编制方法的优点有（　　）。

A.便于将实际数与预算数进行对比

B.能使预算期间与会计期间相配合

C.有利于对预算执行情况进行分析和评价

D.有利于促使各基层单位精打细算，合理使用资金

参考答案

任务三　编制预算

任务导学

通过前面的学习，我们熟悉了预算管理领域应用的管理会计工具方法。依据恰当的工具方法，可根据其战略目标、业务特点和管理需要，编制全面预算。

本任务以固定预算为例说明预算编制的过程，要求能区分经营预算、专门决策预算和财务预算的内容，能编制全面预算。全面预算的编制以销售预算为起点，根据各种预算之间的钩稽关系，按顺序从前往后逐步进行，直至编制出预计财务报表。

一、编制经营预算

经营预算（也称业务预算），是指与企业日常业务直接相关的一系列预算，包括销售预算、生产预算、材料采购预算、成本费用预算等。

（一）销售预算

销售预算是在销售预测的基础上，根据企业年度目标利润确定的预计销售量、销售单价和销售收入等参数编制的，用于规划预算期销售活动的一种业务预算。在编制过程中，应根据年度内各季度市场预测的销售量和单价，确定预计销售收入，并根据各季现销收入与收回前期的应收账款反映现金收入额，以便为编制现金预算提供资料。根据销

售预测确定的销售量和销售单价确定各期销售收入，并根据各期销售收入和企业信用政策，确定每期的销售现金流量，是销售预算的两个核心问题。

由于企业其他预算的编制都必须以销售预算为基础，因此，销售预算是编制全面预算的起点。

微课

销售预算例题解析

【例3-3】W公司20××年（计划年度）只生产和销售一种产品，每季的产品销售货款有60%于当期收到现金，有40%属于赊销于下一个季度收到现金。上一年（基期）年末的应收账款为175 000元。该公司计划年度的销售预算，见表3-2。

表3-2 W公司销售预算

金额单位：元

项　目	一季度	二季度	三季度	四季度	全年
预计销量（件）	2 000	2 500	3 000	2 500	10 000
单价	250	250	250	250	250
预计销售收入	500 000	625 000	750 000	625 000	2 500 000
应收账款期初	175 000				175 000
一季度销售收现	300 000	200 000			500 000
二季度销售收现		375 000	250 000		625 000
三季度销售收现			450 000	300 000	750 000
四季度销售收现				375 000	375 000
现金收入合计	475 000	575 000	700 000	675 000	2 425 000

（二）生产预算

生产预算是规划预算期生产数量而编制的一种经营预算，它是在销售预算的基础上编制的，并可以作为编制材料采购预算和产品成本预算的依据。在生产预算中，只涉及实物量指标，不涉及价值量指标。编制生产预算的主要依据是预算期各种产品的预计销售量及存货期初期末资料。具体计算公式为：

$$预计生产量=预计销售量+预计期末结存量-期初结存量$$

生产预算的要点是确定预算期的产品生产量和期末结存产品数量，前者为编制材料预算、人工预算、制造费用预算等提供基础，后者是编制期末存货预算和预计资产负债表的基础。

【例3-4】假设W公司20××年年初结存产成品300件，本年各季末结存产成品分别为：一季度末500件，二季度末550件，三季度末500件，四季度末400件，预计销售量见表3-2。W公司生产预算，见表3-3。

表3-3 W公司生产预算

单位：件

项　目	一季度	二季度	三季度	四季度	全年
预计销量	2 000	2 500	3 000	2 500	10 000
加：预计期末结存量	500	550	500	400	400
预计需要量	2 500	3 050	3 500	2 900	10 400
减：期初结存量	300	500	550	500	300
预计生产量	2 200	2 550	2 950	2 400	10 100

（三）材料采购预算

材料采购预算是为了规划预算期材料消耗情况及采购活动而编制的，用于反映预算期各种材料消耗量、采购量、材料消耗成本和材料采购成本等计划信息的一种业务预算。依据预计产品生产量和材料单位耗用量，确定生产需要耗用量，再根据材料的期初期末结存情况，确定材料采购量，最后根据采购材料的付款，确定现金支出情况。

某种材料耗用量 = 产品预计生产量 × 单位产品定额耗用量

某种材料采购量 = 该种材料耗用量 + 该种材料期末结存量 − 该种材料期初结存量

材料采购预算的要点是反映预算期材料消耗量、采购量和期末结存数量，并确定各预算期材料采购现金支出。材料期末结存量的确定可以为编制期末存货预算提供依据，现金支出的确定可以为编制现金预算提供依据。

【例3–5】假设W公司计划年度期初材料结存量720千克，本年各季末结存材料分别为：一季度末820千克，二季度末980千克，三季度末784千克，四季度末860千克，每季度的购料款于当季支付40%，剩余60%于下一季度支付，应付账款年初余额为120 000元。其他资料见表3–2和表3–3。W公司计划年度材料采购预算，见表3–4。

表3–4 W公司材料采购预算 金额单位：元

项　目	一季度	二季度	三季度	四季度	全年
预计生产量（件）	2 200	2 550	2 950	2 400	10 100
材料定额单耗（千克）	5	5	5	5	5
预计生产需要量（千克）	11 000	12 750	14 750	12 000	50 500
加：期末结存量（千克）	820	980	784	860	860
预计需要量合计（千克）	11 820	13 730	15 534	12 860	51 360
减：期初结存量（千克）	720	820	980	784	720
预计材料采购量（千克）	11 100	12 910	14 554	12 076	50 640
材料计划单价	20	20	20	20	20
预计购料金额	222 000	258 200	291 080	241 520	1 012 800
应付账款年初余额	120 000				120 000
一季度购料付现	88 800	133 200			222 000
二季度购料付现		103 280	154 920		258 200
三季度购料付现			116 432	174 648	291 080
四季度购料付现				96 608	96 608
现金支出合计	208 800	236 480	271 352	271 256	987 888

（四）直接人工预算

直接人工预算是一种既反映预算期内人工工时消耗水平，又规划人工成本开支的业务预算。这项预算是根据生产预算中的预计生产量以及单位产品所需的直接人工小时和单位小时工资率进行编制的。在通常情况下，企业往往要雇用不同工种的人工，必须按工种类别分别计算不同工种的直接人工小时总数；然后将算得的直接人工小时总数分别乘以各该工种的工资率，再予以合计，即可求得预计直接人工成本的总数。

有关数据具体计算公式如下：

（1）预计产品生产直接人工小时总数计算公式如下：

某种产品直接人工小时总数 = 单位产品定额工时 × 该产品预计生产量

产品定额工时是由产品生产工艺和技术水平决定的，由产品技术和生产部门提供定额标准；产品预计生产量来自生产预算。

（2）预计直接人工总成本计算公式如下：

某种产品直接人工总成本 = 单位工时工资率 × 该种产品直接人工小时总数

单位工时工资率来自企业人力资源部门工资标准和工资总额。

编制直接人工预算时，一般认为各预算期直接人工都是直接以现金发放的，因此不再特别列示直接人工的现金支出。另外，按照我国现行制度的规定，在直接人工工资以外，还需要计算职工福利费，此时应在直接人工预算中根据直接工资总额进一步确定预算期的预计职工福利费，并估计职工福利费的现金支出。为简便，本处假定职工福利费包括在直接人工工资总额中并全部以现金支付。

直接人工预算的要点是确定直接人工总成本。

【例3-6】假设W公司单位产品耗用工时为6小时，单位工时的工资率为5元，W公司计划年度直接人工预算，见表3-5。

表3-5 W公司直接人工预算 金额单位：元

项目	一季度	二季度	三季度	四季度	全年
预计生产量（件）	2 200	2 550	2 950	2 400	10 100
单耗工时（小时）	6	6	6	6	6
直接人工小时总数（小时）	13 200	15 300	17 700	14 400	60 600
单位工时工资率	5	5	5	5	5
预计直接人工成本	66 000	76 500	88 500	72 000	303 000

由于工资一般都以现金支付，因此，直接人工预算中预计直接人工成本总额就是现金预算中的直接人工工资支付额。

（五）制造费用预算

制造费用预算是反映生产成本中除直接材料、直接人工以外的一切不能直接计入产品制造成本的间接费用的预算。这些费用必须按成本习性划分为变动费用和固定费用，分别编制变动制造费用预算和固定制造费用预算。编制制造费用预算时，应以计划期的一定业务量为基础规划各个费用项目的具体预算数字。另外，在制造费用预算下还要附有预计现金支出表，以方便编制现金预算。

变动制造费用预算部分以生产预算为基础编制，利用标准成本分配率数据和业务量数据（一般是直接人工小时总数或机器工时等）区分不同费用项目，逐一分项目确定各项目的变动制造费用预算数。其中：

某项目变动制造费用 = 该项目变动制造费用分配率 × 预计直接人工小时总数或机器工时

固定制造费用预算部分通常与本期产量无关，但也需要区分不同费用项目，逐一分项目确定预算期的固定费用预算。

在编制制造费用预算时，为方便现金预算的编制，还需要确定预算期的制造费用预算的现金支出部分。为方便，一般将制造费用中扣除折旧费后的余额，作为预算期内的制造费用现金支出。

制造费用预算的要点是确定各个变动和固定制造费用项目的预算金额，并确定预计制造费用的现金支出。

【例3-7】根据前面所编制的各预算表的资料及以下信息，编制W公司制造费用预算，见表3-6。

表3-6　　W公司制造费用预算　　单位：元

变动费用项目	金　额	固定费用项目	金　额
间接人工	0.20 × 60 600 = 12 120	维护费用	4 000
间接材料	0.10 × 60 600 = 6 060	折旧费用	73 200
维护费用	0.15 × 60 600 = 9 090	管理费用	35 000
水电费用	0.25 × 60 600 = 15 150	保险费用	6 000
机物料	0.05 × 60 600 = 3 030	财产税	3 000
小计	0.75 × 60 600 = 45 450	小计	121 200
变动费用现金支出		45 450	
固定费用合计		121 200	
减：折旧费用		73 200	
固定费用现金支出		48 000	
制造费用全年现金支出		93 450	
制造费用第一季度现金支出		25 000	
制造费用第二季度现金支出		25 000	
制造费用第三季度现金支出		24 000	
制造费用第四季度现金支出		19 450	

（六）单位产品生产成本预算

单位产品生产成本预算是反映预算期内各种产品生产成本水平的一种业务预算，该项预算是在生产预算、直接材料采购预算、直接人工预算和制造费用预算的基础上编制的，通常应反映各产品单位生产成本。单位产品预计生产成本的计算公式如下：

$$\text{单位产品预计生产成本} = \text{单位产品直接材料成本} + \text{单位产品直接人工成本} + \text{单位产品制造费用}$$

上述资料分别来自直接材料采购预算、直接人工预算和制造费用预算。

以单位产品成本预算为基础，还可以确定期末结存产品成本，计算公式如下：

期末结存产品成本 = 期初结存产品成本 + 本期产品生产成本 − 本期销售产品成本

式中：期初结存产品成本和本期销售产品成本，应该根据具体的产品成本计价方法确定。确定期末结存产品成本后，可以与预计直接材料期末结存成本一起，一并在期末存货预算中予以反映。本项目中企业期末存货预算略去不作单独介绍，期末结存产品的预计成本合并在单位产品生产成本预算中列示。

单位产品生产成本预算的要点，是确定单位产品预计生产成本和期末结存产品预计成本。

【例3-8】假设W公司采用制造成本法计算成本，生产成本包括变动生产成本和固定生产成本。根据前面已编制的各种业务预算表的资料，编制W公司单位产品生产成本预算，见表3-7。

表3-7　**W公司单位产品生产成本预算**　金额单位：元

成本项目	单位用量	单位价格	单位成本
直接材料	5千克	20元/千克	100.00
直接人工	6小时	5元/小时	30.00
变动制造费用	6小时	0.75元/小时	4.50
单位变动生产成本	—	—	134.50
单位固定成本	（121 200 ÷ 60 600）× 6 = 12		12.00
单位产品生产成本	—	—	146.50
期末结存产品预算	期末结存产品数量（件）		400.00
	期末结存产品成本		58 600.00

（七）销售及管理费用预算

销售及管理费用预算是以价值形式反映整个预算期内为销售产品和维持一般行政管理工作而发生的各项费用支出预算。该预算与制造费用预算一样，需要划分固定费用和变动费用列示，其编制方法也与制造费用预算相同。在该预算表下也应附列计划期间预计销售及管理费用的现金支出计算表，以便编制现金预算。

销售及管理费用预算的要点是确定各个变动及固定费用项目的预算数，并确定预计的现金支出。

【例3-9】假设W公司销售和行政管理部门根据计划期间的具体情况，合并编制销售及管理费用预算，见表3-8。

表3-8　**W公司销售及管理费用预算**　单位：元

费用明细项目			预算金额
变动费用	销售佣金	0.1 × 60 600	6 060
	办公费用	0.2 × 60 600	12 120
	运输费用	0.2 × 60 600	12 120
	⋮		⋮
	变动费用小计		42 420
固定费用	广告费用		80 000
	管理人员工资		125 000
	保险费用		8 000
	折旧费用		50 000
	财产税		4 000
	⋮		⋮
	固定费用小计		287 000
预计现金支出计算表	销售及管理费用总额		329 420
	减：折旧费用		50 000
	销售及管理费用现金支出总额		279 420
	每季度销售及管理费用现金支出		69 855

【想一想】进行销售预测时，需要考虑哪些因素？

二、编制专门决策预算

专门决策预算是指企业为那些在预算期内不经常发生的投资项目、筹资活动或一次性的专门业务活动（如股利分配）所编制的预算，主要包括根据投资决策所编制的长期投资预算、根据企业竞争战略和发展需要编制的筹资预算、依据预算期经营成果的预测编制的股利分配预算、研究与开发预算等。其中，长期投资预算是专门决策预算中最常见和最重要的部分。

长期投资预算，又称资本支出预算，通常是指与项目投资决策相关的专门预算，它往往涉及长期建设项目的资金投放与筹集，并经常跨越多个年度。编制专门决策预算的依据，是项目财务可行性分析资料，以及企业筹资决策资料。

长期投资的专门决策预算要点是准确反映项目资金投资支出与筹资计划，它同时也是编制现金预算和预计资产负债表的依据。

【例 3-10】假设 W 公司决定于 20××年上马一条新的生产线，年内安装完毕，并于年末投入使用，有关投资与筹资预算见表 3-9。

表 3-9　W 公司专门决策预算　单位：元

项　目	一季度	二季度	三季度	四季度	全年
投资支出预算	50 000	40 000	70 000	80 000	240 000
借入长期借款	40 000			80 000	120 000

三、编制财务预算

财务预算是反映企业在预算期内有关现金收支、经营成果和财务状况的预算。财务预算是在经营预算和专门决策预算的基础上，按照一般会计原则和方法编制出来的。这样，财务预算就成为各项经营业务和资本决策的整体计划，故也称“总预算”；各种业务预算和资本预算，就称为“分预算”。财务预算主要包括现金预算、预计资产负债表、预计利润表。

（一）现金预算

现金预算是所有有关现金收支预算的汇总，通常包括现金收入、现金支出、现金多余或不足、资金的筹集与运用等四个组成部分。现金预算是企业现金管理的重要工具，有助于企业合理地安排和调动资金，降低资金的使用成本。

微课

现金预算例题分析

现金收入主要指经营业务活动的现金收入；现金支出除了包括直接材料、直接人工、制造费用、销售及管理费用方面的经营性现金支出外，还包括用于缴纳税金、股利分配方面的支出，以及购买设备等资本性支出；现金收支差额与期末余额均要通过协调资金筹集与运用来调整，应在保证各项支出所需资金供应的前提下，注意保持期末现金余额在合理的上下限度内波动。

【例 3-11】根据前面编制的各业务预算和专门决策预算的资料，编制现金预算。该公司年初现金余额为80 000元，每季支付各种流转税35 000元，前三季度预交所得税50 000元，年末汇缴89 440元，年末支付股利250 000元。最低现金持有量为50 000元。W公司现金预算，见表3-10。

表3-10 W公司现金预算 单位：元

项　目	一季度	二季度	三季度	四季度	全年
期初现金余额	80 000	80 000	80 000	80 000	80 000
经营现金收入	475 000	575 000	700 000	675 000	2 425 000
可供支配的现金合计	555 000	655 000	780 000	755 000	2 505 000
经营性现金支出：					
直接材料	208 800	236 480	271 352	271 256	987 888
直接人工	66 000	76 500	88 500	72 000	303 000
制造费用	25 000	25 000	24 000	19 450	93 450
销售及管理费用	69 855	69 855	69 855	69 855	279 420
支付流转税	35 000	35 000	35 000	35 000	140 000
预交所得税	50 000	50 000	50 000	89 440	239 440
分配股利				250 000	250 000
资本性现金支出	50 000	40 000	70 000	80 000	240 000
现金支出合计	504 655	532 835	608 707	887 001	2 533 198
现金多余或不足	50 345	122 165	171 293	（132 001）	（28 198）
资金筹措与运用：					
长期借款	40 000			80 000	120 000
支付利息	（15 345）	（15 165）	（13 293）	（11 999）	（55 802）
取得短期借款	5 000			20 000	25 000
偿还短期借款		（5 000）			（5 000）
进行短期投资		（22 000）	（78 000）		（100 000）
出售短期投资				100 000	100 000
期末现金余额	80 000	80 000	80 000	56 000	56 000

（二）预计利润表

预计利润表用来综合反映企业在计划期的预计经营成果，是企业最主要的财务预算表之一。编制预计利润表的依据是经营预算、专门决策预算和现金预算。

【例3-12】以前面所编制的各种预算为资料来源。假设每季预提的财务费用为20 000元。编制W公司预计利润表，见表3-11。

表3-11 W公司预计利润表 单位：元

项目	一季度	二季度	三季度	四季度	全年
销售收入	500 000	625 000	750 000	625 000	2 500 000
减：销售成本	293 000	366 250	439 500	366 250	1 465 000
销售毛利	207 000	258 750	310 500	258 750	1 035 000
减：销售及管理费用	82 355	82 355	82 355	82 355	329 420
财务费用	20 000	20 000	20 000	20 000	80 000
营业利润	104 645	156 395	208 145	156 395	625 580
减：所得税	50 000	50 000	50 000	89 440	239 440
净利润	54 645	106 395	158 145	66 955	386 140

【明德善思】利润是企业生存之本，利润预算管理是现代企业达成利润目标的重要管理手段。通过阅读预计利润表，能够了解企业计划期的预计经营成果，揭示收入和支出中潜在的各种问题，以便做出正确的决策。作为学习者，在编制预计利润表时，可以发现自身财务知识存在的短板，明确自己今后学习的方向。在掌握管理会计理论知识和专业技能的同时，能够培养良好的职业素养，树立爱岗敬业、知行合一的职业精神，深刻领悟“爱岗是敬业的基石，敬业是爱岗的升华”的人生哲理，了解自身肩负的历史使命，成为遵纪守法，创新守正的新时期会计人才。

（三）预计资产负债表

预计资产负债表用来反映企业在计划期末预计的财务状况。它的编制需以计划期开始日的资产负债表为基础，结合计划期间业务预算、专门决策预算、现金预算和预计利润表进行编制。它是编制全面预算的终点。

【例3-13】根据W公司期初资产负债表及计划期各项预算中的有关资料进行调整，编制出20××年末的预计资产负债表，见表3-12。

表3-12 W公司预计资产负债表 单位：元

资产	金额	负债和股东权益	金额
流动资产：		流动负债：	
货币资金	56 000	短期借款	20 000
应收账款	250 000	应付账款	144 912
存货	75 800	应交税费	10 000
流动资产合计	381 800	其他应付款	24 198
非流动资产：		流动负债合计	199 110
固定资产	800 000	非流动负债	120 000
减：累计折旧	200 000	股东权益：	
固定资产净额	600 000	股本	500 000
在建工程	240 000	资本公积	100 000
无形资产	184 200	留存收益	486 890
非流动资产合计	1 024 200	股东权益合计	1 086 890
资产总计	1 406 000	负债和股东权益总计	1 406 000

【想一想】预算编制是业财融合的初步过程，预算编制的难点在哪些方面？

同步训练

一、单项选择题

1. 下列预算不是在生产预算的基础上编制的是（　　）。

A. 直接人工预算　　B. 直接材料预算

C. 管理费用预算　　D. 产品成本预算

2. 预计各季度直接材料的“采购量”计算公式为（　　）。

A. 预计采购量 =（生产需用量 − 期末存量）− 期初存量

B. 预计采购量 =（生产需用量 + 期末存量）− 期初存量

C. 预计采购量 =（生产需用量 + 期末存量）+ 期初存量

D. 预计采购量 =（生产需用量 − 期末存量）+ 期初存量

3. 能够准确反映项目资金投资支出与筹资计划，同时也是编制现金预算和预计资产负债表的依据的是（　　）。

A. 销售预算　　B. 专门决策预算　　C. 现金预算　　D. 财务预算

4. 公司预计的计划年度期初应付账款余额为100万元，1月至3月份采购金额分别为300万元、400万元、600万元，每月的采购款当月支付60%，次月支付40%。则预计一季度现金支出额是（　　）万元。

A. 1 060　　B. 1 160　　C. 1 300　　D. 1 400

5. 在编制现金预算时，不会依据的预算是（　　）。

A. 直接材料预算　　B. 销售预算

C. 销售及管理费用预算　　D. 利润表预算

二、多项选择题

1. 编制产品成本预算，下列预算会被涉及的有（　　）。

A. 销售预算　　B. 生产预算　　C. 直接材料预算　　D. 直接人工预算

2. 以专门决策预算为编制预算的依据的有（　　）。

A. 产品成本预算　　B. 预计资产负债表预算

C. 现金预算　　D. 销售预算

3. 在生产预算中，主要涉及的内容有（　　）。

A. 预计销售量　　B. 预计单位售价

C. 期初产成品存货　　D. 期末产成品存货

4. 在编制现金预算时，如果现金不足，可以采取的措施有（　　）。

A. 借入长期借款　　B. 取得短期借款

C. 归还长期借款　　D. 归还借款利息

5. 预计资产负债表中，存货项目的数据来源于（　　）。

A. 直接材料预算　　B. 生产预算　　C. 销售预算　　D. 产品成本预算

三、计算分析题

1. A公司相关资料如下：

（1）A公司根据销售预测，对某产品2023年度的销售量作如下预计：第一季度为5 000件，第二季度为6 000件，第三季度为8 000件，第四季度为7 000件，若每个季度的产成品期末结存量均为下一季度预计销售量的10%，年初产成品结存量为750件，年末结存量为600件，单位产品材料消耗定额为2千克/件，单位产品工时定额为5小时/件，单位工时的工资额为0.6元。

（2）若A公司每季度材料的期末结存量均为下一季度预计生产需用量的10%，年初结存量为900千克，年末结存量为1 000千克，计划单价为10元/千克。材料款当季付70%，余款下季度再付，期初应付账款为40 000元。

要求：

（1）根据资料（1），编制该公司的生产预算和直接人工预算，见表3-13、表3-14。

表3-13　A公司2023年度生产预算　单位：件

项　目	一季度	二季度	三季度	四季度	全年
预计销售量					
加：预计期末结存量					
合　计					
减：预计期初结存量					
预计生产量					

表3-14　A公司2023年度直接人工预算

项　目	一季度	二季度	三季度	四季度	全年
预计生产量（件）					
单位产品工时（小时/件）					
人工总工时（小时）					
每小时人工成本（元/小时）					
预计直接人工成本（元）					

（2）根据资料（1）和资料（2），编制直接材料预算，见表3-15。

2. 甲公司是一家制造企业，正在编制2023年第一、二季度现金预算，年初现金余额52万元。相关资料如下：

（1）预计第一季度销量30万件，单位售价100元；第二季度销量40万件，单位售价90元；第三季度销量50万件，单位售价85元。每季度销售收入60%当季收现，40%下季收现。2023年初应收账款余额800万元，第一季度收回。

（2）2023年初产成品存货3万件，每季末产成品存货为下季销量的10%。

表3-15　　A公司2023年度直接材料预算　　金额单位：元

项　目	一季度	二季度	三季度	四季度	全年
预计生产量（件）					
材料定额单耗（千克/件）					
预计生产需用量（千克）					
加：预计期末结存量（千克）					
减：预计期初结存量（千克）					
预计材料采购量（千克）					
材料计划单价（元/千克）					
预计购料金额					
预计现金支出					
应付账款年初余额					
一季度购料付现					
二季度购料付现					
三季度购料付现					
四季度购料付现					
现金支出合计					

（3）单位产品材料消耗量10千克，单价4元/千克。当季所购材料当季全部耗用，季初季末无材料存货。每季度材料采购货款50%当季付现，50%下季付现。2023年初应付账款余额420万元，第一季度偿付。

（4）单位产品人工工时2小时，人工成本10元/小时；制造费用按人工工时分配，分配率7.5元/小时。销售和管理费用全年400万元，每季度100万元。假设人工成本、制造费用、销售和管理费用全部当季付现。全年所得税费用100万元，每季度预缴25万元。

（5）公司计划在上半年安装一条生产线，第一、二季度分别支付设备购置款450万元、250万元。

（6）每季末现金余额不能低于50万元。低于50万元时，向银行借入短期借款，借款金额为10万元的整数倍。借款季初取得，每季末支付当季利息，季度利率2%。高于50万元时，高出部分按10万元的整数倍偿还借款，季末偿还。第一、二季度无其他融资和投资计划。

要求：根据上述资料，编制甲公司2023年第一、二季度现金预算（结果填入下方表格中，不用列出计算过程），见表3-16。

参考答案

表3-16 **现金预算表** 单位：万元

项目	第一季度	第二季度
期初现金余额		
加：销货现金收入		
可供使用的现金合计		
减：各项支出		
材料采购		
人工成本		
制造费用		
销售和管理费用		
所得税费用		
购买设备		
现金支出合计		
现金多余或不足		
加：短期借款		
减：偿还短期借款		
减：支付短期借款利息		
期末现金余额		

任务四 执行与考核预算

任务导学

前面已经学习经营预算、专门决策预算和财务预算的编制，全面预算编制完成，便进入预算执行阶段。各预算执行单位应当按照预算标准进行企业的各项经营活动，并通过预算分析与考核发现问题、解决问题，及时纠正预算偏差。如果发生企业内外部环境的重大变化，也有可能需要进行预算的调整。

本任务要求能叙述预算执行与考核的过程；能区分预算执行与考核的重点环节。

一、预算的执行

企业预算一经批复下达，各预算执行单位就必须认真组织实施，将预算指标层层分解，从横向到纵向落实到内部各部门、各单位、各环节和各岗位，形成全方位的预算执行责任体系。

（一）预算目标分解

企业应当将预算作为预期内组织、协调各项经营活动的基本依据，将年度预算细分为月份和季度预算，通过分期预算控制，确保年度预算目标的实现。

（二）预算收支控制

企业应当强化现金流量的预算管理，按时组织预算资金的收入，严格控制预算资金的支付，调节资金收付平衡，控制支付风险。

（三）授权审批控制

对于预算内的资金拨付，按照授权审批程序执行。对于预算外的项目支出，应当按预算管理制度规范支付程序。对于无合同、无凭证、无手续的项目支出，不予支付。

（四）经营过程控制

企业应当严格执行销售、生产和成本费用预算，努力完成利润指标。在日常控制中，企业应当健全凭证记录，完善各项管理规章制度，严格执行生产经营月度计划和成本费用的定额、定率标准，加强实时监控。对预算执行中出现的异常情况，企业有关部门应及时查明原因，提出解决办法。

（五）执行反馈控制

企业应当建立预算报告制度，要求各预算执行单位定期报告预算的执行情况。对于预算执行中发现的新情况、新问题及出现偏差较大的重大项目，企业财务管理部门以及预算委员会应当责成有关预算执行单位查找原因，提出改进经营管理的措施和建议。

企业财务管理部门应当利用财务报表监控预算的执行情况，及时向预算执行单位、企业预算委员会以至董事会或经理办公会提供财务预算的执行进度、执行差异及其对企业预算目标的影响等财务信息，促进企业完成预算目标。

二、预算的调整

企业正式下达执行的预算，一般不予调整。预算执行单位在执行中由于市场环境、经营条件、政策法规等发生重大变化，致使预算的编制基础不成立，或者将导致预算执行结果产生重大偏差的，可以调整预算。

（一）预算调整的原则

企业应当建立内部弹性预算机制，对于不影响预算目标的业务预算、资本预算、筹资预算之间的调整，企业可以按照内部授权批准制度执行，鼓励预算执行单位及时采取有效的经营管理对策，保证预算目标的实现。对于预算执行单位提出的预算调整事项，企业进行决策时，一般应当遵循以下要求：

（1）预算调整事项不能偏离企业发展战略；

（2）预算调整方案应当在经济上能够实现最优化；

（3）预算调整重点应当放在预算执行中出现的重要的、非正常的、不符合常规的关键性差异方面。

（二）预算调整的程序

企业调整预算，应当由预算执行单位逐级向企业预算委员会提出书面报告，阐述预算执行的具体情况、客观因素变化情况及其对预算执行造成的影响程度，提出预算指标的调整幅度。

企业财务管理部门应当对预算执行单位的预算调整报告进行审核分析，集中编制企业年度预算调整方案，提交预算委员会以至企业董事会或经理办公会审议批准，然后下达执行。

三、预算的分析与考核

（一）预算分析的组织

企业应当建立预算分析制度，由预算委员会定期召开预算执行分析会议，全面掌握预算的执行情况，研究解决预算执行中存在的问题，纠正预算的执行偏差。

开展预算执行分析，企业管理部门及各预算执行单位应当充分收集有关财务、业务、市场、技术、政策、法律等方面的信息资料，根据不同情况分别采用比率分析、比较分析、因素分析、平衡分析等方法，从定量与定性两个层面充分反映预算执行单位的现状、发展趋势及其存在的潜力。

（二）预算偏差的处理

针对预算的执行偏差，企业财务管理部门及各预算执行单位应当充分、客观地分析产生的原因，提出相应的解决措施或建议，提交董事会或经理办公会研究决定。

企业预算委员会应当定期组织预算审计，纠正预算执行中存在的问题，充分发挥内部审计的监督作用，维护预算管理的严肃性。

（三）预算考核的执行

预算年度终了，预算委员会应当向董事会或者经理办公会报告预算执行情况，并依据预算完成情况和预算审计情况对预算执行单位进行考核。

企业内部预算执行单位上报的预算执行报告，应经本部门、本单位负责人按照内部议事规范审议通过，作为企业进行财务考核的基本依据。企业预算按调整后的预算执行，预算完成情况以企业年度财务会计报告为准。

企业预算考核的执行是企业绩效评价的主要内容，应当结合年度内部经济责任制进行考核，与预算执行单位负责人的奖惩挂钩，并作为企业内部人力资源管理的参考。

同步训练

一、单项选择题

1. 企业财务管理部门监控预算的执行情况利用的是（　　）。

A. 目标分解　　B. 收支的审批控制　　C. 财务报表　　D. 利润指标

2. 下列各项关于预算分析与考核的说法，不正确的是（　　）。

A. 企业应当建立预算分析制度，由预算委员会定期召开预算执行分析会议

B.预算偏差的处理应由企业财务管理部门及各预算执行单位决定并执行

C.预算年度终了，预算委员会应当向董事会或者经理办公会报告预算执行情况，并依据预算完成情况和预算审计情况对预算执行单位进行考核

D.企业预算考核的执行是企业绩效评价的主要内容

二、多项选择题

1.下列各项属于预算执行责任体系的有（　　）。

A.预算目标分解　B.预算收支控制　C.授权审批控制　D.执行反馈控制

2.预算调整时应遵循的原则有（　　）。

A.预算调整事项不能偏离企业发展战略

B.预算调整方案应当在经济上能够实现最优化

C.预算调整重点应当放在预算执行中出现的重要的、非正常的、不符合常规的关键性差异方面

D.预算调整重点应当放在预算执行中出现的正常的、符合常规的关键性差异方面

参考答案

项目四

成本管理

学习目标

1. 认知成本及成本管理的相关知识
2. 熟悉成本管理工具的基本知识
3. 领会成本按性态分类的方法及成本性态分析
4. 会计算变动成本和变动成本法下的利润
5. 明确作业的概念并会应用作业成本法
6. 应用标准成本法并完成成本差异分析
7. 能应用目标成本法计算目标成本

知识点

成本　成本管理　成本性态　变动成本法　作业成本法　标准成本法　目标成本法

技能点

成本性态分析　计算变动成本和利润　计算作业成本　制定目标成本　制定标准成本　分析成本差异

思政融入点

1. 发扬勤俭节约的传统美德，倡导绿色消费，做节能降碳的践行者。
2. 标准是一把“尺子”，对外衡量工作，对内衡量自我，坚持一把尺子量到底。
3. 企业制定目标时应同国家发展大目标紧密联系，与国家发展、时代发展同频共振。

知识结构

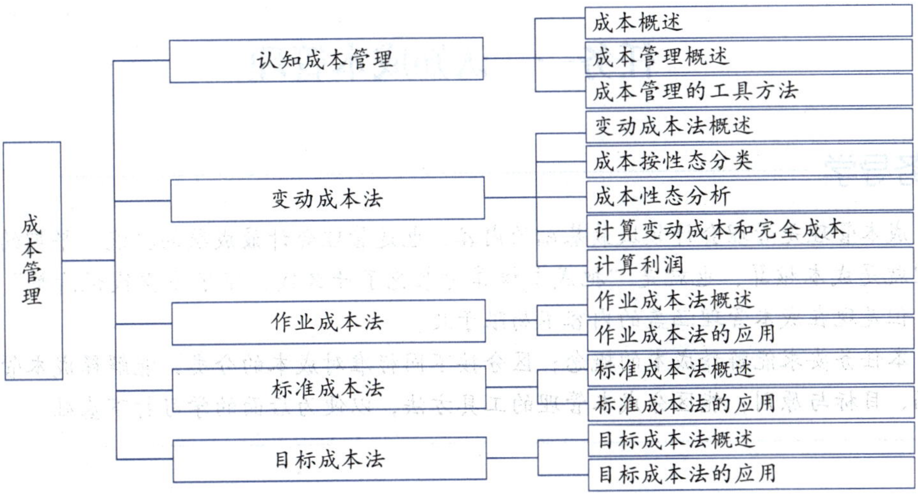

案例导入

标准成本系统——宝钢成本管理的一大法宝

宝钢金属有限公司（简称“宝钢金属”）是宝钢集团全资子公司之一。公司副总经理、财务总监范松林在谈及自己的“财务管理经”时，将标准成本系统视为成本管理的一大法宝。

据范松林回忆，宝钢金属于1995年着手推进标准成本制度，1996年正式采用标准成本系统，包括标准成本的核算体系及管理体系。此后，宝钢金属在标准成本管理上取得了飞速的发展。然而，标准成本制度的推进并不是一件容易的事。推进过程中需要大量数据，更需要各个部门的积极配合。

首要问题便是确定成本中心，以衡量绩效、分清责任。宝钢金属制定三级成本中心，一级成本中心一般为一个厂，二级成本中心为分厂，三级成本中心为作业区，而作业长是降低成本的主要责任者。

然后是成本标准的制定。成本标准针对明细产品而制定，依据工艺技术规程、生产操作规程、计划值指标、历史消耗资料制定消耗标准，依据成本补偿制定价格标准。成本标准由权威机构制定和修订，由工程技术方、生产方、财务方的人员共同参与。

最后是成本差异的揭示及分析。成本差异分为消耗差异和价格差异。分析差异的原因，如果是标准不够准确造成的差异，就对标准加以修订；如果是实际生产操作或管理不善造成的差异，一定会由责任中心的生产人员、技术人员、管理人员具体进行分析。

标准成本制度的推进让宝钢金属受益匪浅，不仅使企业便捷地核算出标准成本、实际成本及成本差异，还解决了成本核算中的一些难题，并打破了车间之间吃“大锅饭”的现象，便于分清各责任单位的成本责任，在使奖金与成本业绩挂钩的同时，提高了全员加强成本控制、降低成本耗费的积极性。

资料来源：财政部会计司．管理会计案例库［EB/OL］．［2021-03-10］．http：//kjs.mof.gov.cn/.

任务一　认知成本管理

任务导学

成本管理是管理会计领域最基础的内容，也是管理会计最成熟的技能。早期的成本管理就是成本核算，也就是“把成本核算对象花了什么钱、花了多少钱说清楚”的意思，但是现在成本管理涵盖的内容不局限于此。

本任务要求能解释成本的概念；区分按不同标准对成本的分类，能解释成本管理的内涵、目标与原则；能区分成本管理的工具方法，以便为后面的学习打下基础。

一、成本概述

（一）成本的概念

一般来说，成本是指为了达到特定目的所失去或放弃的资源。这里的“资源”，不仅包括作为生产资料和生活资料的天然资源，还包括经过人类加工的物质资源以及人力资源。

现代管理会计以企业内部经营管理为服务对象，履行着预测、决策、控制、规划和业绩考核评价等职能，这就需要根据各种职能的要求来核算和提供符合各种用途的成本信息，因此把成本定义为：成本是指企业在生产经营过程中对象化的，以货币表现的，为达到一定的经济目的而应当或可能发生的各种经济资源的价值牺牲或付出的代价。

（二）成本的分类

为了适应不同目的和需要，成本可以按照不同的标准进行分类。

1.成本按照经济用途分类

成本按照经济用途分类是财务会计的传统的一般分类方法。在制造业（工业企业）中，成本按照经济用途可分成生产成本和非生产成本两大类。

生产成本又称制造成本，是指在生产过程中为制造产品而发生的各项耗费，包括直接材料、直接人工和制造费用三部分。

非生产成本是指企业在行政管理、资金筹集和在产品推销过程中发生的各项耗费，包括管理费用、财务费用和销售费用等。

2.成本按其核算的目标分类

现代成本核算有三个主要目标：一是反映业务活动本身的耗费情况，以便确定成本的补偿尺度；二是落实责任，以便控制成本，从而明确有关单位的经营业绩；三是确保产品质量。成本按核算目标不同可分为业务成本、责任成本和质量成本三大类。

（1）业务成本

业务成本是为达到第一个目标而核算的成本。这种成本的核算组织称为成本单位，在一般情况下，某单位的业务成本就是该单位为生产加工或完成一定业务量而发生的全部成本。

（2）责任成本

责任成本是为达到第二个目标而核算的成本。责任成本是以责任中心为对象所归集的可控成本。所谓可控成本指在责任中心内，能为该责任中心所控制，并为其工作好坏所影响的成本。确定责任成本的关键是可控性，它不受发生区域的影响。

（3）质量成本

质量成本是为达到第三个目标而核算的成本。质量成本，是指为了保证和提高产品质量而主动支付的相关成本和因没有达到质量标准而被动发生的各种损失成本。

区分业务成本、责任成本和质量成本，有助于做好成本核算、加强成本的责任管理和提高产品质量。

3.成本按性态分类

通常情况下，成本按照性态可分为固定成本、变动成本和混合成本。

二、成本管理概述

（一）成本管理的概念

阅读材料

管理会计应用指引第300号——成本管理

成本管理，是指企业在营运过程中实施成本预测、成本决策、成本计划、成本控制、成本核算、成本分析和成本考核等一系列管理活动的总称。一般包括事前成本管理、事中成本管理、事后成本管理。

1.事前成本管理

事前成本管理阶段，主要是对未来的成本水平及其发展趋势所进行的预测与规划，一般包括成本预测、成本决策和成本计划等步骤。

（1）成本预测

成本预测是以现有条件为前提，在历史成本资料的基础上，根据未来可能发生的变化，利用科学的方法，对未来的成本水平及其发展趋势进行描述和判断的成本管理活动。

（2）成本决策

成本决策是在成本预测及有关成本资料的基础上，综合经济效益、质量、效率和规模等指标，运用定性和定量的方法对各个成本方案进行分析并选择最优方案的成本管理活动。

（3）成本计划

成本计划是以营运计划和有关成本数据资料为基础，根据成本决策所确定的目标，通过一定的程序，运用一定的方法，针对计划期企业的生产耗费和成本水平进行的具有约束力的成本筹划管理活动。

2.事中成本管理

事中成本管理阶段，主要是对营运过程中发生的成本进行监督和控制，并根据实际情况对成本预算进行必要的修正，即成本控制步骤。

成本控制是成本管理者根据预定的目标，对成本发生和形成过程以及影响成本的各种因素条件施加主动的影响或干预，把实际成本控制在预期目标内的成本管理活动。

3.事后成本管理

事后成本管理阶段，主要是在成本发生之后进行的核算、分析和考核，一般包括成本核算、成本分析和成本考核等步骤。

（1）成本核算

成本核算是根据成本核算对象，按照国家统一的会计制度和企业管理要求，对营运过程中实际发生的各种耗费按照规定的成本项目进行归集、分配和结转，取得不同成本核算对象的总成本和单位成本，向有关使用者提供成本信息的成本管理活动。

（2）成本分析

成本分析是成本管理的重要组成部分，是利用成本核算提供的成本信息及其他有关资料，分析成本水平与构成的变动情况，查明影响成本变动的各种因素和产生的原因，并采取有效措施控制成本的成本管理活动。

（3）成本考核

成本考核是对成本计划及其有关指标实际完成情况进行定期总结和评价，并根据考核结果和责任制的落实情况，进行相应奖励和惩罚，以监督和促进企业加强成本管理责任制，提高成本管理水平的成本管理活动。

（二）成本管理的目标

1.总体目标

成本管理的总体目标服从于企业的整体经营目标。在竞争性经济环境中，成本管理的总体目标主要依据企业竞争战略制定：成本领先战略中，成本管理的总体目标是追求成本水平的绝对降低；差异化战略中，成本管理的总体目标则是在保证实现产品、服务等方面差异化的前提下，对产品全生命周期成本进行管理，实现成本的持续降低。

2.具体目标

成本管理的具体目标是对总体目标的进一步细分，主要包括成本计算的目标和成本控制的目标。

成本计算的目标包括：通过向管理人员提供成本信息，提高人们的成本意识；通过成本差异分析，评价管理人员的业绩，促进管理人员采取改善措施；通过盈亏平衡分析等方法，提供成本管理信息，有效地满足现代经营决策对成本信息的需求。

成本控制的目标是降低成本水平。在成本管理的发展过程中，成本控制目标经历了通过提高工作效率和减少浪费来降低成本，通过提高成本效益比来降低成本和通过保持竞争优势来降低成本等阶段。

【明德善思】任何资源的使用都有成本，资源具有稀缺性，只有优化资源配置，推进各类资源合理利用，才能有效缓解面临的资源短缺、环境破坏等难题，实现可持续高质量发展。党的二十大报告指出：“实施全面节约战略，推进各类资源节约集约利用，加快构建废弃物循环利用体系。”我们应大力发展绿色低碳产业，健全资源环境要素市场化配置体系，加快节能降碳先进技术研发和推广应用，倡导绿色消费，推动形成绿色低碳的生产方式和生活方式。勤俭节约是我们中华民族的传统美德，合理利用资源，不但对个人、家庭、国家和社会都具有积极的贡献意义。

（三）成本管理的原则

企业进行成本管理，一般应遵循以下原则：

1.融合性原则

成本管理应以企业业务模式为基础，将成本管理嵌入业务的各领域、各层次、各环节，实现成本管理责任到人、控制到位、考核严格、目标落实。

2.适应性原则

成本管理应与企业生产经营特点和目标相适应，尤其要与企业发展战略或竞争战略相适应。

3.成本效益原则

成本管理应用相关工具方法时，应权衡其为企业带来的收益和付出的成本，避免获得的收益小于其投入的成本。

4.重要性原则

成本管理应重点关注对成本具有重大影响的项目，对于不具有重要性的项目可以适当简化处理。

三、成本管理的工具方法

成本管理领域应用的管理会计工具方法，一般包括目标成本法、标准成本法、变动成本法、作业成本法等。

企业应结合自身的成本管理目标和实际情况，在保证产品的功能和质量的前提下，选择应用适合企业的成本管理工具方法或综合应用不同成本管理工具方法，以更好地实现成本管理的目标。

综合应用不同成本管理工具方法时，应以各成本管理工具方法具体目标的兼容性、资源的共享性、适用对象的差异性、方法的协调性和互补性为前提，通过综合运用成本管理的工具方法实现最大效益。

【想一想】成本核算在成本管理的整个过程中地位如何？

同步训练

一、单项选择题

1.以现有条件为前提，在历史成本资料的基础上，根据未来可能发生的变化，利用科学的方法，对未来的成本水平及其发展趋势进行描述和判断的成本管理活动是（　　）。

A.成本管理　　B.成本预测　　C.成本决策　　D.成本计划

2.下列各项中，属于事后成本管理的是（　　）。

A.成本计划　　B.成本决策　　C.成本控制　　D.成本分析

3.成本管理应用相关工具方法时，应权衡其为企业带来的收益和付出的成本，避免获得的收益小于其投入的成本。这是成本管理一般原则中的（　　）。

A.融合性原则　　B.适应性原则　　C.成本效益原则　　D.重要性原则

二、多项选择题

1.成本按其核算的目标分类为（　　）。

A.业务成本　　B.责任成本　　C.生产成本　　D.质量成本

2.下列各项中，属于成本管理原则的有（　　）。

A.融合性原则　　B.适应性原则

C.成本效益原则　　D.重要性原则

3.下列各项属于成本管理领域中工具和方法的有（　　）。

A.作业成本法　　B.目标成本法

C.变动成本法　　D.标准成本法

参考答案

任务二　变动成本法

任务导学

通过前面的学习我们明晰了成本管理的基本内涵，成本预测与决策是成本管理的重要环节，传统成本核算的信息不能满足预测与决策的要求，变动成本法应运而生。

本任务要求能解释变动成本法的内涵，能进行成本按性态分类以及成本性态分析，计算变动成本法下的成本和利润。

一、变动成本法概述

（一）变动成本法的概念

变动成本法又称直接成本法，是指企业以成本性态分析为前提条件，仅将生产过程中消耗的变动生产成本作为产品成本的构成内容，而将固定生产成本和非生产成本作为期间成本，直接由当期收益予以补偿的一种成本管理方法。企业应用变动成本法，一般按照成本性态分析、变动成本计算、利润计算等程序进行。

阅读材料

管理会计应用指引第303号——变动成本法

变动成本法起源于20世纪30年代的美国。第二次世界大战后，变动成本法已广泛应用于美国、日本、西欧各国的内部企业管理中，成为企业进行经营决策和成本控制的有效方法。

财务会计视角下成本计算方法称为“完全成本法”，计入产品成本的要素包括直接材料、直接人工和全部的制造费用。通过增加生产量摊薄固定生产成本，粉饰报表是经理人舞弊的手段之一。变动成本法消除了在完全成本法下，销售不变但可通过增加生产、调节库存来调节利润的问题，可以使企业内部管理者更加注重销售，更加注重市场，便于进行更为合理的内部业绩评价，为企业内部管理提供有用的管理信息，为企业预测前景、规划未来和作出正确决策服务；能够揭示利润和业务量之间的正常关系；便于分清各部门的经济责任，有利于进行成本控制和业绩评价；可以简化成本计算，便于加强日常管理。

（二）变动成本法的应用范围

变动成本法一般适用于同时具备以下特征的企业：企业固定成本比重较大，当产品更新换代的速度较快时，分摊计入产品成本中的固定成本比重大，采用变动成本法可以正确反映产品盈利状况；企业规模大，产品或服务的种类多，固定成本分摊存在较大困难；企业作业保持相对稳定。

变动成本法通常还用于分析各种产品的盈利能力，为正确制定经营决策、科学进行成本计划、成本控制和成本评价与考核等工作提供有用信息。

（三）变动成本法的优缺点

1. 变动成本法的主要优点

（1）区分固定成本与变动成本，有利于明确企业产品盈利能力和划分成本责任；

（2）保持利润与销售量增减相一致，促进以销定产；

（3）揭示了销售量、成本和利润之间的依存关系，使当期利润真正反映企业经营状况，有利于企业经营预测和决策。

2. 变动成本法的主要缺点

（1）计算的单位成本并不是完全成本，不能反映产品生产过程中发生的全部耗费；

（2）不能适应长期决策的需要。

二、成本按性态分类

成本按性态分类属于定性分析的范畴，成本性态分析需要以成本按性态分类为前提。通常情况下，成本按照性态分为固定成本、变动成本和混合成本。

（一）固定成本

1. 固定成本的基本特征

固定成本是指在特定的产量范围内不受产量变动影响，一定期间的总额能保持相对稳定的成本。例如，固定月工资、固定资产折旧、取暖费、财产保险费、职工培训费、科研开发费、广告费等就属于固定成本。

固定成本的基本特征是：固定成本总额不因业务量的变动而变动，但单位固定成本（单位业务量负担的固定成本）会与业务量的增减呈反向变动。

当我们说固定成本总额固定不变时，是指其在相关范围内固定。相关范围是关于固定成本的性态假定有效的业务量和时间范围。例如，生产设备的折旧费用在一定的生产能力范围内是固定不变的，但如果生产量增加需要新购置设备时，折旧费就会增加。相反，生产规模的缩减使公司处置掉一部分设备时，折旧费会随之减少。因此，只有在一定的时间、业务量范围内，固定成本总额才会呈现出固定不变的性态。超过这一范围，固定成本总额可能发生改变。所以，在研究固定成本问题时，需要明确业务量范围和时间范围，即以相关范围为前提。后面学习变动成本时也涉及同样的问题。

【例4-1】某企业只生产一种产品，每月发生固定成本4 000元。产量在相关范围内变动，相关的固定成本数额，见表4-1。

表4-1　　产量与固定成本　　金额单位：元

产量（件）	固定成本总额	单位固定成本
1 000	4 000	4.00
1 500	4 000	2.67
2 000	4 000	2.00
2 500	4 000	1.60
3 000	4 000	1.33
3 500	4 000	1.14

如果用方程式表示，设x代表产量，a代表固定成本，则有：

固定成本a＝4 000元

单位固定成本 $\frac{a}{x}=\frac{4\,000}{x}$

在直角坐标系内，固定成本总额和产量的关系，如图4-1所示，它是与横轴平行的一条直线，该直线在纵轴上的截距为4 000元；单位产品固定成本和产量的关系，如图4-2所示，它是一条与产量成反比的曲线，产量越高，单位固定成本越低。

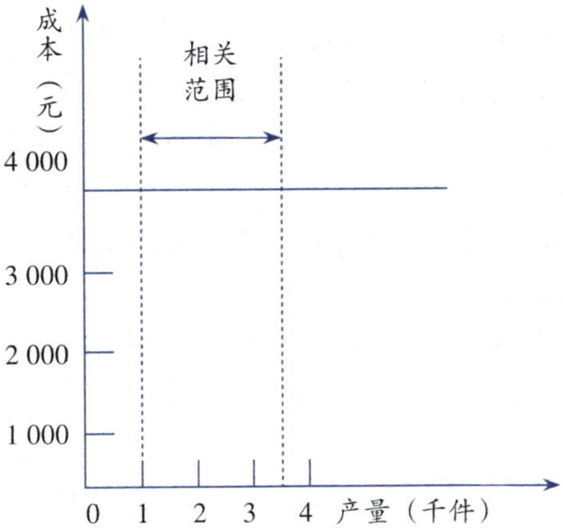

图4-1　产量与固定成本总额

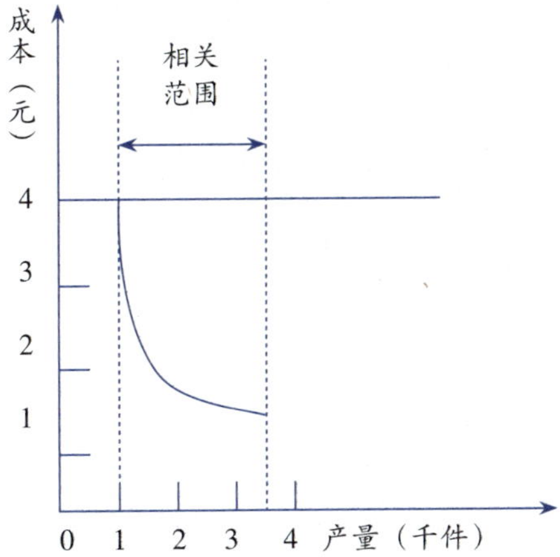

图4-2　产量与单位固定成本

2.固定成本的分类

固定成本可以分为约束性固定成本与酌量性固定成本两类。

（1）约束性固定成本

提供和维持生产经营所需设施、机构而支出的成本，如固定资产折旧、财产保险、管理人员工资、取暖费、照明费等，其支出额取决于设施和机构的规模和质量，它们是以前决策的结果，现在已很难改变。这种不能通过当前的管理决策行动加以改变的固定成本，称为约束性固定成本。

（2）酌量性固定成本

为完成特定活动而支出的固定成本，其发生额是根据企业的经营方针由经理人员决定的，如科研开发费、广告费、职工培训费等。这种可以通过管理决策行动而改变数额的固定成本，称为酌量性固定成本。它们的支出额虽然是由经理人员决定的，但对于一家想要长期稳定发展的企业来说，绝不是可有可无的。只是因为其经济效用难以准确计量，不易计算其最佳的合理支出额，所以要由经理人员进行综合判断，以决定其预算数额。

（二）变动成本

1. 变动成本的基本特征

变动成本是指在特定的业务量范围内，其总额会随业务量的变动而成正比例变动的成本。例如，直接材料、直接人工、按销售量支付的推销员佣金、装运费、包装费，以及按业务量计提的固定设备折旧等都是和单位产品的生产直接联系的，其总额会随着业务量的增减成正比例增减。

变动成本的基本特征是：变动成本总额因业务量的变动而成正比例变动，但单位变动成本（单位产品负担的变动成本）不变。

单位变动成本的稳定性也是有条件的，即业务量变动的范围是有限的。例如，原材料消耗通常会与业务量成正比，属于变动成本。如果业务量很低，不能发挥套裁下料的节约潜力，或者业务量过高，使废品率上升，单位产品的材料成本也会上升。这就是说，变动成本和业务量之间的线性关系，通常只在一定的相关范围内存在。在相关范围之外就可能表现为非线性的。

【例4-2】某企业只生产一种产品，单位产品的变动成本为7元，在产量变动时变动成本总额和单位变动成本，见表4-2。

表4-2　产量与变动成本　金额单位：元

产量（件）	变动成本总额	单位变动成本
1 000	7 000	7
1 500	10 500	7
2 000	14 000	7
2 500	17 500	7
3 000	21 000	7
3 500	24 500	7

在直角坐标系内，变动成本总额和产量的关系是一条斜率等于单位变动成本的直线；单位变动成本和产量的关系是一条与横轴平行的直线，直线到横轴的距离等于单位变动成本，如图4-3、图4-4所示。

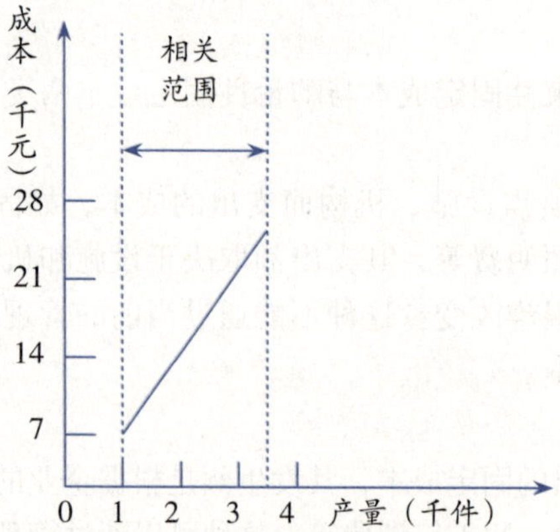

图4-3　产量与变动成本总额

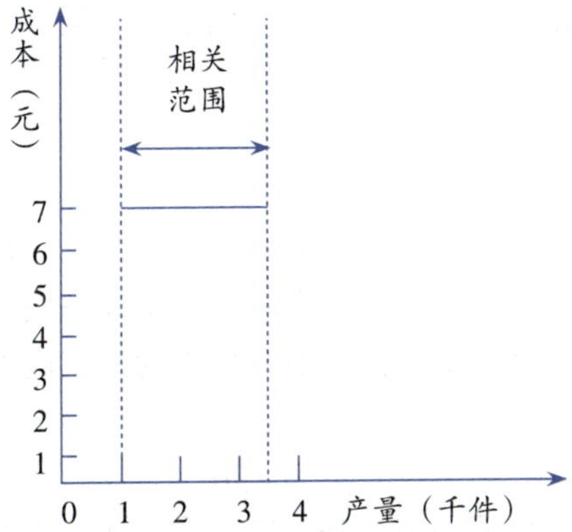

图4-4　产量与单位变动成本

如果用方程式表示，设x代表产量，b代表单位变动成本，则有：

变动成本 bx = 7x

单位变动成本 b =7元

管理会计把成本分为固定成本和变动成本两大类，在相关范围内，产量增加时固定成本不变，只有变动成本随产量增加而增加，那么，总成本的增加额是由于变动成本增加引起的。因此，变动成本是产品生产的增量成本。

2.变动成本的分类

如前所述，变动成本的发生额取决于产量的大小和单位变动成本的高低。产量是根据市场需求和企业资源状况并由管理人员决定的。那么，单位变动成本高低是由什么决定的呢？一般来说，变动成本的发生有两种情况：一种是由技术或实物关系决定的；另一种是由经理人员决定的。借用固定成本分类的思想，变动成本也可以分为技术性变动成本和酌量性变动成本。

（1）技术性变动成本

技术性变动成本是指其单位成本由客观因素决定，消耗量由技术因素决定的那部分变动成本。例如，生产成本中主要受产品设计方案影响的外购零部件成本、流水作业的生产工人工资等都属于这类成本。若打算降低此类变动成本，必须通过改进设计、改进工艺技术、提高材料综合利用率、提高劳动生产率，以及避免浪费、降低单耗等手段来实现。

（2）酌量性变动成本

酌量性变动成本是指其单耗由客观因素决定，单位成本主要由企业管理部门决策影响的那部分变动成本。例如，在保证质量符合要求的前提下，企业可以从不同供货渠道购买到不同价格的某种材料，消耗该材料的成本就属于酌量性变动成本。再例如，按销售额一定的百分比开支的销售佣金等也属于酌量性变动成本。若要降低此类变动成本，需要通过采取科学决策、降低材料采购成本或优化劳动组合，以及严格控制开支的手段来实现。

（三）混合成本

混合成本是指同时包含固定成本和变动成本两个因素，它的发生额虽受业务量变动的影响，但并不成严格的正比例关系的成本。例如，电话费、机器设备的维修费、化验员和检验员的工资等都属于混合成本。

三、成本性态分析

成本性态分析是指在明确了成本性态的基础上，按照一定的程序和方法，最终将成本分为固定成本和变动成本两大类，并建立相应成本性态模型的过程。成本性态分析的核心是在按成本性态分类的基础上，分解混合成本为固定成本和变动成本两部分，建立有关成本模型如下：

$$y = a + bx$$

成本性态分析是管理会计的一项最基本的工作。通过成本性态分析，可以从定性和定量两方面掌握成本的各个组成部分与业务量之间的依存关系和变动规律，从而为应用变动成本法，开展本量利分析，实行短期决策分析、预测分析、全面预算、标准成本法的操作和落实责任会计奠定基础。

成本性态分析的方法主要包括：高低点法、回归直线法、账户分析法（也称会计分析法）、技术测定法（也称工业工程法）、合同确认法，前两种方法需要借助数学方法进行分解，后三种方法可通过直接分析认定。

（一）高低点法

高低点法，是根据历史成本资料中产量最高期及产量最低期成本以及相应的产量，推算单位产品的增量成本，以此作为单位变动成本，然后根据总成本和单位变动成本来确定固定成本的一种成本估计方法。

这种方法使用的基本公式如下：

$$单位变动成本 = \frac{产量最高期总成本 - 产量最低期总成本}{最高产量 - 最低产量}$$

式中：分子是产量变动时总成本的增加量，分母是产量的增加量，两者相除是增加单位产品时总成本的增量。根据前面对变动成本特点的分析可知，产量增加时总成本的增加是变动成本增加引起的，所以，单位产品的增量成本就是单位产品的变动成本。

$$固定成本 = 产量最高期总成本 - 单位变动成本 \times 最高产量$$

或：

$$固定成本 = 产量最低期总成本 - 单位变动成本 \times 最低产量$$

式中：根据已经计算出来的单位变动成本，推算产品最高（或最低）期的变动成本总额，然后用总成本减去变动成本求得固定成本。

需要说明的是，高低点坐标的选择必须以一定时期内业务量的高低来确定，而不是按成本的高低来确定。

高低点法的优点在于简便易行，易于理解。缺点是由于它只选择了历史资料中诸多数据中的两组作为计算依据，因此建立起来的成本性态模型很可能不具有代表性，容易产生较大的计算误差。因此，这种方法只适用于成本变动趋势比较稳定的企业。

【例4–3】某公司的业务量以直接人工小时为计量单位，其业务量在7万～14万小时范围内变化。该公司维修成本的历史资料，见表4–3。

表4-3　维修成本的历史资料　金额单位：元

月　份	直接人工（小时）	实际成本	月　份	直接人工（小时）	实际成本
1	120 000	90 000	7	70 000	72 000
2	130 000	91 000	8	80 000	78 000
3	115 000	84 000	9	95 000	75 000
4	105 000	87 000	10	111 000	89 000
5	90 000	82 000	11	125 000	95 000
6	79 000	73 000	12	140 000	93 000

设维修成本为y = a + bx，a为固定成本，b为单位变动成本，x为产量。

选取产量最高和最低期的历史成本数据，见表4-4。

表4-4　产量最高和最低期的历史成本数据　金额单位：元

项目	月份	直接人工（小时）	维修成本
产量最高期	12	140 000	93 000
产量最低期	7	70 000	72 000

将有关数据代入上述公式：

$$b = \frac{93\,000 - 72\,000}{140\,000 - 70\,000} = 0.3$$（元/小时）

a = 93 000 − 0.3 × 140 000 = 51 000（元）

或：a = 72 000 − 0.3 × 70 000 = 51 000（元）

维修成本的一般方程式为：

y = 51 000 + 0.3x

绘制的高低点示意图，如图4-5所示。

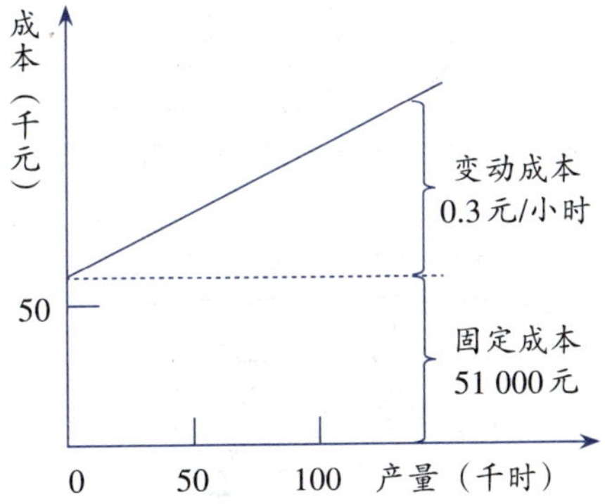

图4-5　高低点法示意图

（二）回归直线法

回归直线法，是根据一系列历史成本资料，用数学上的最小二乘法的原理，计算能代表平均成本水平的直线截距和斜率，以其作为固定成本和单位变动成本的一种成本估计方法。

最小二乘法的原理如下：

假设存在一条直线$y=a+bx$，最能代表各期成本的平均水平，则这条直线与各实际成本点的误差值应比其他直线都小。这条直线最能代表x和y之间的关系，称为离散各点的回归直线。回归直线的a和b由离散各点的值来决定，在散布图法中我们可以通过目测来画这条直线，现在要根据各点的x和y值将其计算出来。

设现有n期历史成本资料作为观察数，分别为x_i和y_i，则各观察数与回归直线的误差为：

$$d_i = y_i - y = y_i - (a + bx_i)$$

n个观察数引起的总误差为：

$$\sum_{i=1}^{n} d_i = d_1 + d_2 + \cdots + d_n$$

由于d_i误差有的是正值，有的是负值，如果简单相加，则可能互相抵销，使$\sum d_i$不能代表真实的误差。因此，可以使用绝对值来表示误差：

$$\sum_{i=1}^{n} |d_i| = |d_1| + |d_2| + \cdots + |d_n|$$

但是，这样表示总误差不便于后续处理。由于绝对值最小时，其平方和也最小，所以，还可以改用下式表示总误差：

$$\begin{aligned} Q &= \sum_{i=1}^{n} d_i^2 = d_1^2 + d_2^2 + \cdots + d_n^2 \\ &= \sum (y_i - y)^2 \\ &= \sum (y_i - a - bx_i)^2 \end{aligned}$$

因此，回归直线就是能使Q（偏差平方和）最小的一条直线，现在的问题是求出这条直线的a和b。

根据极值原理，要使Q达到最小，它的偏微商应等于零，即可得出：

$$na + b\sum x_i = \sum y_i \tag{1}$$

$$a\sum x_i + b\sum x_i^2 = \sum x_i y_i \tag{2}$$

式（1）和式（2）组成了以a和b为未知数的标准的二元一次方程组，求方程组的解：

$$a = \frac{\sum x_i^2 \sum y_i - \sum x_i \sum x_i y_i}{n\sum x_i^2 - (\sum x_i)^2} \tag{3}$$

$$b = \frac{n\sum x_i y_i - \sum x_i \sum y_i}{n\sum x_i^2 - (\sum x_i)^2} \tag{4}$$

根据式（3）和式（4），即可计算出回归直线的系数a和b。

【例4-4】沿用【例4-3】中的资料，采用回归直线法估计成本，为便于数据代入公式，将有关历史成本资料事先进行加工，见表4-5。

表 4-5　　回归直线法数据准备

月　份	x_i	y_i	x_iy_i	x_i^2
1	120 000	90 000	10 800 000 000	14 400 000 000
2	130 000	91 000	11 830 000 000	16 900 000 000
3	115 000	84 000	9 660 000 000	13 225 000 000
4	105 000	87 000	9 135 000 000	11 025 000 000
5	90 000	82 000	7 380 000 000	8 100 000 000
6	79 000	73 000	5 767 000 000	6 241 000 000
7	70 000	72 000	5 040 000 000	4 900 000 000
8	80 000	78 000	6 240 000 000	6 400 000 000
9	95 000	75 000	7 125 000 000	9 025 000 000
10	111 000	89 000	9 879 000 000	12 321 000 000
11	125 000	95 000	11 875 000 000	15 625 000 000
12	140 000	93 000	13 020 000 000	19 600 000 000
合计	1 260 000	1 009 000	107 751 000 000	137 762 000 000

将有关数据代入式（3）和式（4）：

$$a = \frac{137\,762\,000\,000 \times 1\,009\,000 - 1\,260\,000 \times 107\,751\,000\,000}{12 \times 137\,762\,000\,000 - 1\,260\,000^2} = 49\,365 \text{（元）}$$

$$b = \frac{12 \times 107\,751\,000\,000 - 1\,260\,000 \times 1\,009\,000}{12 \times 137\,762\,000\,000 - 1\,260\,000^2} = 0.3306 \text{（元/小时）}$$

维修成本的一般方程式为：

$y = 49\,365 + 0.3306x$

由于式（3）和式（4）难以记忆，推导过程也很复杂，为了便于记忆和推导，可使用简捷法来推导。

设任一组观察值为：$y_i = a + bx_i$

现有n组观察值，则有：

$$\sum y_i = \sum (a + bx_i)$$

$$\sum y_i = na + b\sum x_i \qquad (5)$$

将式（5）两边同乘以x_i，则有：

$$\sum x_iy_i = nax_i + bx_i\sum x_i$$

$$\sum x_iy_i = a\sum x_i + b\sum x_i^2 \qquad (6)$$

式（5）和式（6）组成二元一次方程组；

$$\sum y_i = na + b\sum x_i$$

$$\sum x_i y_i = a\sum x_i + b\sum x_i^2$$

将表4-5中的有关数据代入：

1 009 000 =12a + 1 260 000 b

107 751 000 000 = 1 260 000a + 137 762 000 000b

解方程组，得：

a = 49 365（元）

b = 0.3306（元/小时）

回归直线法在理论上比较健全，计算结果精确，但是，计算过程比较烦琐。如果使用计算机的回归分析程序来计算回归系数，这个缺点则可以较好地克服。

（三）其他分析方法

1.账户分析法

账户分析法就是企业根据有关成本账户及其明细账的内容，结合其与产量的依存关系，判断其比较接近的成本类别，将其视为该类成本。

账户分析法较为简便易行，但比较粗糙且带有主观判断。

2.技术测定法

技术测定法就是企业根据生产过程中各种材料和人工成本消耗量的技术测定划分固定成本和变动成本。

技术测定法仅适用于投入成本和产出数量之间有规律性联系的成本分解。

3.合同确认法

合同确认法就是企业根据订立的经济合同或协议中关于支付费用的规定，确认并估算哪些项目属于变动成本，哪些项目属于固定成本。

合同确认法一般要配合账户分析法使用。

（四）总成本模型

经过以上方法分析，将混合成本按照一定的方法区分为固定成本和变动成本之后，根据成本性态的分类，可以构建总成本模型，企业的总成本公式可以表示为：

总成本 = 固定成本总额 + 变动成本总额

= 固定成本总额 + 单位变动成本 × 业务量

这个公式在变动成本计算、本量利分析、正确制定经营决策和评价各部门工作业绩等方面具有不可或缺的重要作用。

四、计算变动成本和完全成本

（一）变动成本法和完全成本法

在变动成本法下，为加强短期经营决策，按照成本性态，企业的生产成本分为变动生产成本和固定生产成本，非生产成本分为变动非生产成本和固定非生产成本。其中，只有变动生产成本才构成产品成本，其随产品实体的流动而流动，随产量变动而变动。变动成本法以成本性态分析为基础计算产品成本。

在完全成本法下，组织在常规的成本计算过程中，以成本按其经济用途分类为前提条件，将全部生产成本作为产品成本的构成内容，只将非生产成本作为期间成本，并按传统式损益确定程序计量损益的一种成本计算方法。完全成本法以会计准则要求为基础。

（二）成本计算

变动成本法和完全成本法中，产品成本及期间成本的构成内容不同。

1. 变动成本法两项成本的构成内容

在变动成本法下，将生产成本按其与产量的关系分为变动生产成本和固定生产成本两类，只将变动生产成本计入产品成本，而将固定生产成本和非生产成本全部列为期间成本，不包括在生产成本之中。

2. 完全成本法两项成本的构成内容

在完全成本法下，将所有成本分为生产成本和非生产成本两大类，将全部生产成本计入产品成本，而将非生产成本作为期间成本，不包括在生产成本之中。

这两种成本的具体构成内容如图4-6所示。

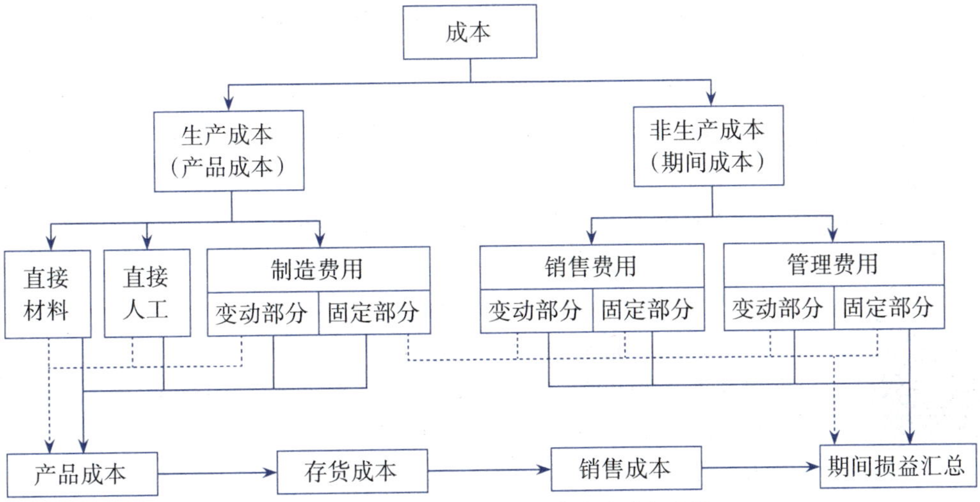

图4-6　完全成本法与变动成本法流程比较

备注：实线表示完全成本法，虚线表示变动成本法。

【例4-5】某企业生产20件产品，耗用直接材料100元，直接人工120元，变动制造费用80元，固定制造费用40元。

根据以上资料用完全成本法和变动成本法计算产品总成本和单位成本如下：

（1）完全成本法的计算：

产品总成本 = 100 + 120 + 80 + 40 = 340（元）

单位成本 = 340 ÷ 20 = 17（元）

（2）变动成本法的计算：

产品总成本 = 100 + 120 + 80 = 300（元）

单位成本 = 300 ÷ 20 = 15（元）

五、计算利润

在变动成本法下，利润的计算通常采用贡献式损益表。该表一般应包括营业收入、变动成本、边际贡献、固定成本、利润等项目。其中，变动成本包括变动生产成本和变动非生产成本两部分，固定成本包括固定生产成本和固定非生产成本两部分。

（一）变动成本法计算利润的步骤

贡献式损益表中损益计算包括以下两个步骤：

1. 计算边际贡献总额

边际贡献总额 = 营业收入总额 − 变动成本总额
= 销售单价 × 销售量 − 单位变动成本 × 销售量
=（销售单价 − 单位变动成本）× 销售量
= 单位边际贡献 × 销售量

2. 计算利润

利润 = 边际贡献总额 − 固定成本总额

【例4-6】立新公司只生产销售一种产品，有关资料如下：

（1）2022年产量为8 000件，销售量为7 000件，年初无存货，年末存货为1 000件。

（2）已知销售单价为100元/件。

（3）直接材料为30元/件，直接人工为20元/件，变动制造费用为10元/件，固定制造费用为80 000元，变动销售费用为2元/件，固定销售费用为4 000元/年，固定管理费用为2 000元/年。

用变动成本法计算企业的产品成本、期间成本、销货成本、期末存货成本及营业利润如下：

微课

变动成本法利润计算例题解析

单位产品成本= 30 + 20 +10 = 60（元）

产品总成本 = 60 × 8 000 = 480 000（元）

期间成本 = 80 000 + 2 × 7 000 + 4 000 + 2 000 =100 000（元）

销货成本 = 60 × 7 000 = 420 000（元）

期末存货成本 = 60 × 1 000 = 60 000（元）

边际贡献总额 = 100 × 7 000 −（60 × 7 000 + 2 × 7 000）= 266 000（元）

营业利润 = 266 000 −（80 000 + 4 000 + 2 000）= 180 000（元）

（二）变动成本法与完全成本法利润计算的比较

财务会计中计算产品成本的主要方法是完全成本法。

完全成本法下，营业利润按下列步骤进行：

1. 计算销售毛利额

销售毛利额 = 销售收入 − 销货成本

销货成本 = 按完全成本法计算的本期销售成本
= 期初存货成本 + 本期生产成本 − 期末存货成本

2. 确定营业利润

营业利润 = 销售毛利额 − 期间成本总额

期间成本总额 = 销售费用 + 管理费用 + 财务费用

【例4-7】沿用【例4-6】中的资料，用完全成本法计算企业的产品成本、期间成本、销货成本、期末存货成本及营业利润。

单位产品成本 = 30 + 20 +10 +（80 000 ÷ 8 000）= 70（元）

产品总成本 = 70 × 8 000 = 560 000（元）

期间成本 = 2 × 7 000 + 4 000 + 2 000 = 20 000（元）

从以上计算可以看出，变动成本法确定的单位产品成本与产品总成本比完全成本法计算的相应数值低，而期间成本比完全成本法计算的数值高，这是因为两种成本法对固定制造费用的处理不同，导致产品成本及期间成本的构成不同。产品成本构成内容上的区别，是变动成本法与完全成本法的主要区别，其他方面的区别均由此产生。

销货成本 = 70 × 7 000 = 490 000（元）

期末存货成本 = 70 × 1 000 = 70 000（元）

销售毛利 = 100 × 7 000 − 70 × 7 000 = 210 000（元）

营业利润 = 210 000 −（2 × 7 000 + 4 000 + 2 000）= 190 000（元）

与变动成本法相比，完全成本法计算的利润要高。究其根本原因，是当期损益中扣除的固定制造费用数额不同。

【想一想】变动成本法计算的利润和完全成本法计算的利润可能有差异，出现差异的原因是什么？

同步训练

一、单项选择题

1. 将全部成本分为固定成本、变动成本和混合成本所采用的分类标志是（　　）。

A. 成本的目标　　B. 成本的可辨认性

C. 成本的经济用途　　D. 成本的性态

2. 在历史资料分析法的具体应用方法中，计算结果最为精确的方法是（　　）。

A. 高低点法　　B. 散布图法

C. 回归直线法　　D. 直接分析法

3. 在相关范围内，不随产量变化而变化的成本是（　　）。

A. 单位变动成本　　B. 单位固定成本

C. 生产成本　　D. 混合成本

4. 变动成本法的产品成本是指（　　）。

A. 固定生产成本　　B. 变动生产成本

C. 固定非生产成本　　D. 变动非生产成本

5. 在应用高低点法进行成本性态分析时，选择高点坐标的依据是（　　）。

A. 最高的业务量　　B. 最高的成本

C. 最高的业务量和最高的成本　　D. 最高的业务量或最高的成本

二、多项选择题

1. 固定成本具有的特征有（　　）。

A. 固定成本总额的不变性

B. 单位固定成本的反比例变动性

C. 固定成本总额的正比例变动性

D. 单位固定成本的不变性

2. 成本性态分析的方法有（　　）。

A. 账户分析法　　B. 回归直线法

C. 高低点法　　D. 工业工程法

3. 变动成本法与完全成本法下，产品成本均包括（　　）。

A. 直接人工　　B. 直接材料

C. 制造费用　　D. 变动制造费用

4. 下列各项中体现变动成本法优点的有（　　）。

A. 所提供的资料较好地符合企业生产经营的实际情况

B. 能提供每种产品盈利能力的资料，有利于管理人员的决策分析

C. 便于分清各部门的经济责任

D. 简化了产品成本计算

5. 下列项目中对边际贡献额大小产生影响的有（　　）。

A. 销售收入　　B. 变动生产成本

C. 固定生产成本　　D. 变动非生产成本

三、计算分析题

1. 某企业生产的A产品1—6月的产量及成本资料，见表4-6。

表4-6　1—6月A产品产量及成本资料

月　份	1	2	3	4	5	6
产量（件）	40	42	45	43	46	50
总成本（元）	8 800	9 100	9 600	9 300	9 800	10 500

要求：

（1）采用高低点法进行成本性态分析；

（2）采用回归直线法进行成本性态分析。

2. 已知某企业本期有关成本资料如下：

单位直接材料成本为10元，单位直接人工成本为5元，单位变动制造费用为7元，固定制造费用总额为4 000元，单位变动销售及管理费用为4元，固定销售及管理费用为1 000元。期初存货量为0，本期产量为1 000件，销量为600件，单位售价为40元。

要求：分别按两种成本法的有关公式计算下列指标。

（1）单位产品成本；（2）期间成本；（3）销货成本；（4）营业利润。

参考答案

任务三　作业成本法

任务导学

与传统成本法相比，作业成本法具有更广泛的科学性和先进性。该方法可以获得更准确的产品和产品线成本，有助于改进成本控制，能够提供了解产品成本过程的途径，便于企业绩效考核、提高产品竞争能力。

本任务要求能解释作业成本法及其相关的几个概念，认知作业成本法的适用范围与应用环境，能列举作业成本法的应用程序，运用作业成本法计算产品成本。

传统的制造业企业生产的产品间接费用占总成本的比重不是太高，按产量基础分配间接费用偏差不大。但是，现在高科技企业和服务业间接费用较高，传统的分配方法计算的成本就会有较大的偏差，会产生误导决策的成本信息。作业成本法较好地解决了这个问题，能较精准地分配间接费用。

一、作业成本法概述

（一）作业成本法的概念

在传统的成本计算方法下，制造费用通常按直接人工等产量基础分配。实际上，有许多制造费用项目不是产量的函数，而与生产批次等其他变量存在因果关系。全部按产量基础分配制造费用，会产生误导决策的成本信息。作业成本法是针对这些问题提出来的。

阅读材料

管理会计应用指引第304号——作业成本法

作业成本法，是指以“作业消耗资源、产出消耗作业”为原则，按照资源动因将资源费用追溯或分配至各项作业，计算出作业成本，然后再根据作业动因，将作业成本追溯或分配至各成本对象，最终完成成本计算的成本管理方法。

（二）作业成本法的相关概念

在作业成本法下，成本分配时，首先根据作业中心的资源耗费情况，将资源耗费的成本分配到作业中心去，然后再将分配到作业中心的成本依据成本对象消耗的作业活动的数量分配到各成本对象上去。要正确理解作业成本法，需要明确以下几个概念：

1.资源费用

资源费用是指企业在一定期间内开展经济活动所发生的各项资源耗费。资源费用既包括房屋及建筑物、设备、材料、商品等各种有形资源的耗费，也包括信息、知识产权、土地使用权等各种无形资源的耗费，还包括人力资源耗费以及其他各种税费支出等。

2.作业

作业是指企业基于特定目的重复执行的任务或活动，是连接资源和成本对象的桥梁。一项作业既可以是一项非常具体的任务或活动，也可以泛指一类任务或活动。作业贯穿产品生产经营的全过程，从产品设计、原材料采购、生产加工，直至产品的发运销售。在这一过程中，每个环节、每道工序都可以视为一项作业。按消耗对象不同，作业可分为主要作业和次要作业。主要作业是指被产品、服务或客户等最终成本对象消耗的作业。次要作业是被原材料、主要作业等介于中间地位的成本对象消耗的作业。

3.成本对象

成本对象是指企业追溯或分配资源费用、计算成本的对象物。成本对象可以是工艺、流程、零部件、产品、服务、分销渠道、客户、作业、作业链等需要计量和分配成本的项目。

4.成本动因

成本动因亦称成本驱动因素，是指诱导成本发生的原因，是成本对象与其直接关联的作业和最终关联的资源之间的中介。按其在资源流动中所处的位置和作用，成本动因可分为资源动因和作业动因。

资源动因是引起作业成本变动的驱动因素，反映作业量与耗费之间的因果关系。资源动因被用来计量各项作业对资源的耗用，根据资源动因可以将资源成本分配给各有关作业。按照作业成本计算法，作业量的多少决定着资源的耗用量，但资源耗用量的高低与最终的产品数量没有直接关系。

作业动因是引起产品成本变动的驱动因素，反映产品产量与作业成本之间的因果关系。作业动因计量各种产品对作业耗用的情况，并被用来作为作业成本的分配基础，是沟通资源消耗与最终产出的中介。例如，材料搬运作业的衡量标准是搬运的零件数量，生产调度作业的衡量标准是生产订单数，加工作业的衡量标准是直接人工工时，自动化设备作业的衡量标准是机器作业小时数等。

5.作业中心

作业中心又称成本库，是指构成一个业务过程的相互联系的作业集合，是用来汇集业务过程及其产出的成本。换言之，按照统一的作业动因，将各种资源耗费项目归结在一起，便形成了作业中心。作业中心有助于企业更明晰地分析一组相关的作业，以便进行作业管理以及企业组织机构和责任中心的设计与考核。

（三）作业成本法的适用范围与应用环境

1.适用范围

作业成本法一般适用于具备以下特征的企业：

（1）作业类型较多且作业链较长；

（2）同一生产线生产多种产品；

（3）企业规模较大且管理层对产品成本准确性要求较高；

（4）产品、客户和生产过程多样化程度较高；

（5）间接或辅助资源费用所占比重较大等。

2.应用环境

企业应用作业成本法，除应遵循《管理会计应用指引第300号——成本管理》中对应用环境的一般要求外，还要满足以下要求：

（1）企业应用作业成本法的外部环境要求

①客户个性化需求较高，市场竞争激烈；

②产品的需求弹性较大，价格敏感度高。

（2）企业应用作业成本法的内部条件要求

①企业应用作业成本法应基于作业观，即企业作为一个为最终满足客户需要而设计的一系列作业的集合体，进行业务组织和管理；

②企业应成立由生产、技术、销售、财务、信息等部门的相关人员构成的设计和实施小组，负责作业成本系统的开发设计与组织实施工作；

③企业应能够清晰地识别作业、作业链、资源动因和成本动因，为资源费用以及作业成本的追溯或分配提供合理的依据；

④企业应拥有先进的计算机及网络技术，配备完善的信息系统，能够及时、准确提供各项资源、作业、成本动因等方面的信息。

（四）作业成本法的优缺点

1.作业成本法的主要优点

（1）能够提供更加准确的各维度成本信息，有助于企业提高产品定价、作业与流程改进、客户服务等决策的准确性；

（2）改善和强化成本控制，促进绩效管理的改进和完善；

（3）推进作业基础预算，提高作业、流程、作业链（或价值链）管理的能力。

2.作业成本法的主要缺点

部分作业的识别、划分、合并与认定、成本动因的选择以及成本动因计量方法的选择等均存在较大的主观性，操作较为复杂，开发和维护费用较高。

二、作业成本法的应用

企业应用作业成本法，一般按照资源识别及资源费用的确认与计量、成本对象选择、作业认定、作业中心设计、资源动因选择与计量、作业成本汇集、作业动因选择与计量、作业成本分配、作业成本信息报告等程序进行。

（一）资源识别及资源费用的确认与计量

资源识别及资源费用的确认与计量，是指识别出由企业拥有或控制的所有资源，遵循国家统一的会计制度，合理选择会计政策，确认和计量全部资源费用，编制资源费用清单，为资源费用的追溯或分配奠定基础。

资源费用清单一般应分部门列示当期发生的所有资源费用，其内容要素一般包括发生部门、费用性质、所属类别、受益对象等。

资源识别及资源费用的确认与计量应由企业的财务部门负责，在基础设施管理、人力资源管理、研究与开发、采购、生产、技术、营销、服务、信息等部门的配合下完成。

（二）成本对象选择

在作业成本法下，企业应将当期所有的资源费用，遵循因果关系和受益原则，根据资源动因和作业动因，分项目经由作业追溯或分配至相关的成本对象，确定成本对象的成本。企业应根据国家统一的会计制度，并考虑预算控制、成本管理、营运管理、业绩评价以及经济决策等方面的要求确定成本对象。

（三）作业认定

作业认定，是指企业识别由间接或辅助资源执行的作业集，确认每一项作业完成的工作以及执行该作业所耗费的资源费用，并据以编制作业清单的过程。作业认定的内容主要包括对企业每项消耗资源的作业进行识别、定义和划分，确定每项作业在生产经营活动中的作用、同其他作业的区别以及每项作业与耗用资源之间的关系。作业认定有以下两种形式：第一，根据企业生产流程，自上而下进行分解；第二，通过与企业每一部门负责人和一般员工进行交流，自下而上确定他们所做的工作，并逐一认定各项作业。

作业认定的具体方法一般包括调查表法和座谈法。调查表法，是指通过向企业全体员工发放调查表，并通过分析调查表来认定作业的方法；座谈法，是指通过与企业员工的面对面交谈，来认定作业的方法。

（四）作业中心设计

作业中心设计，是指企业将认定的所有作业按照一定的标准进行分类，形成不同的作业中心，作为资源费用追溯或分配对象的过程。作业中心可以是某一项具体的作业，也可以是由若干相互联系的能够实现某种特定功能的作业的集合。企业可按照受益对象、层次和重要性，将作业分为以下五类，并分别设计相应的作业中心：

1. 产量级作业

产量级作业是指明确地为个别产品（或服务）实施的、使单个产品（或服务）受益的作业。该类作业的数量与产品（或服务）的数量成正比例变动，包括产品加工、检验等。

2. 批别级作业

批别级作业是指为一组（或一批）产品（或服务）实施的、使该组（该批）产品（或服务）受益的作业。该类作业的发生是由生产的批量数而不是单个产品（或服务）引起的，其数量与产品（或服务）的批量数成正比例变动，包括设备调试、生产准备等。

3. 品种级作业

品种级作业是指为生产和销售某种产品（或服务）实施的、使该种产品（或服务）的每个单位都受益的作业。该类作业用于产品（或服务）的生产或销售，但独立于实际产量或批量，其数量与品种的多少成正比例变动，包括新产品设计、现有产品质量与功能改进、生产流程监控、工艺变换需要的流程设计、产品广告等。

4. 客户级作业

客户级作业是指为服务特定客户所实施的作业。该类作业保证企业将产品（或服务）销售给个别客户，但作业本身与产品（或服务）数量独立，包括向个别客户提供的技术支持活动、咨询活动、独特包装等。

5. 设施级作业

设施级作业是指为提供生产产品（或服务）的基本能力而实施的作业。该类作业是开展业务的基本条件，其使所有产品（或服务）都受益，但与产量或销量无关，包括管理作业、针对企业整体的广告活动等。

（五）资源动因选择与计量

资源动因是引起资源耗用的成本动因，它反映了资源耗用与作业量之间的因果关系。资源动因选择与计量为将各项资源费用归集到作业中心提供了依据。

首先，企业应根据不同的资源，选择合适的资源动因。例如，电力资源可以选择“消耗的电力度数”作为资源动因。然后，根据各项作业所消耗的资源动因数，将各资源库的价值分配到各作业中心。例如，“产品质量检验”作业消耗1 000度电，而每度电的成本为0.55元。那么，“产品质量检验”作业中所含的“电力成本”为550元。当然，该项作业还会消耗其他资源，将该作业所消耗的所有资源的价值，按照相应的资源动因，分别分配到该作业中心，汇总后就会得到该作业的作业成本。如果某项作业所消耗的资源具有专属性，那么该作业所消耗的资源部分的价值可直接计入该作业的作业中心。例如，“产品质量检验”作业中检验人员的工资、专用设备的折旧费等成本，一般可以直接归属于检验作业。

（六）作业成本汇集

作业成本归集，是指企业根据资源耗用与作业之间的因果关系，将所有资源成本直接追溯或按资源动因分配至各作业中心，计算各作业总成本的过程。作业成本汇集应遵循以下基本原则：

（1）对于为执行某种作业直接消耗的资源，应直接追溯至该作业中心；

（2）对于为执行两种或两种以上作业共同消耗的资源，应按照各种作业中心的资源动因量比例分配至各作业中心。

（七）作业动因选择与计量

作业动因是引起作业耗用的成本动因，它反映了作业耗用与最终产出的因果关系，是将作业成本分配到流程、产品、分销渠道、客户等成本对象的依据。当作业中心仅包含一种作业的情况下，所选择的作业动因应该是引起该作业耗用的成本动因；当作业中心由若干作业集合而成的情况下，企业可采用回归直线法或分析判断法，分析比较各具体作业动因与该作业中心成本之间的相关性，选择相关性最大的作业动因，即代表性作业动因，作为作业成本分配的基础。

作业动因需要在交易动因、持续时间动因和强度动因间进行选择。其中，交易动因，是指用执行频率或次数计量的成本动因，包括接受或发出订单数、处理收据数等；持续时间动因，是指用执行时间计量的成本动因，包括产品安装时间、检查小时等；强度动因，是指不易按照频率、次数或执行时间进行分配而需要直接衡量每次执行所需资源的成本动因，包括特别复杂产品的安装、质量检验等。企业如果每次执行所需要的资源数量相同或接近，应选择交易动因；如果每次执行所需要的时间存在显著的不同，应选择持续时间动因；如果作业的执行比较特殊或复杂，应选择强度动因。对于选择的作业动因，企业应采用相应的方法和手段进行计量，以取得作业动因量的可靠数据。

（八）作业成本分配

作业成本分配，是指企业将各作业中心的作业成本按作业动因分配至产品等成本对象，并结合直接追溯的资源费用，计算出各成本对象的总成本和单位成本的过程。主要作业是指被产品、服务或客户等最终成本对象消耗的作业。次要作业是被原材料、主要作业等介于中间地位的成本对象消耗的作业。

作业成本分配一般按照以下两个步骤进行：

1. 分配次要作业成本至主要作业，计算主要作业的总成本和单位成本

企业应按照各主要作业耗用每一次要作业的作业动因量，将次要作业的总成本分配至各主要作业，并结合直接追溯至次要作业的资源费用，计算各主要作业的总成本和单位成本。有关计算公式如下：

$$\text{次要作业成本分配率}=\text{次要作业总成本}\div\text{该作业动因总量}$$

$$\begin{matrix}\text{某主要作业分配的}\\\text{次要作业成本}\end{matrix}=\begin{matrix}\text{该主要作业耗用的}\\\text{次要作业动因量}\end{matrix}\times\begin{matrix}\text{该次要作业}\\\text{成本分配率}\end{matrix}$$

$$\begin{matrix}\text{主要作业}\\\text{总成本}\end{matrix}=\begin{matrix}\text{直接追溯至}\\\text{该作业的资源费用}\end{matrix}+\begin{matrix}\text{分配至该主要作业的}\\\text{次要作业成本之和}\end{matrix}$$

$$\text{主要作业单位成本}=\text{主要作业总成本}\div\text{该主要作业动因总量}$$

2. 分配主要作业成本至成本对象，计算各成本对象的总成本和单位成本

企业应按照各成本对象耗用每一主要作业的作业动因量，将主要作业成本分配至各成本对象，并结合直接追溯至成本对象的资源费用，计算各成本对象的总成本和单位成本。有关计算公式如下：

$$\begin{matrix}\text{某成本对象分配的}\\\text{主要作业成本}\end{matrix}=\begin{matrix}\text{该成本对象耗用的}\\\text{主要作业成本动因量}\end{matrix}\times\begin{matrix}\text{主要作业}\\\text{单位成本}\end{matrix}$$

$$\begin{matrix}\text{某成本}\\\text{对象总成本}\end{matrix}=\begin{matrix}\text{直接追溯至该成本}\\\text{对象的资源费用}\end{matrix}+\begin{matrix}\text{分配至该成本对象的}\\\text{主要作业成本之和}\end{matrix}$$

$$\text{某成本对象单位成本}=\text{该成本对象总成本}\div\text{该成本对象的产出量}$$

（九）作业成本信息报告

作业成本信息报告的目的，是通过设计、编制和报送具有特定内容和格式要求的作业成本报表，向企业内部各有关部门和人员提供其所需要的作业成本及其他相关信息。

作业成本报表的内容和格式应根据企业内部管理需要确定。作业成本报表提供的信息一般应包括以下内容：

（1）企业拥有的资源及其分布以及当期发生的资源费用总额及其具体构成的信息；

（2）每一成本对象总成本、单位成本及其消耗的作业类型、数量及单位作业成本的信息，以及产品盈利性分析的信息；

（3）每一作业或作业中心的资源消耗及其数量、成本以及作业总成本与单位成本的信息；

（4）与资源成本分配所依据的资源动因以及作业成本分配所依据的作业动因相关的信息；

（5）资源费用、作业成本以及成本对象成本预算完成情况及其原因分析的信息；

（6）有助于作业、流程、作业链（或价值链）持续优化的作业效率、时间和质量等方面的非财务信息；

（7）有助于促进客户价值创造的有关增值作业与非增值作业的成本信息及其他信息；

（8）有助于业绩评价与考核的作业成本信息及其他相关信息；

（9）上述各类信息的历史或同行业比较信息。

【例4-8】某企业生产甲、乙两种产品，甲产品由部件1和部件2各一件组成，乙产品由部件3和部件4各一件组成。甲产品是标准化的产品，进行不间断的大量大批生产，乙产品则按客户订单进行小批量生产。该企业将产品所耗的直接材料和直接人工等直接计入各产品成本，甲、乙产品直接材料费用分别为3 000元、7 000元，直接人工费用分别为4 000元、5 000元，对间接制造费用则分设作业中心进行归集，然后再按作业成本动因进行分配，企业共设材料处理、起动准备、设备维修、机器加工和质量检验等5个作业中心。

微课

作业成本法例题解析

（1）资源清单。直接材料、直接人工、制造费用。

（2）作业清单。材料处理、起动准备、设备维修、机器加工和质量检验等5个作业。

（3）成本对象。甲产品、乙产品。

（4）作业资源耗费及作业成本动因。2023年6月该企业各作业中心资源耗费及作业成本动因资料，见表4-7。

表4-7　各作业中心资源耗费及作业成本动因　单位：元

作业中心	资源耗费	作业成本动因
材料处理	11 600	材料搬运数量
起动准备	2 600	准备次数
设备维修	4 000	维修小时
机器加工	8 500	机器小时
质量检验	4 000	检验次数
合计	30 700	—

（5）作业成本动因数量归集，见表4-8。

表4-8　作业成本动因数量归集表

作业中心	作业成本动因	部件1	部件2	部件3	部件4	合计
材料处理	材料搬运数量	8	10	15	25	58
起动准备	准备次数	2	2	10	12	26
设备维修	维修小时	50	70	90	190	400
机器加工	机器小时	2 000	3 000	2 000	1 500	8 500
质量检验	检验次数	20	20	30	30	100

（6）作业成本分配，见表4-9。

表4-9 作业成本分配 金额单位：元

作业中心	分配率	分配金额								合计	
		部件1		部件2		部件3		部件4			
		动因	成本	动因	成本	动因	成本	动因	成本	动因	成本
材料处理	200	8	1 600	10	2 000	15	3 000	25	5 000	58	11 600
起动准备	100	2	200	2	200	10	1 000	12	1 200	26	2 600
设备维修	10	50	500	70	700	90	900	190	1 900	400	4 000
机器加工	1	2 000	2 000	3 000	3 000	2 000	2 000	1 500	1 500	8 500	8 500
质量检验	40	20	800	20	800	30	1 200	30	1 200	100	4 000
			5 100		6 700		8 100		10 800		30 700

表4-9中，各作业中心分配率的计算过程如下：

材料处理中心分配率＝11 600÷58＝200

起动准备中心分配率＝2 600÷26＝100

设备修理中心分配率＝4 000÷400＝10

机器加工中心分配率＝8 500÷8 500＝1

质量检验中心分配率＝4 000÷100＝40

（7）产品成本汇总，见表4-10。

表4-10 产品成本汇总表 单位：元

产品	直接材料	直接人工	制造费用	合计
甲产品	3 000	4 000	11 800	18 800
乙产品	7 000	5 000	18 900	30 900
合计	10 000	9 000	30 700	49 700

【想一想】传统的制造业企业有必要采用作业成本法吗?

同步训练

一、单项选择题

1.作业成本法的核心在于把（　　）与传统成本计算中的“数量”（人工小时、机器工时）区别开来，并主张以其作为分配大多数间接成本的依据。

A.作业量　　B.生产量　　C.销售量　　D.业务量

2.在现代制造业中，（　　）的比重极大地增加，结构也发生了极大的改变。

A.直接材料　　B.直接人工　　C.期间成本　　D.间接费用

3.（ ）是指构成一个业务过程的相互联系的作业集合，是用来汇集业务过程及其产出的成本。

A.车间 B.工段 C.产品线 D.作业中心

4.作业消耗一定的（ ）。

A.时间 B.成本 C.资源 D.材料

5.（ ）是引起产品成本变动的驱动因素，反映产品产量与作业成本之间的因果关系。

A.生产量 B.作业动因 C.资源动因 D.成本动因

二、多项选择题

1.下列各项属于企业资源的有（ ）。

A.人力资源 B.土地使用权 C.物料 D.建筑物

2.下列各项中，可归属于作业动因的有（ ）。

A.检验次数 B.订单份数 C.产品批次 D.机器小时

3.企业可以按照受益对象、层次和重要性，将作业分为（ ）。

A.产量级 B.批别级 C.品种级 D.设施级

4.作业成本法一般适用于（ ）的企业。

A.作业类型较多且作业链较长

B.规模较大且管理层对产品成本准确性要求较高

C.间接或辅助资源费用所占比重较大

D.产品单一

5.作业成本法的主要缺点包括（ ）。

A.成本核算存在较大的主观性 B.操作较为复杂

C.开发和维护费用较高 D.简单易行

三、计算分析题

1.某企业专门制造和销售甲产品，采用作业成本计算法，其产品成本由直接成本（直接材料）和四个作业中心成本构成。这四个作业中心及其作业成本动因的资料，见表4-11。

表4-11 四个作业中心的作业成本动因资料

作业中心	作业成本动因	分配率
材料管理	部件数量	10元/个
机械制造	机器小时	65元/小时
组装	装配小时	80元/小时
检验	检验小时	105元/小时

A公司从该企业订购了50台甲产品，每台甲产品直接材料成本为2 500元，需要50个部件、10个机器小时、16个装配小时和5个检验小时。

要求：计算A公司订购的甲产品的总成本和单位成本。

2.某公司生产甲、乙两种产品，间接成本是以机器小时分配的，但管理会计师建议采用作业成本法进行间接费用的分配，作业成本资料汇总，见表4-12。

表4-12　作业成本资料汇总表　金额单位：元

作业	间接成本	作业成本动因	作业成本动因数	
			甲产品	乙产品
调整设备	60 000	调整次数	400	100
订单成本	47 000	订单数	800	200
机器成本	88 000	机器小时	16 000	6 000
组装	25 000	零件个数	4 000	4 000

参考答案

要求：

(1) 使用机器小时分配间接成本。

(2) 用作业成本法分配间接费用。

(3) 哪种方法成本分配更准确？为什么？

任务四　标准成本法

任务导学

标准成本法通过标准成本与实际成本差异的分析，将成本的核算、控制、考核、分析融为一体，是实现成本管理目的的一种成本管理制度，解决了以前成本计算系统无法提供控制信息的问题，是管理控制的基础方法。

本任务要求能解释标准成本法的概念，能制定标准成本，会运用知识分析标准成本差异及其形成的原因。

一、标准成本法概述

（一）标准成本的概念

阅读材料

管理会计应用指引第302号——标准成本法

标准成本是指通过调查分析、运用技术测定等方法制定的，在有效经营管理条件下，企业经过努力应能达到的产品成本水平。标准成本主要用来控制成本开支，衡量实际工作效率。企业在确定标准成本时，可以根据自身的技术条件和经营水平，在以下类型中进行选择：

一是理想标准成本，这是一种理论标准，它是指在现行条件下所能达到的最优成本水平，即在生产过程无浪费、机器无故障、人员无闲置、产品无废品的假设条件下制定的成本标准。

二是正常标准成本，是指在正常情况下，企业经过努力可以达到的成本标准，这一标准考虑了生产过程中不可避免的损失、故障、偏差等。

通常来说，理想标准成本小于正常标准成本。由于理想标准成本要求异常严格，一般很难达到，而正常标准成本具有客观性、现实性、激励性等特点，所以，正常标准成本在实践中得到了广泛应用。

【明德善思】标准成本管理作为企业管理标准化、全面预算管理的重要举措，受到了很多企业的追捧。利用标准成本法可以精确地缩小实际成本与标准成本之间的差异，规避市场变化带来的影响，从而降低企业成本，提高企业利润。大到国家、企业，小到个人，做任何事都要有衡量的标准。标准是一把"尺子"，为生产生活行为提供规范和引领，衡量何可做，何不为。标准对外衡量工作，对内衡量自我。制定标准后应严格执行，坚持一把尺子量到底，坚决不搞双重标准、多重标准、前后标准，只有采用统一的标准才能公平公正，提高效率。

（二）标准成本法的概念

标准成本法，是指企业以预先制定的标准成本为基础，通过比较标准成本与实际成本，计算和分析成本差异、揭示成本差异动因，进而实施成本控制、评价经营业绩的一种成本管理方法。

实务中，标准成本是指在正常的生产技术水平和有效的经营管理条件下，企业经过努力应达到的产品成本水平。成本差异，是指实际成本与相应标准成本之间的差额。当实际成本高于标准成本时，形成超支差异；当实际成本低于标准成本时，形成节约差异。标准成本控制与分析流程，如图4-7所示。

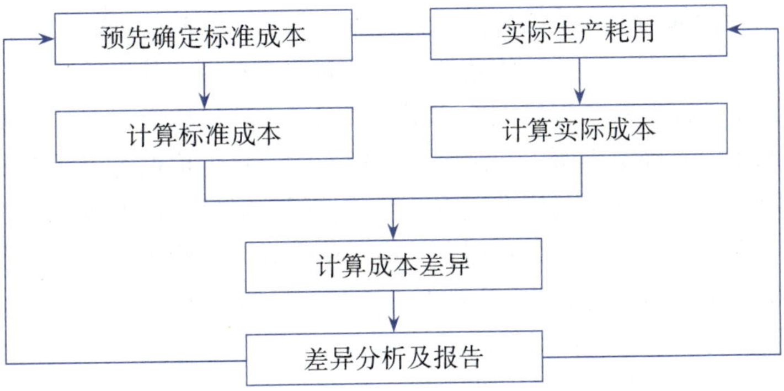

图4-7　标准成本控制与分析流程图

（三）标准成本法的适用要求

企业应用标准成本法的主要目标，是通过标准成本与实际成本的比较，揭示与分析标准成本与实际成本之间的差异，并按照例外管理的原则，对不利差异予以纠正，以提高工作效率，不断改善产品成本。

企业应用标准成本法应当满足以下要求：

（1）处于较稳定的外部市场经营环境，且市场对产品的需求相对平稳。

（2）应成立由采购、生产、技术、营销、财务、人力资源、信息等有关部门组成的跨部门团队，负责标准成本的制定、分解、下达、分析等。

（3）能够及时、准确地取得标准成本制定所需要的各种财务和非财务信息。

（四）标准成本法的评价

1.标准成本法的主要优点

（1）标准成本法能及时反馈各成本项目不同性质的差异，有利于考核相关部门及人员的业绩；

（2）标准成本的制定及其差异和动因的信息可以使企业预算的编制更为科学和可

行，有助于企业的经营决策。

2.标准成本法的主要缺点

（1）标准成本法要求企业产品的成本标准比较准确、稳定，在使用条件上存在一定的局限性；

（2）标准成本法对标准管理水平较高，系统维护成本较高；

（3）标准成本需要根据市场价格波动频繁更新，导致成本差异可能缺乏可靠性，降低成本控制效果。

二、标准成本法的应用

企业应用标准成本法，一般按照确定应用对象、制定标准成本、实施过程控制、成本差异计算与动因分析，以及修订与改进标准成本等程序进行。

（一）确定应用对象

为了实现成本的精细化管理，企业应根据标准成本法的应用环境，结合内部管理要求，确定应用对象。标准成本法的成本对象可以是不同种类、不同批次或不同步骤的产品。

（二）制定标准成本

标准成本由会计部门会同采购部门、人力资源部门、行政管理部门、技术部门及具体生产部门等，在对企业生产经营具体条件进行全面的技术经济分析的基础上共同制定。产品生产成本通常由直接材料、直接人工和制造费用三大项目构成，而每个项目的成本都可由数量和价格两个要素确定，所以在制定标准成本时，首先根据每个成本项目的用量标准和价格标准计算得到有关项目的标准成本，然后将所有项目的标准成本相加，得到单位产品的标准成本。而管理费用、财务费用和销售费用作为当期费用直接计入当期损益，不计入产品成本，所以制定标准成本时并不涉及。单位产品标准成本的计算公式为：

$$\text{单位产品标准成本} = \text{直接材料标准成本} + \text{直接人工标准成本} + \text{制造费用标准成本}$$
$$= \sum(\text{用量标准} \times \text{价格标准})$$

1.制定直接材料标准成本

单位产品耗用的直接材料的标准成本是由材料的价格标准和用量标准来确定的。

材料的价格标准通常采用企业编制的计划价格，它通常是以订货合同的价格为基础，并考虑未来物价、供求等各种变动因素后按材料种类分别计算的。材料的价格标准一般由财务部门和采购部门等共同制定。

材料的用量标准是指在现有生产技术条件下，生产单位产品所需的材料数量。它包括构成产品实体的材料和有助于产品形成的材料，以及生产过程中必要的损耗和难以避免的损失所耗用的材料。材料的用量标准一般应根据科学的统计调查，以技术分析为基础计算确定。

在制定直接材料标准成本时，其基本程序是：首先，区分直接材料的种类；其次，逐一确定它们在单位产品中的标准用量和标准价格；再次，按照种类分别计算各种直接材料的标准成本；最后，汇总得出单位产品的直接材料标准成本。其计算公式是：

$$\text{直接材料的标准成本} = \sum(\text{材料用量标准} \times \text{价格标准})$$

【例4-9】假定某企业A产品耗用甲、乙、丙三种直接材料，直接材料标准成本的计算，见表4-13。

表4-13　A产品直接材料标准成本

项　目	标　准		
	甲材料	乙材料	丙材料
价格标准①	45元/千克	15元/千克	30元/千克
用量标准②	3千克/件	6千克/件	9千克/件
成本标准③=①×②	135元/件	90元/件	270元/件
直接材料标准成本④=$\sum$③	495元/件		

2.制定直接人工标准成本

直接人工的标准成本是由直接人工的价格和直接人工用量两项标准决定的。

直接人工的价格标准就是标准工资率，它通常由人力资源部门根据用工情况制定。当采用计时工资时，标准工资率就是单位标准工资率，是由标准工资总额与标准总工时的商来确定的，即：

$$标准工资率=\frac{标准工资总额}{标准总工时}$$

人工用量标准，即工时用量标准，它是指在现有的生产技术条件下，生产单位产品所耗用的必要的工作时间，包括对产品直接加工的工时、必要的间歇或停工工时以及不可避免的废次品所耗用的工时等。人工用量标准一般由生产技术部门、人力资源部门等运用特定的技术测定方法和分析统计资料后确定。因此：

$$直接人工标准成本=标准工资率\times工时用量标准$$

【例4-10】A产品直接人工标准成本的计算，见表4-14。

表4-14　A产品直接人工标准成本

项　目	标　准
月标准总工时①	15 600小时
月标准总工资②	168 480元
标准工资率③=②÷①	10.8元/小时
单位产品工时用量标准④	1.5小时/件
直接人工标准成本⑤=③×④	16.2元/件

3.制定制造费用标准成本

制造费用的标准成本是由制造费用价格标准和制造费用用量标准两项因素决定的。

制造费用价格标准，即制造费用的分配率。其计算公式为：

$$制造费用分配率=\frac{标准制造费用总额}{标准总工时}$$

制造费用的用量标准，即工时用量标准，其含义与直接人工用量标准相同。因此：

$$制造费用标准成本=制造费用分配率\times工时用量标准$$

成本按照其性态分为变动成本和固定成本。前者随着产量的变动而变动；后者相对固定，不随产量波动。所以，制定费用标准时，也应分别制定变动制造费用和固定制造费用的成本标准。

【例4-11】沿用【例4-9】中的资料，甲产品制造费用的标准成本计算，见表4-15。

表4-15 甲产品制造费用标准成本

项目		标准
工时	月标准总工时①	15 600小时
	单位产品工时用量标准②	1.5小时/件
变动制造费用	标准变动制造费用总额③	56 160元
	标准变动制造费用分配率④=③÷①	3.6元/小时
	变动制造费用标准成本⑤=②×④	5.4元/件
固定制造费用	标准固定制造费用总额⑥	187 200元
	标准固定制造费用分配率⑦=⑥÷①	12元/小时
	固定制造费用标准成本⑧=②×⑦	18元/件
制造费用标准成本⑨=⑤+⑧		23.4元/件

（三）成本差异的计算与动因分析

在标准成本管理模式下，成本差异是指一定时期生产一定数量的产品所发生的实际成本与相关的标准成本之间的差额。凡实际成本大于标准成本的称为超支差异；凡实际成本小于标准成本的称为节约差异。

从标准成本的制定过程可以看出，任何一项费用的标准成本都是由用量标准和价格标准两个因素决定的，因此，差异分析就应该从这两个方面进行。实际产量下的总差异的计算公式为：

$$\begin{aligned}总差异&=实际价格\times实际用量-标准价格\times实际产量下标准用量\\&=(实际价格\times实际用量-标准价格\times实际用量)+(标准价格\times实际用量-标准价格\times实际产量下标准用量)\\&=(实际价格-标准价格)\times实际用量+标准价格\times(实际用量-实际产量下标准用量)\\&=价格差异+用量差异\end{aligned}$$

其中：价格差异 =（实际价格 - 标准价格）× 实际用量

用量差异 = 标准价格 ×（实际用量 - 实际产量下标准用量）

1.直接材料成本差异的计算分析

直接材料成本差异，是指直接材料的实际总成本与实际产量下标准总成本之间的差异。它可进一步分解为直接材料价格差异和直接材料用量差异两部分。有关计算公式如下：

直接材料成本差异 = 实际产量下实际成本 - 实际产量下标准成本

= 实际价格 × 实际用量 - 标准价格 × 实际产量下标准用量

= 直接材料价格差异 + 直接材料用量差异

直接材料价格差异 =（实际价格 - 标准价格）× 实际用量

直接材料用量差异 = 标准价格 ×（实际用量 - 实际产量下标准用量）

直接材料价格差异的形成受各种主客观因素的影响，较为复杂，如市场价格、供货厂商、运输方式、采购批量等的变动，都可能导致材料的价格差异。但由于它与采购部门的关系更为密切，所以其差异应主要由采购部门承担责任。

直接材料的用量差异形成的原因是多方面的，有生产部门的原因，也有非生产部门的原因。例如，产品设计结构、原料质量、工人的技术熟练程度、废品率的高低等都会导致材料用量的差异。直接材料用量差异的责任需要通过具体分析才能确定，但主要应由生产部门承担。

【例4-12】沿用【例4-9】中的资料，A产品甲材料的标准价格为45元/千克，用量标准为3千克/件。假定企业本月投产A产品8 000件，领用甲材料32 000千克，其实际价格为40元/千克。

直接材料成本差异的计算如下：

直接材料成本差异 = 40 × 32 000 − 45 × 3 × 8 000 = 200 000（元）（超支）

其中：直接材料价格差异 = （40 − 45）× 32 000 = −160 000（元）（节约）

直接材料用量差异 = 45 ×（32 000 − 8 000 × 3）= 360 000（元）（超支）

通过以上计算可以看出，A产品本月耗用甲材料发生200 000元超支差异。由于生产部门耗用材料超过标准，导致超支360 000元，应该查明材料用量超标的具体原因，以便改进工作，节约材料。就材料价格而言，由于材料价格降低节约了160 000元，从而抵销了一部分由于材料超标耗用而形成的成本超支。这是材料采购部门的工作成绩，也应查明原因，巩固和发扬成绩。

微课

直接材料成本差异计算例题解析

2. 直接人工成本差异的计算分析

直接人工成本差异，是指直接人工的实际总成本与实际产量下标准总成本之间的差异。它可分为直接人工工资率差异和直接人工效率差异两部分。有关计算公式如下：

直接人工成本差异 = 实际总成本 − 实际产量下标准成本

= 实际工资率 × 实际人工工时 − 标准工资率 × 实际产量下标准人工工时

= 直接人工工资率差异 + 直接人工效率差异

直接人工工资率差异 = （实际工资率 − 标准工资率）× 实际人工工时

直接人工效率差异 = 标准工资率 ×（实际人工工时 − 实际产量下标准人工工时）

直接人工工资率差异是价格差异，其形成原因比较复杂，工资制度的变动、工人的升降级、加班或临时工的增减等都将导致工资率差异。一般地，这种差异的责任不在生产部门，人力资源部门更应对其承担责任。

直接人工效率差异是数量差异，其形成原因也是多方面的，工人技术状况、工作环境和设备条件的好坏等，都会影响效率的高低，但其主要责任还是在生产部门。

【例4-13】沿用【例4-10】中的资料，A产品标准工资率为10.8元/小时，工时标准为1.5小时/件，工资标准为16.2元/件。假定企业本月实际生产A产品8 000件，用工10 000小时，实际应付直接人工工资110 000元。

直接人工成本差异的计算如下：

直接人工成本差异 = 110 000 − 16.2 × 8 000 = −19 600（元）（节约）

其中：直接人工工资率差异 = （110 000 ÷ 10 000 − 10.8）× 10 000

= 2 000（元）（超支）

直接人工效率差异 = 10.8 ×（10 000 − 1.5 × 8 000）= −21 600（元）（节约）

通过以上计算可以看出，该产品的直接人工成本总体上节约19 600元。其中，人工效率差异节约21 600元，但工资率差异超支2 000元。工资率超过标准，可能是为了提高产品质量，调用了一部分技术等级和工资级别较高的工人，使小时工资率增加了0.2元（110 000 ÷ 10 000 − 10.8）。但也因此在提高产品质量的同时，扩大了销路，使工时的耗用由标准的12 000小时（8 000 × 1.5）降低为10 000小时，节约工时2 000小时，从而导致了最终的成本节约。可见生产部门在生产组织上的成绩是值得肯定的。

3.变动制造费用成本差异的计算分析

变动制造费用成本差异是指实际发生的变动制造费用总额与实际产量下标准变动制造费用总额之间的差异。它可以分解为耗费差异和效率差异两部分。其计算公式如下：

变动制造费用成本差异 = 实际总变动制造费用 − 实际产量下标准变动制造费用

$$= \text{实际变动制造费用分配率} \times \text{实际工时} - \text{标准变动制造费用分配率} \times \text{标准工时}$$

= 变动制造费用耗费差异 + 变动制造费用效率差异

$$\text{变动制造费用耗费差异} = (\text{变动制造费用实际分配率} - \text{变动制造费用标准分配率}) \times \text{实际工时}$$

$$\text{变动制造费用效率差异} = \text{变动制造费用标准分配率} \times (\text{实际工时} - \text{实际产量下标准工时})$$

其中，耗费差异属于价格差异，效率差异是用量差异。变动制造费用效率差异的形成原因与直接人工效率差异的形成原因基本相同。

【例4-14】沿用【例4-11】中的资料，A产品标准变动费用分配率为3.6元/小时，工时标准为1.5小时/件。假定企业本月实际生产A产品8 000件，用工10 000小时，实际发生变动制造费用40 000元。

变动制造费用成本差异的计算如下：

变动制造费用成本差异 = 40 000 − 3.6 × 1.5 × 8 000 = −3 200（元）（节约）

其中：

变动制造费用耗费差异 =（40 000 ÷ 10 000 − 3.6）× 10 000 = 4 000（元）（超支）

变动制造费用效率差异 = 3.6 ×（10 000 − 1.5 × 8 000）= −7 200（元）（节约）

通过以上计算可以看出，A产品变动制造费用节约3 200元，这是由于提高效率，工时由12 000小时（1.5 × 8 000）降为10 000小时的结果。费用分配率由3.6元/小时提高到4元/小时（40 000 ÷ 10 000），使变动制造费用发生超支，从而抵销了一部分变动制造费用的节约额，应该查明费用分配率提高的具体原因。

4.固定制造费用成本差异的计算分析

固定制造费用成本差异是指实际发生的固定制造费用与实际产量下标准固定制造费用的差异。其计算公式为：

$$\text{固定制造费用成本差异} = \text{实际产量下实际固定制造费用} - \text{实际产量下标准固定制造费用}$$

$$= \text{实际分配率} \times \text{实际工时} - \text{标准分配率} \times \text{实际产量下标准工时}$$

其中，　标准分配率 = 固定制造费用预算总额 ÷ 预算产量下标准总工时由于固定制造费用相对固定，实际产量与预算产量的差异会对单位产品所应承担的固定制造费用产生影响，所以，固定制造费用成本差异的分析有其特殊性，分为两差异分析法和三差异分析法。

（1）两差异分析法。它是指将总差异分为耗费差异和能量差异两部分，计算公式如下：

耗费差异 = 实际固定制造费用 − 预算产量下标准固定制造费用
= 实际固定制造费用 − 标准分配率 × 工时标准 × 预算产量
= 实际固定制造费用 − 标准分配率 × 预算产量下标准工时

能量差异 = 预算产量下标准固定制造费用 − 实际产量下固定制造费用
= 标准分配率 ×（预算产量下标准工时 − 实际产量下标准工时）

【例 4–15】沿用【例 4–11】中的资料，A 产品固定制造费用标准分配率为 12 元/小时，工时标准为 1.5 小时/件。假定企业 A 产品预算产量为 10 400 件，实际生产 A 产品 8 000 件，用工 10 000 小时，实际发生固定制造费用 190 000 元。

利用两差异分析法计算固定制造费用的成本差异如下：

固定制造费用成本差异 = 190 000 − 12 × 1.5 × 8 000 = 46 000（元）（超支）

其中：

耗费差异 = 190 000 − 12 × 1.5 × 10 400 = 2 800（元）（超支）

能量差异 = 12 ×（1.5 × 10 400 − 1.5 × 8 000）= 43 200（元）（超支）

通过以上计算可以看出，该企业 A 产品固定制造费用超支 46 000 元，主要是由于生产能力不足，实际产量小于预算产量所致。

（2）三差异分析法。它是将两差异分析法下的能量差异进一步分解为闲置能量差异和效率差异，即将固定制造费用成本差异分为耗费差异、闲置能量差异和效率差异三个部分。其中耗费差异的概念和计算与两差异分析法下一致。相关计算公式为：

耗费差异 = 实际固定制造费用 − 预算产量下标准固定制造费用
= 实际固定制造费用 − 标准分配率 × 工时标准 × 预算产量
= 实际固定制造费用 − 标准分配率 × 预算产量下标准工时

闲置能量差异 = 标准分配率 ×（预算产量下标准工时 − 实际产量下实际工时）

效率差异 = 标准分配率 ×（实际产量下实际工时 − 实际产量下标准工时）

【例 4–16】沿用【例 4–15】中的资料，利用三差异分析法计算固定制造费用的成本差异。

固定制造费用成本差异 = 190 000 − 12 × 1.5 × 8 000 = 46 000（元）（超支）

其中：

耗费差异 = 190 000 − 12 × 1.5 × 10 400 = 2 800（元）（超支）

闲置能量差异 = 12 ×（1.5 × 10 400 − 10 000）= 67 200（元）（超支）

效率差异 = 12 ×（10 000 − 1.5 × 8 000）= −24 000（元）（节约）

通过上述计算可以看出，采用三差异分析法，能够更好地说明生产能力利用程度和生产效率高低所导致的成本差异情况，便于分清责任。

5. 分析结果的反馈

标准成本差异分析是企业规划与控制的重要手段。通过差异分析，企业管理人员可以进一步揭示实际执行结果与标准不同的深层次原因。在成本差异的分析过程中，企业应关注各项成本差异的规模、趋势及可控性。对于反复发生的大额差异，企业应进行重点分析与处理。

企业可将生成的成本差异信息汇总，定期形成标准成本差异分析报告，并有针对性地提出成本改进措施。

（四）修订与改进标准成本

为保证标准成本的科学性、合理性与可行性，企业应定期或不定期对标准成本进行修订与改进。

一般情况下，标准成本的修订工作由标准成本的制定机构负责。企业应至少每年对标准成本进行测试，通过编制成本差异分析表，确认是否存在因标准成本不准确而形成的成本差异。当该类差异较大时，企业应按照标准成本的制定程序，对标准成本进行调整。

除定期测试外，当外部市场、组织机构、技术水平、生产工艺、产品品种等内外部环境发生较大变化时，企业也应及时对标准成本进行调整。

【想一想】标准成本法的巨大作用毋庸置疑，那么一家企业缺少标准成本的控制会产生什么样的后果？

同步训练

一、单项选择题

1. 材料价格差异一般应当由（　　）部门负责。

A. 采购　　B. 生产　　C. 会计　　D. 运输

2. 制造费用的工时标准，通常采用直接人工工时和（　　）。

A. 机器工时　　B. 定额工时　　C. 非定额工时　　D. 标准工时

3. 已知固定制造费用预算数为10 000元，预计应完成的总工时为5 000小时，预算执行结果为：实际工时为4 500小时，实际产量的标准工时为4 800小时，固定制造费用为9 000元，则企业的生产能力利用差异为（　　）元。

A. -1 000　　B. 1 000　　C. -600　　D. 以上都不对

4. 固定制造费用的实际金额与预算金额之间的差额称为（　　）。

A. 耗费差异　　B. 能量差异　　C. 效率差异　　D. 闲置能量差异

5. 计算价格差异要以（　　）为基础。

A. 标准数量　　B. 实际数量　　C. 标准价格　　D. 实际价格

二、多项选择题

1. 下列项目中，属于价格差异的有（　　）。

A. 人工效率差异　　B. 直接人工工资率差异

C. 变动制造费用耗费差异　　D. 变动制造费用效率差异

2. 构成直接材料成本差异的基本因素有（　　）。

A. 效率差异　　B. 耗用差异　　C. 用量差异　　D. 价格差异

3. 成本差异按成本的构成内容可以分为（　　）。

A.直接材料成本差异　　B.直接人工成本差异
C.价格差异　　D.数量差异

4.固定制造费用的三种差异包括（　　）。
A.耗费差异　　B.能量差异　　C.效率差异　　D.价格差异

5.标准成本法的主要内容包括（　　）。
A.标准成本的制定　　B.成本差异的计算
C.成本差异的分析　　D.成本差异的账务处理

三、计算分析题

1.某公司生产甲产品，有关资料如下：（1）单位甲产品耗用8千克A材料和20千克B材料。每千克A材料标准价格为30元，每千克B材料标准价格为25元。（2）单位甲产品标准工时为10小时，直接人工标准工资率为20元/小时。（3）变动制造费用预算数为14 000元，固定制造费用预算数为15 500元。标准总工时为2 000小时。

要求：计算甲产品的标准成本。

2.某公司甲产品的标准成本资料，见表4-16。

表4-16　甲产品标准成本单

项目	价格标准	数量标准	金额
直接材料	45元/千克	10千克/件	450元/件
直接人工	15元/小时	20小时/件	300元/件
变动制造费用	6元/小时	20小时/件	120元/件
固定制造费用	5元/小时	20小时/件	100元/件
合计			970元/件

预算产量为200件，本月实际产量为180件，实际耗用材料1 700千克，实际人工工时为3 500小时。实际成本总额为179 600元，其中直接材料为81 600元、直接人工为56 000元、变动制造费用为26 250元、固定制造费用为15 750元。制造费用均按人工工时分配。

要求：

（1）计算甲产品本月成本差异总额；

（2）计算直接材料价格差异和用量差异；

（3）计算直接人工工资率差异和效率差异；

（4）计算变动制造费用耗费差异和效率差异；

（5）采用二因素分析法计算固定制造费用差异；

（6）采用三因素分析法计算固定制造费用差异。

参考答案

任务五　目标成本法

任务导学

企业的生产成本与企业的经济效益息息相关，对于成本的控制直接决定着企业的经营效益。从本质上看，目标成本控制是一种对企业的未来成本进行战略性管理的方法，是一系列行动过程。

本任务要求理解目标成本法的概念，清楚目标成本法的适用范围和要求，领会目标成本法的应用程序。

一、目标成本法概述

（一）目标成本法的概念

阅读材料

管理会计应用指引第301号——目标成本法

目标成本法，是指企业以市场为导向，以目标售价和目标利润为基础确定产品的目标成本，从产品设计阶段开始，通过各部门、各环节乃至与供应商的通力合作，共同实现目标成本的成本管理方法。

（二）目标成本法的适用范围

目标成本法一般适用于制造业企业成本管理，也可在物流、建筑、服务等行业应用。

（三）目标成本法的适用要求

企业应用目标成本法，除了应遵循《管理会计应用指引第300号——成本管理》中对应用环境的一般要求外，还应满足以下要求：

（1）企业应用目标成本法，要求处于比较成熟的买方市场环境，且产品的设计、性能、质量、价值等呈现出较为明显的多样化特征。

（2）企业应以创造和提升客户价值为前提，以成本降低或成本优化为主要手段，谋求竞争中的成本优势，保证目标利润的实现。

（3）企业应成立由研究与开发、工程、供应、生产、营销、财务、信息等有关部门组成的跨部门团队，负责目标成本的制定、计划、分解、下达与考核，并建立相应的工作机制，有效协调有关部门之间的分工与合作。

（4）企业能及时、准确取得目标成本计算所需的产品售价、成本、利润以及性能、质量、工艺、流程、技术等方面各类财务和非财务信息。

（四）目标成本法的评价

1. 目标成本法的主要优点

（1）突出从原材料到产品出货全过程成本管理，有助于提高成本管理的效率和效果；

（2）强调产品寿命周期成本的全过程和全员管理，有助于提高客户价值和产品市场竞争力；

（3）谋求成本规划与利润规划活动的有机统一，有助于提升产品的综合竞争力。

2. 目标成本法的主要缺点

目标成本法的应用不仅要求企业具有各类所需要的人才，更需要各有关部门和人员的通力合作，管理水平要求较高。

二、目标成本法的应用

企业应用目标成本法，一般按照确定应用对象、成立跨部门团队、收集相关信息、计算市场容许成本、设定目标成本、分解可实现目标成本、落实目标成本责任、考核成本管理业绩以及持续改善等程序进行。

（一）确定应用对象

企业应根据目标成本法的应用目标及其应用环境和条件，综合考虑产品的产销量和盈利能力等因素，确定应用对象。

企业一般应将拟开发的新产品作为目标成本法的应用对象，或选择那些功能与设计存在较大的弹性空间、产销量较大且处于亏损状态或盈利水平较低、对企业经营业绩具有重大影响的老产品作为目标成本法的应用对象。

（二）成立跨部门团队

企业负责目标成本管理的跨部门团队之下，可以建立成本规划、成本设计、成本确认、成本实施等小组，各小组根据管理层授权协同合作完成相关工作。

（1）成本规划小组由业务及财务人员组成，负责设定目标利润，制定新产品开发或老产品改进方针，考虑目标成本等。该小组的职责主要是收集相关信息、计算市场驱动产品成本等。

（2）成本设计小组由技术及财务人员组成，负责确定产品的技术性能、规格，负责对比各种成本因素，考虑价值工程，进行设计图上成本降低或者成本优化的预演等。该小组的职责主要是可实现目标成本的设定和分解等。

（3）成本确认小组由有关部门负责人、技术及财务人员组成，负责分析设计方案或试制品评价的结果，确认目标成本，进行生产准备、设备投资等。该小组的职责主要是可实现目标成本设定与分解的评价和确认等。

（4）成本实施小组由有关部门负责人及财务人员组成，负责确认实现成本策划的各种措施，分析成本控制中出现的差异，并提出对策，对整个生产过程进行分析、评价等。该小组的职责主要是落实目标成本责任、考核成本管理业绩等。

（三）收集相关信息

目标成本法的应用需要企业研究与开发、工程、供应、生产、营销、财务和信息等部门收集与应用对象相关的信息。这些信息一般包括：

（1）产品成本构成及料、工、费等财务和非财务信息；

（2）产品功能及其设计、生产流程与工艺等技术信息；

（3）材料的主要供应商、供求状况、市场价格及其变动趋势等信息；

（4）产品的主要消费者群体、分销方式和渠道、市场价格及其变动趋势等信息；

（5）本企业及同行业标杆企业产品盈利水平等信息；

（6）其他相关信息。

（四）计算市场容许成本

市场容许成本，是指目标售价减去目标利润之后的余额。

目标售价的设定应综合考虑客户感知的产品价值、竞争产品的预期相对功能和售价，以及企业针对该产品的战略目标等因素。

目标利润的设定应综合考虑利润预期、历史数据、竞争地位分析等因素。

（五）设定目标成本

企业应将容许成本与新产品设计成本或老产品当前成本进行比较，确定差异及成因，设定可实现的目标成本。

企业一般采取价值工程、拆装分析、流程再造、全面质量管理、供应链全程成本管理等措施和手段，寻求消除当前成本或设计成本偏离容许成本差异的措施，使容许成本转化为可实现的目标成本。

（六）分解可实现目标成本

企业应按主要功能对可实现的目标成本进行分解，确定产品所包含的每一零部件的目标成本。在分解时，首先应确定主要功能的目标成本，然后寻求实现这种功能的方法，并把主要功能和主要功能级的目标成本分配给零部件，形成零部件级目标成本。同时，企业应将零部件级目标成本转化为供应商的目标售价。

（七）落实目标成本责任

企业应将设定的可实现目标成本、功能级目标成本、零部件级目标成本和供应商目标售价进一步量化为可控制的财务和非财务指标，落实到各责任中心，形成各责任中心的责任成本和成本控制标准，并辅之以相应的权限，将达成的可实现目标成本落到实处。

（八）考核成本管理业绩

企业应依据各责任中心的责任成本和成本控制标准，按照业绩考核制度和办法，定期进行成本管理业绩的考核与评价，为各责任中心和人员的激励奠定基础。

（九）持续改善

企业应定期将产品实际成本与设定的可实现目标成本进行对比，确定其差异及其性质，分析差异的成因，提出消除各种重要不利差异的可行途径和措施，进行可实现目标成本的重新设定、再达成，推动成本管理的持续优化。

【例4-17】S公司要研发一种新电子产品A，同类产品在市场上的大致价格在70～120元/个的范围内，不同厂商的产品，实际核心功能基本相同，只有外观和辅助功能略有不同。S公司的研发部门先设计研发出了一些样品，几个样品的平均成本为65.30元/个。为了让产品在市场上具备足够的竞争力，S公司通过大规模的市场调研，结合小规模的消费者小组讨论等，最终确定A产品的市场销售价格为75元/个。产品价格在市场上属于较低价位，可以吸引更多收入不高的年轻消费群体。

但是该产品成本就要65.30元/个，预期毛利率只有12.93%。S公司通常产品的毛利率是30%～35%。所以，S公司必须将成本价格降到50元/个左右或50元/个以内，才能实现利润目标。于是，S公司组织了联合攻关项目小组，包括设计、研发、采购、仓储和会计等部门的人员。

通过项目小组几个月的共同努力，采取了以下措施，实现了降低成本的目标，见表4-17。

表 4-17 目标成本计算表 单位：元

项目		产品单位成本
产品研发的基本成本		65.30
直接材料	在保证一定产量的前提下，采用一次性大量采购，获取原材料供应商优惠价格	−2.83
	在不影响外观和牢固度的情况下，将外壳的厚度降低0.2毫米	−0.50
	将外壳的颜色从五种改为四种，从而减少喷涂材料的成本和喷涂的人工成本	−1.00
直接人工	提高工人的工作效率，简化生产程序，从而使原来生产线的人数减少20%	−5.38
其他费用	根据销售量来安排生产计划，尽量减少存货，降低仓储成本	−3.20
	采用大号包装物运输，减少包装物成本	−2.00
核定目标成本		50.39

所以，将目标成本降低之后，毛利率 = （75.00 − 50.39）÷ 75.00 × 100% = 32.81%。

微课

目标成本法例题解析

【明德善思】目标成本法是一种全过程、全方位、全人员的成本管理方法，其运用在很大程度上能帮助企业实现成本控制，并提高经济效益，取得长远发展。小到目标成本，大到整体发展目标，企业在制定时，应以党的二十大报告为指引，将企业的发展方向同国家发展大目标紧密联系起来，始终牢记"国之大者"，紧跟国家发展大局，主动服务发展战略，聚焦主责主业，将小我融于大我，与国家发展、时代发展同频共振，在中国式现代化这个大舞台上贡献力量，为全面建设社会主义现代化国家，推进中华民族伟大复兴作出应有的贡献。

【想一想】会计人员能否利用历史成本信息计算确定目标成本？

同步训练

一、单项选择题

1. 下列各项不适用目标成本法的是（　　）。

A. 新产品开发　　B. 产品销量较大，且处于亏损状态

C. 产品呈现多元化的特征　　D. 产品销量不大，但处于很好的盈利状态

2. 目标成本是一种（　　）。

A. 历史成本　　B. 预计成本　　C. 固定成本　　D. 重置成本

3. 以目标售价和目标利润为基础确定的产品成本是（　　）。

A. 标准成本　　B. 责任成本　　C. 作业成本　　D. 目标成本

4. 下列各项中，属于成本规划小组工作职责的是（　　）。

A. 目标成本的设定和分解

B.目标成本设定与分解的评价和确认

C.收集相关信息、计算市场驱动产品成本等

D.考核成本管理业绩

5.目标售价减去目标利润之后的余额是（ ）。

A.利润 B.边际贡献 C.市场容许成本 D.以上都不对

二、多项选择题

1.企业负责目标成本管理的跨部门团队之下，可以建立（ ）等小组，各小组根据管理层授权协同合作完成相关工作。

A.成本规划 B.成本设计 C.成本确认 D.成本实施

2.企业应用目标成本法确认应用对象时，可以把（ ）作为应用对象。

A.开发的新产品 B.产销量较大且处于亏损状态的产品

C.具有重大影响的老产品 D.技术垄断产品

3.目标售价的设定应综合考虑（ ）。

A.客户感知的产品价值 B.竞争产品的预期相对功能和售价

C.企业针对该产品的战略目标 D.期望售价

4.目标成本法成本规划小组成员主要由（ ）组成。

A.财务人员 B.业务人员 C.管理人员 D.生产人员

5.目标成本法的优点包括（ ）。

A.对团队人员技能知识要求低

B.突出从原材料到产品出货全过程成本管理

C.强调产品寿命周期成本的全过程和全员管理

D.谋求成本规划与利润规划活动的有机统一

参考答案

项目五

投资管理

学习目标

1. 认知投资管理的内涵
2. 结合对现金流量的理解计算货币的时间价值
3. 领会贴现现金流法的内涵
4. 利用贴现现金流法进行相关决策

知识点

投资活动　投资管理　现金流量　贴现现金流　货币时间价值　投资回收期　净现值　内含报酬率

技能点

投资项目分析　现金流量计算　贴现现金流法　投资方案选择

思政融入点

1. 人生就是一个不断投资的过程，只有投资自己，才能让自己处于不败之地。
2. 树立正确消费观，不盲目攀比，凡事量力而行，抵制过度消费或超前消费。
3. 构建大数据思维，提升数字技术应用能力，适应大数据时代发展。

知识结构

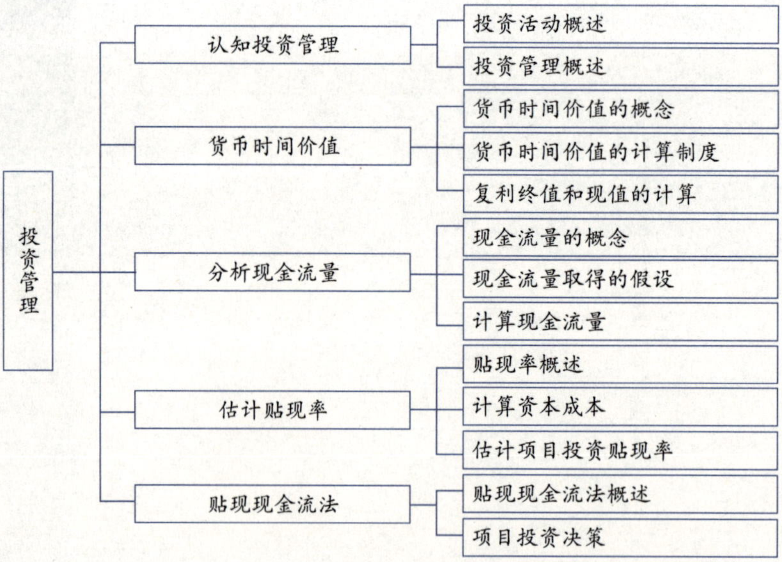

案例导入

阿里云的资本扩张

2015年3月5日，阿里巴巴集团旗下的阿里云计算宣布美国硅谷数据中心正式投入运营，这是阿里云首个国外数据中心，显示了阿里巴巴在全球扩张的雄心壮志。阿里巴巴新的数据中心将主要面向在美国开展业务的中国公司，主要是零售、互联网和游戏公司。"这是我们非常具有战略意义的举措，"阿里云负责国际业务的副总裁喻思成说，"如果我们的客户有需求，我们未来可能还会在美国其他地区设立数据中心，比如东海岸和中部地区。"

阿里云一开始只是阿里巴巴公司内部的技术基础设施，但经过扩张之后，其还向中国中小型互联网企业租赁处理和存储空间。目前，阿里云已经在杭州、青岛、北京、深圳、香港等国内主要城市设立了数据中心，其国内市场占有率为23%，其竞争对手包括中国电信、微软和亚马逊。阿里云还计划在欧洲、日本、中东等全球各地选址建立数据中心。

虽然目前阿里云的营收只占阿里巴巴总营收的1%，但却为阿里巴巴核心电子商务的运营提供了支持。阿里巴巴的当务之急是，搞清楚怎样跟美国云计算市场已经存在的三大巨头即亚马逊、微软和谷歌竞争。目前这三家公司为了保持两位数的增长正大幅降价，竞争非常激烈。在如此激烈的市场竞争面前，阿里云能否稳定、持续发展，势必会对阿里巴巴未来的生产经营产生举足轻重的影响。

事实上，任何的长期投资决策都是带有较高风险的。不只是阿里巴巴集团面临着资本投资和扩张决策，每家公司在某个时点都需要决定以何种方式，于何时、何地对一些重要项目投入资金，而这个决定将对公司未来的财务业绩产生重大影响。

资料来源：张瑶. 阿里云宣布开放美国硅谷数据中心［EB/OL］.［2023-03-25］. https://business.sohu.com/20150304/n409334457.shtml.

任务一　认知投资管理

任务导学

前面，我们主要是探讨"怎样利用现有的资源，获取最大的收益"。但是管理实务中，往往面临着将资产投放于某一特定对象，期待较短时间内收回本金和收益的情况，这就是投资行为。会计人员应当在这类活动中为企业出谋划策。

本任务要求能理解投资活动的概念与分类，能清晰辨别互斥投资和独立投资，把握投资管理的程序。

一、投资活动概述

（一）投资活动的概念

投资活动，广义地理解，就是指特定经济主体（政府、企业和个人）以本金回收并获利为基本目的，将货币、实物资产等作为资本投放于某一具体对象，以在未来较长时间内获取预期经济利益的经济行为。企业投资，简而言之，是企业为获取未来长期收益而向一定对象投放资金的经济行为。例如，购建厂房设备、购买股票债券等经济行为，均属于投资行为。

（二）投资活动的特点

投资活动资本支出的性质，决定了投资活动与一般的营运费用支出有显著的差别。

1.投资活动的效用时间长

由于投资活动往往会引起企业生产能力、经营方向等多方面的重大改变，因此，投资活动不仅对企业目前的经营成果和财务状况有重大影响，而且对企业未来长期发展的资本结构也将产生深刻影响。

2.投资活动耗资巨大

投资活动占用资金庞大，往往不仅需要一次投入大量的资金，还需要后期不断有资金注入以进行维护和保持，同时还要成立专门的部门进行筹资工作。

3.投资活动风险高

投资项目交付使用后的收益情况和项目寿命，要受内部、外部各种因素的制约，而这些因素之间的相互关系又是错综复杂的，因此在投资决策中，企业无法对未来各因素的发展变化作出完全准确的预测。如果决策正确，可以提高整个企业长期的获利能力，使企业长期受益；如果决策失误，不仅损失巨大，而且难以扭转。

（三）投资活动的分类

企业投资活动与其他活动相比是有很大不同的，投资活动涉及的资金多、经历的时间长、对企业财务状况和经营成果等有较大影响。对企业投资活动的类型进行科学的分类，有利于分清投资的性质，按不同的特点和要求进行投资决策，加强投资管理。

1.直接投资和间接投资

按投资活动与企业本身的生产经营活动的关系，投资活动可以划分为直接投资和间接投资。

直接投资，是指将资金直接投放于形成生产经营能力的实体投资，属于直接谋取经营利润的投资。通过直接投资，可购买并配置劳动力、劳动资料和劳动对象等具体生产要素，开展生产经营活动。

阅读材料

管理会计应用指引第500号——投融资管理

间接投资，是指将资金投放于股票、债券等权益性资产上的企业投资。之所以被称为间接投资，是因为股票、债券的发行方筹集资金后，再将资金投放于形成生产能力的实体资产，以获取经营利润。间接投资的投资方不直接介入具体生产经营过程，通过股票、债券约定的收益分配权利，获取股利或利息收入，分享直接投资的经营利润。

2. 项目投资与证券投资

按投资活动对象的存在形态和性质，投资活动可分为项目投资和证券投资。

项目投资，是企业投资购买具有实质内涵的经营资产，包括有形资产和无形资产，形成具体的生产经营能力，开展具体的生产经营活动，谋取经营利润的投资。项目投资的投资目的在于改善生产条件、扩大生产能力，以获取更多的经营利润。项目投资属于直接投资。

证券投资，是企业投资购买具有权益性的股票、债券等证券，通过证券资产所赋予的权利，间接控制影响被投资企业的生产经营活动，获取投资收益的投资。证券投资是购买属于综合生产要素的权益性资产的企业投资。

3. 独立投资与互斥投资

按投资项目之间相互的关联关系，投资活动可分为独立投资和互斥投资。

独立投资是相容性投资，各个投资项目互不关联、互不影响，可以同时并存。对于一个独立投资项目而言，其他投资项目是否被采纳或放弃，对本项目的决策并无显著影响。因此，独立投资项目决策考虑的是每个方案本身是否满足某种决策标准。

互斥投资是非相容性投资，各个投资项目之间相互关联、相互替代，不能同时并存。对于一个互斥投资项目而言，其他投资项目是否被采纳或放弃，直接影响本项目的决策，其他项目被采纳，本项目就不能被采纳。因此，互斥投资项目决策考虑的是各方案之间的互斥性，也许每个方案都是可行方案，但是需要从中选择最优方案。

【明德善思】投资是企业提高经营效益与推动自身发展壮大的重要手段，通过不断的投资行为，企业逐步提升市场竞争力，最终实现企业价值增值。作为个人，我们同样需要不断投资自己，实现自我价值不断增值。一个人能做出的最好的投资，就是投资自己，只有投资自己，才能让自己处于不败之地。人生就是一个不断投资的过程，在哪里投资，就会在哪里产生结果。投资自己最好的方式就是不断地学习，从物质到精神，从内在到外在，我们应用"苟日新、又日新、日日新"的理念来严于律己，树立终身学习的意识，始终让自己的认知和思维与社会发展相适应，实现个人价值的持续增长。

二、投资管理概述

（一）投资管理的概念

《管理会计应用指引第500号——投融资管理》第二条指出：投资管理，是指企业根据自身发展战略规划，以企业价值最大化为目标，对将资金投入营运进行的管理活动。

（二）投资管理的基本原则

企业进行投资管理，一般应遵循以下原则：

（1）价值创造原则。投融资管理应以持续创造企业价值为核心。

（2）战略导向原则。投融资管理应符合企业发展战略与规划，与企业战略布局和结构调整方向相一致。

（3）风险匹配原则。投融资管理应确保投融资对象的风险状况与企业的风险综合承受能力相匹配。

（三）投资管理程序

企业应建立健全投资管理的制度体系，根据组织架构特点，设置能够满足投资管理活动所需的，由业务、财务、法律及审计等相关人员组成的投资委员会或类似决策机构，对重大投资事项和投资制度建设等进行审核，有条件的企业可以设置投资管理机构，组织开展投资管理工作。

企业应用投资管理工具方法，一般按照制订投资计划、进行可行性分析、实施过程控制和投资后评价等程序进行。

1. 制订投资计划

企业投资管理机构应根据战略需要，定期编制中长期投资规划，并据此编制年度投资计划。

（1）中长期投资规划一般应明确指导思想、战略目标、投资规模、投资结构等；

（2）年度投资计划一般包括编制依据、年度投资任务、年度投资任务执行计划、投资项目的类别及名称、各项目投资额的估算及资金来源构成等，并纳入企业预算管理。

2. 进行可行性分析

投资可行性分析的内容一般包括该投资在技术和经济上的可行性、可能产生的经济效益和社会效益、可以预测的投资风险、投资落实的各项保障条件等。

3. 实施过程控制

企业进行投资管理，应当将投资控制贯穿于投资的实施全过程。投资控制的主要内容一般包括进度控制、财务控制、变更控制等。

进度控制，是指对投资实际执行进度方面的规范与控制，主要由投资执行部门负责。财务控制，是指对投资过程中资金使用、成本控制等方面的规范与控制，主要由财务部门负责。变更控制，是指对投资变更方面的规范与控制，主要由投资管理部门负责。

4. 投资后评价

投资项目实施完成后，企业应对照项目可行性分析和投资计划组织开展投资后评价。投资后评价的主要内容一般包括投资过程回顾、投资绩效和影响评价、投资目标实现程度和持续能力评价、经验教训和对策建议等。

企业应及时进行回顾和分析，检查和评估投资管理的实施效果，不断优化投资管理流程，改进投资管理工作。

【想一想】项目投资与证券投资的差别主要体现在哪些方面？

同步训练

一、单项选择题

1.《管理会计应用指引第500号——投融资管理》第二条指出：投资管理，是指企业根据自身发展战略规划，以（　　）为目标，对将资金投入营运进行的管理活动。

A. 企业价值最大化　　B. 企业利润最大化

C. 股东财富最大化　　D. 项目利润最大化

2. 下列各项中，不属于间接投资的是（　　）。

A.购入股票　　B.购入债券

C.购入机器设备　　D.购入基金

3.互斥投资是非相容性投资，各个投资项目之间相互关联、相互替代，（　　）。

A.可以共存　　B.有时共存

C.互不干涉　　D.不能共存

二、多项选择题

1.企业进行投资管理，一般应遵循（　　）原则。

A.价值创造　　B.战略导向

C.利润最大化　　D.风险匹配

2.企业最常见的间接投资有（　　）。

A. 购入股票　　B. 购入生产资料

C. 购入债券　　D. 购入机器设备

3.企业应用投资管理工具方法，一般按照（　　）等程序进行。

A.制订投资计划　　B.进行可行性分析

C.实施过程控制　　D.投资后评价

参考答案

任务二　货币时间价值

任务导学

前面学习中，涉及的资金运用往往时间短、风险小，而长期投资则时间长、风险大，货币本身带来的收益不能忽略。货币的时间价值是管理会计的核心理念之一，如果不考虑货币的时间价值，就无法合理地决策和评价创造的财富。

本任务的核心目标是树立货币时间价值的理念，理解货币时间价值的概念，掌握货币时间价值的应用，掌握复利现值和终值、年金终值和现值的计算。

一、货币时间价值的概念

货币时间价值，是指一定量货币在不同时点上的价值量差额。货币的时间价值来源于货币进入社会再生产过程后的价值增值。

【例 5-1】某人将 100 万元存入银行 1 年，银行 1 年期存款利率为 2%，则 1 年后可以从银行取出的本利和 = 100 + 100 × 2% = 102（万元）。存入 100 万元，1 年后取出 102 万元，多出的 2 万元即为货币的时间价值，是货币进入社会再生产过程后的价值增值。

通常情况下，货币的时间价值是指没有风险也没有通货膨胀情况下的社会平均利润率，是利润平均化规律发生作用的结果。根据货币具有时间价值的理论，可以将某一时点的货币价值金额折算为其他时点的价值金额。

二、货币时间价值的计算制度

通常，货币的时间价值以利息表示，利息又有单利和复利两种计算方法。采用单利计算方法的，只有本金计息，而复利计算方法不仅对本金计息，而且前一期的利息在下期可看成本金同样计息。也就是说，在复利制度下，利息本身也具有获取利息的能力，相当于在单利制度下，每年末将本期的利息取出并重新存入银行，我们通常将其称为“利滚利”。

阅读材料

拿破仑赠送玫瑰花的诺言

在实际工作中，企业往往会将资本运作所得的收益再次投入经营周转，并不闲置，其实这个过程也体现了复利计算的原理。因此，在实际工作中，采用复利计算和评价企业货币时间价值比使用单利要准确些。下面，通过例题来比较两种计算方法的区别与联系。

【例 5-2】假设年初存入10 000元，年利率为10%，存期3年，若按单利计息，每年的利息和年末存款余额，见表5-1；若按每年复利一次计息，每年的利息和年末存款余额，见表5-2。

表5-1　单利计息表　金额单位：元

期数	年初计息对象数额	利率	年利息	年末存款余额
1	10 000	10%	1 000	11 000
2	10 000	10%	1 000	12 000
3	10 000	10%	1 000	13 000

表5-2　复利计息表　金额单位：元

期数	年初计息对象数额	利率	年利息	年末存款余额
1	10 000	10%	1 000	11 000
2	11 000	10%	1 100	12 100
3	12 100	10%	1 210	13 310

通过表5-1和表5-2可以看出，同样数额的货币，复利计息要比单利计息增值得快。尽管目前我国银行采用的仍是单利计算方式，但在西方国家和国际贸易惯例中，都是按照复利计算的，以此来反映货币资金不断运动和不断增值的规律。主要原因是根据经济人的假设，人都是理性的，会用赚取的收益进行投资。所以对于投资项目，一般都采用复利计算方法。因此，在投资管理领域考虑货币时间价值因素时，一般要按照复利计算有关指标。

三、复利终值和现值的计算

终值又称将来值，是现在一定量的货币折算到未来某一时点所对应的金额。现值，是指未来某一时点上一定量的货币折算到现在所对应的金额。现值和终值是一定量货币在前后两个不同时点上分别对应的价值，其差额即为货币的时间价值。现实生活中，计算利息时所称的本金、本利和的概念相当于货币时间价值理论中的现值和终值，利率可视为货币时间价值的一种具体表现。现值和终值对应的时点之间可以划分为n期（$n \geq 1$）。

为计算方便，本书假定与货币时间价值计算相关的字母符号的含义如下：I为利息；F为终值；P为现值；A为年金；i为利率（贴现率）；n为计算利息的期数。

（一）一次性收付款复利终值和现值

一次性收付款是指在某一个特定时点上发生的某项一次性收款或付款业务，而不是连续多次不断持续的收款或付款业务。例如，企业向银行一次性存入一笔资金，以后不再继续存入资金，到期又一次性收取本金和利息的活动。

复利的计算方法是指经过一个计息期，要将该期孳生的利息加入本金再计利息，逐期滚动计算。这里所说的计息期，是指相邻两次计息的间隔，如年、月、日等。除非特别说明，计息期为1年。

1. 复利终值

复利终值（Future Value，F）是指一定量的本金按复利计算的若干期后的本利和。复利终值的计算公式如下：

$$F = P(1+i)^n$$

式中：$(1+i)^n$为复利终值系数，记作$(F/P, i, n)$。

【例5-3】某人将10 000元存入银行，年利率为2%，求其10年后的终值。已知$(F/P, 2\%, 10) = 1.2190$。

$$F = P(1+i)^n = 10\,000 \times (1+2\%)^{10} = 10\,000 \times (F/P, 2\%, 10)$$

$$= 10\,000 \times 1.2190 = 12\,190（元）$$

2. 复利现值

微课

复利现值例题解析

复利现值（Present Value，P）是指未来某期的一定量货币，按复利计算的现在价值。复利现值的计算公式如下：

$$P = F/(1+i)^n$$

式中：$1/(1+i)^n$为复利现值系数，记作$(P/F, i, n)$。

【例5-4】某人为了10年后能从银行取出10 000元，在年利率为2%的情况下，当前应当存入银行多少钱？已知$(P/F, 2\%, 10) = 0.8203$。

$$P = F/(1+i)^n = 10\,000/(1+2\%)^{10} = 10\,000 \times (P/F, 2\%, 10) = 10\,000 \times 0.8203 = 8\,203（元）$$

（二）普通年金终值和年金现值

年金是指在一定时期内，每间隔相同时间，收到（或支付）的相等的金额。例如，按期支付的相同金额的债券利息、优先股股息、租金、保险费等，也可以是每年投入相等金额的款项或每年等额收回的投资额等。年金与复利是相联系的，因此年金也计算终值和现值。

在年金中，系列等额收付的间隔期间只需满足"相等"的条件即可，间隔期间可以不是1年，例如每季末等额支付的债务利息也是年金。

按照收付款的方式，年金可分为普通年金、预付年金、递延年金和永续年金等。其中，普通年金应用最为广泛，其他几种年金均可在普通年金的基础上进行推算。（本书仅介绍普通年金的现值和终值的计算）

1.普通年金的终值

普通年金终值是指普通年金最后一次收付时的本利和，它是每次收付款项的复利终值之和。根据复利终值的计算方法，年金终值的计算公式如下：

$$F_A = A + A(1+i) + A(1+i)^2 + A(1+i)^3 + \cdots + A(1+i)^{n-1}$$

$$F_A = A \times \frac{(1+i)^n - 1}{i}$$

式中：$\frac{(1+i)^n - 1}{i}$称为年金终值系数，记作(F/A,i,n)。

【例5-5】小金是位热心于公益事业的人，自2010年12月底开始，他每年都要向一名失学儿童捐款。小金每年向失学儿童捐款1 000元，以帮助这名失学儿童接受九年义务教育。假设每年定期存款年利率都是2%，则小金9年的捐款在2018年年底相当于多少钱？已知（F/A，2%，9）= 9.7546。

$F_A = 1000 \times (F/A,2\%,9) = 1000 \times 9.7546 = 9\,754.6$（元）

2.普通年金的现值

普通年金现值是指将在一定时期内按相同时间间隔，在每期期末收付的相等金额折算到第一期期初的现值之和。根据复利现值的计算方法，年金现值的计算公式为：

$$P_A = A(1+i)^{-1} + A(1+i)^{-2} + A(1+i)^{-3} + \cdots + A(1+i)^{-n}$$

$$= A \times \frac{1-(1+i)^{-n}}{i}$$

式中：$\frac{1-(1+i)^{-n}}{i}$称为年金现值系数，记作(P/A, i, n)。

【例5-6】某投资项目于2017年年初完工，假定当年投产，从投产之日起，每年可获得收益100 000元。按年利率5%计算，预期5年收益的现值是多少元？（P/A，5%，5）= 4.3295。

$P_A = A(P/A,i,n) = 100\,000 \times (P/A,5\%,5) = 100\,000 \times 4.3295 = 432\,950$（元）

【想一想】复利计算方法比单利计算方法更多地体现了哪些经济思想？

【明德善思】

复利俗称“利滚利”、“驴打滚”或“利叠利”。目前存在的“校园贷”的计息方式大都是复利计息。很多校园贷平台打着普惠金融的旗号，实则做着高利贷的买卖，成为高利贷滋生的温床。参与或使用校园贷极易造成高利贷、过度借贷、诈骗贷、套路贷等严重危害，“利息猛于虎”！同学们应自觉树立正确的消费观，理性消费，不盲目攀比，不贪图享乐，合理分配资金，凡事量力而行。同时，应加强金融信贷法律知识学习，增强信用意识，提高个人金融风险防范能力。

同步训练

一、单项选择题

1.货币的时间价值通常以（　　）表示。

A.利润　　B.回收额　　C.利息　　D.时间

2. 投资项目一般采用（　　）计算方式。

A. 复利　　B. 单利　　C. 一次性　　D. 比例

3. 复利现值系数可以用（　　）表示。

A.（P/A，i，n）　　B.（P/F，i，n）

C.（F/A，i，n）　　D.（F/P，i，n）

二、多项选择题

1. 复利的计息期包括（　　）。

A. 年　　B. 月　　C. 日　　D. 只能是年

2. 年金的特点包括（　　）。

A. 系列收支　　B. 仅适用于收益计算

C. 等额收支　　D. 间隔期相同

3. 复利终值系数可以表示为（　　）。

A. $(1+i)^n$　　B.（F/P，i，n）

C. $1/(1+i)^n$　　D.（P/F，i，n）

三、计算分析题

1. 某公司2016年年初投资于某项目10万元，2018年年初完工投产；2018年、2019年、2020年年末预期收益分别为3万元、4万元和5万元；年利率为10%。

要求：

（1）按复利计算2018年年初投资额的终值；

（2）按复利计算2018年年初各年预期收益的现值和。

2. 某公司投资于一个项目，2014年、2015年年初各投资5万元，2016年年初项目完工投产；2016年、2017年、2018年年末预期收益均为4万元；年利率为10%。

参考答案

要求：

（1）按年金计算2016年年初投资额的终值；

（2）按年金计算2016年年初各年预期收益的现值和。

任务三　分析现金流量

任务导学

在任务二掌握货币时间价值计算的基础上，可以应用贴现现金流法进行项目投资决策，而估计投资项目的现金流量是投资决策的首要环节，因此，需要界定项目投资期未来收益和本金收回的现金流量。

本任务要求理解现金流量的概念，会计算项目某一时点的现金流量，包括初始现金流量、营业现金流量以及终结现金流量。

一、现金流量的概念

现金流量也称现金流动量。在投资管理中，现金流量是指投资项目在其计算期内因资本循环而可能或应该发生的各项现金流入量与现金流出量的总称，它是计算项目投资决策评价指标的主要根据和重要信息之一。

现金流量是以收付实现制为基础，以广义的现金流动为内容的。它不仅包括各种货币资金，还包括项目需要投入企业拥有的非货币资源的变现价值。例如，一个项目需要使用原有的厂房、设备等，则相关的现金流量是指它们的变现价值，而不是其账面成本。现金流量是计算项目投资决策评价指标的主要依据和重要信息之一，其本身也是评价项目投资是否可行的一个基础性指标。

在投资管理分析中，通常是用现金流量，而不是用会计利润来评价投资项目的价值。与会计利润相比，现金流量在评价长期投资项目中的作用有：①有利于正确评价投资项目的经济效益；②使投资决策更符合客观实际；③有利于科学应用货币时间价值。必须注意的是，本书介绍的现金流量，与编制财务会计的现金流量表所使用的现金流量相比，无论是具体的构成内容，还是计算口径，都存在较大差异，不应将它们混为一谈。

二、现金流量取得的假设

在现实生活中，要说明一个具体投资项目的现金流量究竟应包括哪些内容，或要回答应当怎样确定其现金流量的问题，并不是简单的事情。为了便于确定现金流量的具体内容，简化现金流量的计算过程，通常可以假设一些情况来排除这些干扰。

（一）全投资假设

按投资项目的范围确定现金流量的内容，将整个投资项目的自有资金和借入资金都视为投资额，作为现金流出计算。

（二）建设期投入全部资金假设

不论为项目投入的资金是一次性投入，还是分次投入，除特殊说明外，假定它们都是在建设期内投入的。

（三）项目计算期假设

投资项目从开始建设到最后报废清理的全部时间为项目计算期。项目计算期分为建设期和生产经营期两个阶段。项目计算期的第1年年初一般被记为0，为建设起点，第1年年末记为1，第2年年末记为2，以此类推，最后一年年末为终结点。假定项目最终报废清理均发生在终结点。

（四）时点假设

为便于进行货币时间价值的计算，不论时点指标，还是时期指标，均假定为时点指标。

三、计算现金流量

现金流量的计算是投资管理中的非常重要的步骤，对投资项目的效益进行评价分析就是建立在现金流量基础上的，所以，对投资项目各期现金流量估计的准确性将直接关系到投资方案评价的可靠性。在投资管理分析中，通常需要计算的是投资项目寿命期内预计各年发生的净现金流量。净现金流量又称现金净流量，是指项目寿命期内，每年的现金流入量与现金流出量之间的差额，它是计算投资项目决策评价指标的重要依据。

其理论计算公式为：

$$NCF_t = CIF_t - COF_t (t = 0, 1, 2, n)$$

式中：NCF_t为第t年的净现金流量；CIF_t为第t年的现金流入量；COF_t为第t年的现金流出量。

一个投资项目的现金流量一般由初始现金流量、营业现金流量和终结现金流量三部分构成。

（一）初始现金流量的内容

初始现金流量是指投资项目开始投资时所发生的现金流量，包括以下几个部分。

1. 固定资产投资

建设期内按照一定生产经营规模和建设内容进行的固定资产投资，包括厂房的建造成本、机器设备的购买价格以及运输费用、安装费用等。

2. 垫支的流动资金

垫支的流动资金既可能发生在建设期内，又可能发生在经营期内，而不像固定资产投资那样集中在建设期发生。其包括现金、应收账款、存货等流动资产和应付账款等流动负债。

3. 其他投资费用

其包括与长期投资项目相关的谈判费、注册费等筹建费用，无形资产的投资，员工的培训费等。

4. 原有固定资产的变价收入

它是指在固定资产更新决策时，变卖原有旧资产所得的现金收入，属于现金流入量。在核算时，要注意应是税后的净现金流量。

上述全部现金流出量扣除现金流入量，就是初始现金净流出量。

（二）营业现金流量的内容

营业现金流量是指投资项目建成投产后，在其经济寿命期内，由于开展生产经营活动所带来的现金流入量和现金流出量。一般按年度进行计算。其主要包括以下内容：

1. 年折旧额

固定资产投产后，每年需计提折旧。该项折旧计入产品成本后，即随着产品的出售而转化为现金流入。

2. 营业净收益

营业净收益是营业收入与营业成本的差额。在企业中，对于营业收入一般按照不含增值税的净价计算；营业成本有时也称付现成本，或付现营运成本，它等于企业某个会计期间的总成本费用扣除该期间折旧额、无形资产摊销等项目后的差额。

3. 各项税款

各项税款是指项目投产后依法缴纳、单独列示的各项税款，包括消费税、所得税等。新建项目通常只估算所得税。

根据上述内容，有关营业现金净流量的计算公式如下：

某年营业现金净流量（NCF_1）= 该年营业收入 − 该年付现成本 − 该年所得税

也可以是：

$$\text{某年营业现金净流量}(NCF_1)=\text{该年净利润}+\text{该年非付现成本}=\text{该年营业收入}\times(1-\text{所得税税率})-\text{该年付现成本}\times(1-\text{所得税税率})+\text{该年非付现成本}\times\text{所得税税率}$$

（三）终结现金流量的内容

终结现金流量是指投资项目期限结束时所发生的各项现金回收。其主要包括固定资产变价收入或残值收入，期初垫支的流动资金的收回等。

【例 5-7】某公司准备投资建设一条新的生产线用于生产其开发的一种新产品。有关预计资料如下：

（1）固定资产投资 1 000 万元，营运资金增加 200 万元，建设期为 1 年，固定资产投资全部于建设起点投入，而增加的营运资金全部于建设工程完工时（第 1 年年末）投入。

（2）预计项目经济寿命期为 5 年，固定资产按直线法计提折旧，期满有 40 万元净残值。

（3）该项目投产后，每年增加的销售收入为 800 万元，每年增加的付现成本为 328 万元。

（4）假设企业所得税税率为 25%；非付现成本仅为折旧费。

根据上述资料，计算现金流量如下：

①初始投资的现金净流量：

$NCF_0=-1\ 000$ 万元　　　$NCF_1=-200$ 万元

②经营期间，各年的营业现金净流量计算如下：

每年折旧费 = (1 000 − 40) ÷ 5 = 192（万元）

$$\text{每年营业现金净流量}=\text{每年营业收入}\times(1-\text{所得税税率})-\text{每年付现成本}\times(1-\text{所得税税率})+\text{非付现成本}\times\text{所得税税率}$$

$$=800\times(1-25\%)-328\times(1-25\%)+192\times25\%=402\ (\text{万元})$$

③终结现金净流量：

项目寿命期结束时的回收额 = 40 + 200 = 240（万元）

则项目寿命期内各年的现金净流量如下：

$NCF_{2\sim5}=402$ 万元　　　$NCF_6=402+240=642$（万元）

在投资决策实务中，所估计的各期现金净流量通常是通过编制投资项目现金流量表来列示的。本例中投资项目现金流量表，见表5-3。

表5-3　　投资项目现金流量表　　单位：万元

项目	建设期		经营期					合计
	0	1	2	3	4	5	6	
现金流入量：								
销售收入			800	800	800	800	800	4 000
回收固定资产净值							40	40
回收营运资金							200	200
现金流入合计	0	0	800	800	800	800	1 040	4 240
现金流出量：								
固定资产投资	1 000							1 000
垫付营运资金		200						200
付现成本			328	328	328	328	328	1 640
所得税			70	70	70	70	70	350
现金流出量合计	1 000	200	398	398	398	398	398	3 190
净现金流量	-1 000	-200	402	402	402	402	642	1 050

【想一想】用现金流量核算项目投资未来的收益和收回的本金，与用净利润指标相比，具有哪些优点？

微课

现金流量计算例题解析

同步训练

一、单项选择题

1.现金流量以（　　）为基础。

A.权责发生制　　B.收付实现制

C.历史成本　　D.以上都不对

2.项目投资的初始现金流量不包括（　　）。

A.固定资产投资　　B.垫支的流动资金

C.项目前期的咨询费　　D.员工的培训费

3.项目投资中垫付的流动资金往往在（　　）收回。

A.项目终结时　　B.项目开始后

C.项目开发时　　D.项目前半期

二、多项选择题

1.在投资管理中，评价项目投资时使用的现金流量，与会计利润相比具有（　　）的特点。

A.有利于正确评价投资项目的经济效益

B.使投资决策更符合客观实际

C.有利于科学应用货币时间价值

D.与会计利润无关

2.项目营业现金流量的计算受（　　）的影响。

A.营业收入　　B.付现成本

C.所得税税率　　D.折旧与摊销

3.项目终结现金流量主要包括（　　）。

A.当期的现金净流量　　B.折旧与摊销

C.期初垫支的流动资金的收回　　D.固定资产变价收入或残值收入

三、计算分析题

参考答案

某项目需投资1 200万元用于购建固定资产，项目寿命为5年，采用直线法计提折旧，5年后设备残值为200万元；另外，在第一年年初，一次性投入流动资金300万元。每年预计付现成本为300万元，每年可实现销售收入800万元，项目结束时可全部收回垫支的流动资金，所得税税率为25%。

要求：分别计算项目投资的初始现金流量、营业现金流量和终结现金流量。

任务四　估计贴现率

任务导学

项目投资决策贴现现金流法的第三个要素是贴现率，也就是计算未来收益和收回的本金的现值的折现率。投资的资金来源于股东或债权人，企业持有的资金是有成本的，但是确定贴现率还要考虑项目的风险等因素。

本任务要求理解贴现率的概念，能计算筹资的个别资本成本和加权平均资本成本，明晰资本成本和贴现率的关系。

一、贴现率概述

（一）贴现率的概念

贴现率是指将未来有限期预期收益折算成现值的比率，是反映当前市场货币时间价值和标的风险的回报率。

就贴现率本身来说，它是一种特定条件下的收益率，说明投资应当取得的收益率水平。投资者对投资收益的期望、对投资风险的态度，都将综合地反映在对贴现率的确定上。同样地，现金流量会由于折现率的不同而使其内在价值出现巨大差异。

（二）贴现率的影响因素

1.资本成本

资本成本是指公司为筹集和使用资金而付出的代价，体现为融资来源所要求的报酬率。企业扩张需要大量的资金，这些资金主要来自投资人与债权人。投资人的目的是获得预期的收益，债权人则为了获得贷款利息。由此可见，企业使用资金是有代价的，这种代价就是我们所说的资本成本，它是一种典型的财务机会成本。

2. 投资项目的风险

任何投资项目都有风险或不确定性。实证研究表明，投资的必要报酬率取决于投资的风险，风险越大，要求的必要报酬率越高。不同风险程度的投资，需要使用不同的贴现率来折算未来的收益。

二、计算资本成本

资本成本是指企业为筹集和使用资本而付出的代价，包括筹资费用和占用费用。资本成本是资本所有权与资本使用权分离的结果。就出资者而言，由于让渡了资本使用权，其自然要求取得一定的补偿，资本成本表现为让渡资本使用权所带来的投资收益。就筹资者而言，由于取得了资本使用权，其必须付出一定代价，资本成本表现为取得资本使用权所付出的代价。

企业取得资本的方式包括权益资金的取得和债务资金的取得。取得资金的具体方式多种多样，企业应当明晰了解投资者的要求，这些要求构成了企业资金的取得成本，也就是资本成本。企业应用资金的时候必须考虑资本成本。资本成本的计算包括个别资本成本的计算和加权平均资本成本的计算。

个别资本成本用相对数即资本成本率来表达。加权平均资本成本是指多元化融资方式下的综合资本成本，反映企业资本成本的整体水平。在衡量和评价单一融资方案时，需要计算个别资本成本；在衡量和评价企业筹资总体的经济性时，需要计算企业的加权平均资本成本。

（一）个别资本成本的计算

个别资本成本是指单一融资方式本身的资本成本，包括银行借款资本成本、公司债券资本成本、融资租赁资本成本、优先股资本成本、普通股资本成本和留存收益资本成本等，其中前三类是债务资本成本，后三类是权益资本成本。我们主要学习个别资本成本中的债务税前成本和普通股资本成本的资本资产定价模型，以及反映综合资本成本的加权平均资本成本。

1. 债务的税前成本

最简单的债务是没有所得税和发行费，按平价发行的具有固定偿还期和偿还金额的债务。简单债务债权人的收益就是债务人的成本，因此可以根据债券收益率估价模型确定债务的成本。

债务的成本是使下式成立的K_d（内含报酬率）：

$$P_0 = \sum_{i=1}^{N} \frac{P_i + I_i}{(1+K_d)^i}$$

式中：P_0——债券发行价格或借款的金额，即债务的现值；

P_i——本金的偿还金额和时间；

I_i——债务的约定利息；

N——债务的期限，通常用年表示。

求解K_d需要使用“逐步测试法”，也可通过EXCEL求解。

【例5-8】假设某长期债券的总面值为100万元，平价发行，期限为3年，票面年利率为11%，每年付息，到期一次还本，则该债务的税前成本为：

$$100=\frac{100\times 11\%}{(1+K_d)}+\frac{100\times 11\%}{(1+K_d)^2}+\frac{100\times 11\%}{(1+K_d)^3}+\frac{100}{(1+K_d)^3}$$

$K_d=11\%$

可以看出，平价发行债券的价值等于其面值，内含报酬率等于票面利率。对于债务发行人来说，税前债务成本（率）就是其票面利率。银行借款的成本与债券类似，债务成本就是其借款合同利率。

上例计算出的负债成本，没有考虑政府税收对公司的影响，因此，应该被称为税前债务成本。求出了税前债务成本，便可以计算出公司的税后债务成本。因为公司的利息费用是在税前支付的，因此利息费用的支付对于公司来说有避税的作用。税后的债务成本应该是：

$$K_d'=K_d\times(1-T)$$

【例5-9】假设上例中，企业的所得税税率是25%，那么该债券的税后债务成本为：

$K_d\times(1-25)=11\%\times(1-25\%)=8.25\%$

从【例5-9】可以看出，由于利息的支付可以起到避税的作用，因此税后的债务成本必然低于税前的债务成本。

2. 普通股资本成本

按照“资本资产定价模型”，普通股资本成本的计算公式为：

$$K_s=R_s=R_F+\beta(R_m-R_F)$$

式中：R_F——无风险报酬率；

β——普通股市场风险系数；

R_m——平均风险股票必要报酬率。

微课

普通股资本成本例题解析

【例5-10】某企业当前市场风险系数为1.2，当前的无风险报酬率为10%，平均风险股票必要报酬率为14%。投资者期望的必要报酬率，也就是普通股资本成本，即：

$K_s=10\%+1.2\times(14\%-10\%)=14.8\%$

（二）加权平均资本成本的计算

由于受多种因素的制约，企业不可能只使用某种单一的筹资方式，往往需要通过多种方式筹集所需资本。为进行筹资决策，就要计算确定企业全部长期资本的加权平均资本成本。加权平均资本成本一般是以各种资本占全部资本的比重为权数，对个别资本成本进行加权平均确定的，注意其中负债的资本成本是税后资本成本。其计算公式为：

$$K_w=\sum_{j=1}^{n}K_jW_j$$

式中：K_w——加权平均资本成本；

K_j——第j种个别资本成本；

W_j——第j种个别资本占全部资本的比重（权数）。

【例 5-11】某企业账面反映的资本共500万元，其中借款100万元，应付长期债券50万元，普通股250万元，保留盈余100万元；其成本分别为6.7%、9.17%、11.26%、11%。该企业的加权平均资本成本为：

$$K_w = 6.7\% \times \frac{100}{500} + 9.17\% \times \frac{50}{500} + 11.26\% \times \frac{250}{500} + 11\% \times \frac{100}{500} = 10.09\%$$

上述计算中的个别资本占全部资本的比重，是按账面价值确定的，其资料容易取得。但当资本的账面价值与市场价值差别较大时，如股票、债券的市场价格发生较大变动，计算结果就会与实际有较大的差距，从而可能误导筹资决策。为了克服这一缺陷，个别资本占全部资本比重还可以按市场价值或目标价值确定，其分别称为市场价值权数、目标价值权数。

三、估计项目投资贴现率

（一）使用企业当前加权平均资本成本作为投资项目的资本成本

使用企业当前的资本成本作为项目的资本成本，应具备两个条件：一是项目的经营风险与企业当前资产的平均经营风险相同；二是公司继续采用相同的资本结构为新项目筹资。

（二）运用可比公司法估计投资项目的资本成本

如果新项目的风险与现有资产的平均风险显著不同，就不能使用公司当前的加权平均资本成本，而应当估计项目风险，并计算项目的资本成本，即投资人对项目要求的必要报酬率。

对项目系统风险的估计，比对企业系统风险的估计更为困难。股票市场提供了股价，为计算企业的β值提供了数据。项目没有充分的交易市场，没有可靠的市场数据，这时解决问题的方法是使用可比公司法。

【想一想】投资管理中的贴现率与票据贴现的贴现率是一回事吗？

同步训练

一、单项选择题

1.某公司有四个投资项目，分别属于家用电器行业、房地产行业、金融行业以及出版行业，在项目投资决策时采用的贴现率应当（　　）。

A.相同　　B.不同　　C.平均计算　　D.由管理层确定

2.债务资本成本不包括（　　）。

A.借款资本成本　　B.公司债券资本成本

C.融资租赁资本成本　　D.留存收益资本成本

3.计算加权平均资本成本时，以（　　）为权数。

A.各种资本占全部资本的比重　　B.主要的资本比例

C.债务资本比例　　D.以上都不对

二、多项选择题

1.贴现率估计的影响因素包括（　　）。

A.项目投资金额　　　　　　　　　　　　　B.项目投资期

C.资本成本　　　　　　　　　　　　　　　D.项目的风险

2.项目投资使用企业当前加权平均资本成本作为投资项目的资本成本的条件有（　　）。

A.项目的经营风险与企业当前资产的平均经营风险相同

B.项目风险小

C.项目风险大

D.公司继续采用相同的资本结构为新项目筹资

3.应用资本资产定价模型计算普通股资本成本要考虑（　　）因素。

A.无风险报酬率　　　　　　　　　　　　B.市场个别必要报酬率

C.平均风险股票必要报酬率　　　　　　　D.普通股市场风险系数

三、计算分析题

1.某股票的β系数为1.5，市场平均风险股票必要报酬率为14%，无风险报酬率为10%。要求：计算该股票的资本成本。

参考答案

2.某企业共有资本100万元，其中债券20万元，借款10万元，普通股50万元，留存收益20万元，其资本成本分别为8%、10%、15%和14%。

要求：

（1）计算各种资本占全部资本的比重；

（2）计算加权平均资本成本。

任务五　贴现现金流法

任务导学

在前面的任务中，掌握了货币时间价值的计算、现金流量的计算以及贴现率的确定，那么项目投资决策的主要因素均已确定。贴现现金流法应用这些要素进行决策，主要的工具方法包括净现值法、内含报酬率法、现值指数法等。

本任务要求会计算项目投资的净现值并决策，计算项目投资的内含报酬率并决策，计算项目投资的现值指数并决策，理解上述三种方法的优缺点。

一、贴现现金流法概述

（一）贴现现金流法的概念

贴现现金流法，是以明确的假设为基础，选择恰当的贴现率对预期的各期现金流入、流出进行贴现，通过贴现值的计算和比较，为财务合理性提供判断依据的价值评估方法。

简单点说，贴现现金流法就是把企业未来特定期间内的预期现金流量还原为当期现值，然后与投入的现值进行比较，来判断企业的盈利能力。企业能否持续经营取决于它未来的盈利能力，只有当企业具备这种能力时，它的价值才会被市场认同。

贴现现金流法的原理简单明了，其在投资管理的实践中通常运用的方法包括：净现值法、现值指数法和内含报酬率法。

阅读材料

管理会计应用指引第501号——贴现现金流法

（二）贴现现金流法的适用范围

贴现现金流法一般适用于在企业日常经营过程中，与投资管理相关的资产价值评估、企业价值评估和项目投资决策等。

贴现现金流法也适用于其他价值评估方法不适用的企业，包括正在经历重大变化的企业，如债务重组、重大转型、战略性重新定位、亏损或者处于开办期的企业等。

（三）贴现现金流法的应用环境

企业应用贴现现金流法，应对企业战略、行业特征、外部信息等进行充分了解。

（1）企业应用贴现现金流法，应从战略层面明确贴现现金流法应用的可行性，并根据实际情况，建立适宜贴现现金流法开展的沟通协调程序和操作制度，明确信息提供的责任主体、基本程序和方式，确保信息提供的充分性和可靠性。同时，企业应考虑评估标的未来将采取的会计政策和评估基准日所采用的会计政策在重要方面是否基本一致。

（2）企业应用贴现现金流法，应确认内外部环境对贴现现金流法的应用可提供充分支持，如现金流入和现金流出的可预测性、贴现率的可获取性，以及所有数据的可计量特征等。通常需要考虑以下内容：

①国家现行的有关法律法规及政策、国家宏观经济形势有无重大变化，各方所处地区的政治、经济和社会环境有无重大变化；

②有关利率、汇率、税基及税率等是否发生重大变化；

③评估标的的所有者和使用者是否完全遵守有关法律法规，评估标的在现有的管理方式和管理水平的基础上，经营范围、方式与目前方向是否保持一致；

④有无其他不可抗拒因素及不可预见因素对企业造成重大不利影响。

（四）贴现现金流法的应用程序

企业应用贴现现金流法进行投资管理，一般按以下程序进行：

1. 估计贴现现金流法的三个要素

（1）贴现期

企业应充分考虑标的特点、所处市场因素波动的影响以及有关法律法规的规定等，合理确定贴现期限，确保贴现期与现金流发生期间相匹配。

（2）现金流

企业应用贴现现金流法，应当说明和反映影响现金流入和现金流出的事项和因素，既要反映现金流的变化总趋势，也要反映某些重要项目的具体趋势。

（3）贴现率

项目投资决策采用的贴现率，应根据市场回报率和标的项目本身的预期风险来确定。一般地，可以按照标的项目本身的特点，适用资产价值评估和企业价值评估的贴现率确定方法，但要注意区分标的项目与其他项目，或者作为企业组成部分所产生的风险影响，对贴现率进行调整。

2.进行合理性判断

对贴现现金流法的应用进行合理性评估时，要考虑一些特殊因素。比如，当投资企业的要求不符合以市场价值为基础的评估对有关贴现期、现金流或贴现率的相关规定时，其估值结果是基于客户特殊要求下的投资价值，而不是市场价值。此时，若用以市场价值为基础的信息进行判断，就会出现偏差。

贴现现金流法作为一项预测技术，评判标准不在于贴现现金流预测最终是否完全实现，而应关注预测时的数据对贴现现金流预测的支持程度。

3.形成分析报告

贴现现金流法分析报告的形式可以根据业务的性质、服务对象的需求等确定，也可在资产评估报告中整体呈现。当企业需要单独提供贴现现金流法分析报告时，应确保内容的客观与详实。贴现现金流法分析报告一般包括以下内容：

（1）假设条件

贴现现金流法分析报告应当对贴现现金流法应用过程中的所有假设进行披露。

（2）数据来源

贴现现金流法分析报告应当清楚地说明并提供分析中所使用的有关数据及来源。

（3）实施程序

编制贴现现金流法分析报告一般按照以下程序进行：合理选择评估方法；评估方法的运用和逻辑推理；主要参数的来源、分析、比较和测算；对评估结论进行分析，形成评估结论。

（4）评估者身份

当以内部评估人员身份开展评估工作时，评估人员与控制资产的实体之间的关系应当在评估报告中披露；当以外部评估人员身份开展评估工作且以营利为目的为委托方工作时，评估人员应当对这种关系予以披露。

二、项目投资决策

贴现现金流法在投资管理的实践中通常运用的方法包括：净现值法、现值指数法和内含报酬率法。

（一）净现值法

1.基本原理

一个投资项目的未来现金净流量现值与原始投资额现值之间的差额，称为净现值（Net Present Value， NPV）。

计算公式为：

$$\text{净现值(NPV)} = \text{未来现金净流量现值} - \text{原始投资额现值}$$

$$NPV = \left[\frac{NCF_1}{1+i} + \frac{NCF_2}{(1+i)^2} + \cdots + \frac{NCF_t}{(1+i)^t}\right] - c$$

$$= \sum_{k=0}^{n} \frac{NCF_t}{(1+i)_t} - c$$

式中：NCF_t——代表第t年的净现金流量；

i——贴现率；

n——代表项目预计使用年限

c——原始投资额现值。

计算净现值时，要按预定的贴现率对投资项目的未来现金流量和原始投资额进行贴现。预定贴现率是投资者所期望的最低投资收益率。净现值为正，方案可行，说明方案的实际收益率高于所要求的收益率；净现值为负，方案不可取，说明方案的实际投资收益率低于所要求的收益率。

当净现值为零时，说明方案的投资收益刚好达到所要求的投资收益，方案也可行。所以，净现值的经济含义是投资方案收益超过基本收益后的剩余收益。其他条件相同时，净现值越大，方案越可行。采用净现值法来评价投资方案，一般有以下步骤：

（1）测定投资方案各年的现金流量，包括现金流出量和现金流入量。

（2）设定投资方案采用的贴现率。

投资项目不同，确定贴现率的参考标准也可能不同，可以是：

①以市场利率为标准。资本市场的市场利率是整个社会投资收益率的最低水平，可以视为一般最低收益率要求。

②以投资者希望获得的预期最低投资收益率为标准。这就考虑了投资项目的风险补偿因素以及通货膨胀因素。

③以企业加权平均资本成本为标准。企业投资所需要的资金，都或多或少地具有资本成本，企业筹资承担的资本成本水平，给投资项目提出了最低收益率要求。

（3）按设定的贴现率，分别将各年的现金流出量和现金流入量折算成现值。

（4）将未来的现金净流量现值与原始投资额现值进行比较，若前者大于或等于后者，方案可行；若前者小于后者，方案不可行，说明方案的实际收益率达不到投资者所要求的收益率。

【例5-12】长城公司根据目前市场的需求情况决定增设一条生产线，从而增加产量，扩大现有销售量，预计该生产线的成本为1 000万元，运输安装等费用共计10万元。该生产线的期限为5年，期满预计有净残值15万元，公司按直线法计提折旧。该设备投入使用后，可使公司每年增加销售收入900万元，每年增加营业付现成本600万元，企业所得税税率为25%。该公司要求的投资报酬率为9%。

用净现值法为长城公司分析该项投资方案如下：

（1）计算各年的净现金流量NCF：

设备原值 = 1 000 + 10 = 1 010（万元）

则 NCF_0 = − 1 010 万元

每年设备折旧费 =（1 010 − 15）÷ 5 = 199（万元）

每年增加销售收入① = 900万元

每年增加付现成本② = 600万元

每年增加折旧③ = 199万元

每年增加税前利润④ = ① − ② − ③ = 101（万元）

所得税⑤ = ④ × 25% = 25.25（万元）

每年增加税后净利润⑥ = ④ - ⑤ = 75.75（万元）

每年营业净现金流量⑦ = ① - ② - ⑤

或 = ⑥ + ③ = 274.75（万元）

项目期限末净残值收入为15万元，则：

第1～4年的现金流量（NCF）都是274.75万元；

第5年的现金流量（NCF）为289.75万元（274.75 + 15）。

（2）项目的贴现率就是该公司要求的投资报酬率，为9%。

微课

净现值法例题解析

（3）计算净现值NPV：

$$NPV = 274.75 \times (P/A,9\%,4) + 289.75 \times (P/F,9\%,5) - 1\,010$$
$$= 274.75 \times 3.2397 + 289.75 \times 0.6499 - 1\,010$$
$$= 68.42\text{(万元)}$$

（4）由于该投资方案的净现值为正数，故方案可行。

2. 对净现值法的评价

（1）净现值法的优点。净现值法简便易行，其主要优点在于：

①适用性强，能基本满足项目年限相同的互斥投资方案决策的需要。如有A、B两个项目，资本成本均为10%，A项目投资50 000元可获净现值10 000元，B项目投资20 000元可获净现值8 000元。尽管A项目投资额大，但在计算净现值时已经考虑了实施该项目所承担的还本付息负担，因此净现值大的A项目优于B项目。

②能灵活地考虑投资风险。净现值法在所设定的贴现率中包含投资风险收益率要求，能有效地考虑投资风险。例如，某投资项目期限为15年，资本成本为18%，由于投资项目时间长，风险也较大，所以投资者认定，在投资项目的有效使用期限15年中第一个5年期内以18%折现，第二个5年期内以20%折现，第三个5年期内以25%折现，以此来体现投资风险。

（2）净现值法的缺点。净现值法也具有明显的缺陷，主要表现在：

①所采用的贴现率不易确定。如果两方案采用不同的贴现率贴现，采用净现值法不能得出正确结论。同一方案中，如果要考虑投资风险，要求的风险收益率不易确定。

②不适用于独立投资方案的比较决策。如果各方案的原始投资额现值不相等，那么有时无法作出正确决策。独立投资方案，是指两个及以上投资项目互不依赖，可以同时并存。如对外投资购买甲股票或购买乙股票，它们之间并不冲突。在独立投资方案的比较中，尽管某项目净现值大于其他项目，但所需投资额大，获利能力可能低于其他项目，而该项目与其他项目又是非互斥的，因此只凭净现值大小无法作出决策。

③不能直接用于对寿命期不同的互斥投资方案进行决策。某项目尽管净现值小，但其寿命期短；另一项目尽管净现值大，但它是在较长的寿命期内取得的。两项目由于寿命期不同，因而净现值是不可比的。要采用净现值法对寿命期不同的投资方案进行决策，需要将各方案均转化为相等寿命期再进行比较。

（二）现值指数法

现值指数（Present Value Index， PVI）是投资项目的未来现金净流量现值与原始投资额现值之比。其计算公式为：

$$现值指数=\frac{未来现金净流量的现值}{原始投资额的现值}$$

从现值指数的计算公式可见，现值指数的计算结果有三种：大于1，等于1，小于1。若现值指数大于或等于1，方案可行，说明方案实施后的投资收益率高于或等于必要收益率；若现值指数小于1，方案不可行，说明方案实施后的投资收益率低于必要收益率。现值指数越大，方案越好。

【例5-13】有两个独立投资方案A和B，其净现值计算有关资料，见表5-4。

表5-4　净现值计算表　单位：元

项目	方案A	方案B
原始投资额现值	30 000	3 000
未来现金净流量现值	31 500	4 200
净现值	1 500	1 200

从净现值的绝对数来看，方案A优于方案B，似乎应采用方案A；但从投资额来看，方案A的原始投资额现值大大超过了方案B。所以，在这种情况下，如果仅用净现值法来判断方案的优劣，就难以作出正确的比较和评价。按现值指数法计算：

$$A方案现值指数=\frac{31\,500}{30\,000}=1.05$$

$$B方案的现值指数=\frac{4\,200}{3\,000}=1.40$$

计算结果表明，方案B的现值指数大于方案A，应当选择方案B。

现值指数法也是净现值法的辅助方法，在各方案原始投资额现值相同时，其实质上就是净现值法。由于现值指数是未来现金净流量现值与所需投资额现值之比，是一个相对数指标，反映了投资效率，所以用现值指数法来评价独立投资方案，可以克服净现值法不便于对原始投资额现值不同的独立投资方案进行比较和评价的缺点，从而对方案的分析评价更加合理、客观。

（三）内含报酬率法

1. 基本原理

内含报酬率（Internal Rate of Return，IRR），是指对投资方案未来的每年现金净流量进行贴现，使所得的现值恰好与原始投资额现值相等，从而使净现值等于零时的贴现率。

内含报酬率法的基本原理是：在计算方案的净现值时，以必要投资收益率作为贴现率计算，净现值的结果往往是大于零或小于零，这就说明方案实际可能达到的投资收益率大于或小于必要投资收益率；而当净现值为零时，说明两种收益率相等。根据这个原理，内含报酬率法就是要计算出使净现值等于零时的贴现率，这个贴现率就是投资方案实际可能达到的投资收益率。

（1）未来每年现金净流量相等时

每年现金净流量相等是一种年金形式，通过查询年金现值系数表，可计算出未来现金净流量现值，并令其净现值为零，有：

$$未来每年现金净流量\times年金现值系数-原始投资额现值=0$$

计算出净现值为零时的年金现值系数后，通过查询年金现值系数表，利用插值法即可计算出相应的贴现率i，该贴现率就是方案的内含报酬率。

【例5-14】B化工厂拟购入一台新型设备，购买价为160万元，使用年限为10年，无残值。该方案的最低投资收益率要求为12%（以此作为贴现率）。使用新设备后，估计每年将产生现金净流量30万元。

用内含报酬率法评价该方案的可行性如下：

令：$300\,000\times(P/A,IRR,10)-1\,600\,000=0$

得：$(P/A,IRR,10)=5.3333$

现已知方案的使用年限为10年，查年金现值系数表，时期10，利率12%对应的系数为5.6502；时期10，利率14%对应的系数为5.2161，所以时期10，系数5.3333所对应的贴现率应在12%～14%之间，采用插值法求得：

$$\frac{IRR-12\%}{5.3333-5.6502}=\frac{12\%-14\%}{5.6502-5.2161}$$

内含报酬率 $IRR=13.46\%$

该方案的内含报酬率为13.46%，高于最低投资收益率12%，方案可行。

（2）未来每年现金净流量不相等时

如果投资方案的未来每年现金净流量不相等，那么各年现金净流量的分布就不是年金形式，就不能采用直接查询年金现值系数表的方法来计算内含报酬率，而需采用逐次测试法。

逐次测试法的具体做法是：根据已知的有关资料，先估计一次贴现率，来试算未来现金净流量的现值，并将这个现值与原始投资额现值相比较，如果净现值大于零，表示估计的贴现率低于方案实际可能达到的投资收益率，需要重估一个较高的贴现率进行试算；如果净现值小于零，表示估计的贴现率高于方案实际可能达到的投资收益率，需要重估一个较低的贴现率进行试算。如此反复试算，直到净现值等于零或基本接近零，这时所估计的贴现率就是希望求得的内含报酬率。

【例5-15】C公司有一个投资方案，需一次性投资120 000元，使用年限为4年，每年现金净流量分别为30 000元、40 000元、50 000元和35 000元。

该投资方案内含报酬率的计算如下：

由于该方案每年的现金净流量不同，需逐次测试计算方案的内含报酬率，逐次测算过程见表5-5。

表5-5 净现值的逐次测试 金额单位：元

年数	每年现金净流量	第一次测算8%		第二次测算12%		第三次测算10%	
1	30 000	0.926	27 780	0.893	26 790	0.909	27 270
2	40 000	0.857	34 280	0.797	31 880	0.826	33 040
3	50 000	0.794	39 700	0.712	35 600	0.751	37 550
4	35 000	0.735	25 725	0.636	22 260	0.683	23 905
未来现金净流量现值合计			127 485		116 530		121 765
减：原始投资额现值			120 000		120 000		120 000
净现值			7 485		（3 470）		1 765

第一次测算，采用8%的折现率，净现值为正数，说明方案的内含报酬率高于8%。第二次测算，采用12%的折现率，净现值为负数，说明方案的内含报酬率低于12%。第三次测算，采用10%的折现率，净现值仍为正数，但已较接近零。因而可以估算，方案的内含报酬率在10%～12%之间。进一步运用插值法，求内含报酬率IRR：

$$\frac{IRR-10\%}{0-1765}=\frac{12\%-10\%}{-3470-1765}$$

计算得出方案的内含报酬率IRR为10.67%。

根据C公司要求的最低投资收益率，分析评价该方案是否可行。

2. 对内含报酬率法的评价

（1）内含报酬率法的主要优点

①内含报酬率反映了投资项目可能达到的收益率，易于被高层决策人员所理解。

②对于独立投资方案的比较决策，如果各方案原始投资额现值不同，可以通过计算各方案的内含报酬率，反映各独立投资方案的获利水平。

（2）内含报酬率法的主要缺点

①计算复杂，不易直接考虑投资风险的大小。

②在互斥投资方案决策时，如果各方案的原始投资额现值不相等，有时无法作出正确的决策。某一方案原始投资额低，净现值小，但内含报酬率可能较高；而另一方案原始投资额高，净现值大，但内含报酬率可能较低。

【想一想】对于某一具体的项目投资决策，净现值法、现值指数法和内含报酬率法得出的结论一致吗？

同步训练

一、单项选择题

1. 下列各项不属于贴现现金流法要素的是（　　）。

A. 贴现期　　B. 现金流　　C. 贴现率　　D. 项目收益率

2. 某投资方案，当贴现率为16%时，其净现值为338元；当贴现率为18%时，其净现值为－22元。则该方案的内含报酬率为（　　）。

A. 16.12%　　B. 15.88%　　C. 17.88%　　D. 18.20%

3. 采用现值指数法进行项目投资方案选择时，下列各方案最优的是（　　）。

A. 甲方案现值指数为2.1　　B. 乙方案现值指数为1.1

C. 丙方案现值指数为0.9　　D. 丁方案现值指数为0.5

二、多项选择题

1. 贴现现金流法分析报告一般包括（　　）。

A. 假设条件　　B. 数据来源　　C. 实施程序　　D. 评估者身份

2. 项目投资应用净现值法决策的优点包括（　　）。

A. 适用性强　　B. 贴现率容易确定

C.能灵活地考虑投资风险　　　　　　D.适用于各种投资

3.下列关于项目投资决策评价的指标中，其数值越大越好的正指标有（　）。

A.净现值　　B.内含报酬率　　C.资本成本　　D.现值指数

三、计算分析题

1.某公司因业务发展的需要，准备购入一套设备，现提出以下方案：投资50万元，使用寿命为5年，采用直线法计提折旧，5年后设备无残值。5年中，每年销售收入为18万元，每年的付现成本为7万元。企业所得税税率为25%。

要求：

（1）分析该方案的现金流量；

（2）在该公司资本成本为10%的情况下，试计算方案的净现值，并对方案作出评价。

参考答案

2.某公司有A、B两个投资项目（A、B两个项目属于互斥项目）。A项目需要的初始投资额为16万元，每年产生8万元的现金净流量，寿命周期是3年，3年后无残值。B项目需要21万元的初始投资，每年产生6.4万元的现金净流量，项目的使用寿命为6年，期满无残值。假设投资者要求的报酬率为16%。

要求：计算并分析公司应该选择哪个项目。

项目六

营运管理

学习目标

1.描述营运管理的概念和应用程序
2.理解本量利分析的基本原理
3.会计算盈亏平衡点，并进行盈亏平衡分析
4.运用本量利基本公式，计算与分析目标利润
5.利用边际贡献（率）、安全边际（率）等指标，完成边际贡献分析和安全边际分析
6.能正确计算营运决策的敏感系数和临界值，进行短期和长期营运决策的敏感性分析

知识点

营运管理　盈亏平衡点　目标利润　边际贡献　边际贡献率　变动成本率　安全边际　安全边际率　盈亏平衡点作业率　敏感系数　最大最小值

技能点

本量利分析　盈亏平衡分析　目标利润分析　边际贡献分析　安全边际分析　敏感性分析

思政融入点

1.坚持诚信为本，操守为重，不做假账，守好企业的钱袋子。
2.坚定理想信念，防止贪腐中的“边际效用”，克服和消除侥幸心理。
3.用联系和发展的观点看待问题，立足整体，统筹全局，树立全局观念。

知识结构

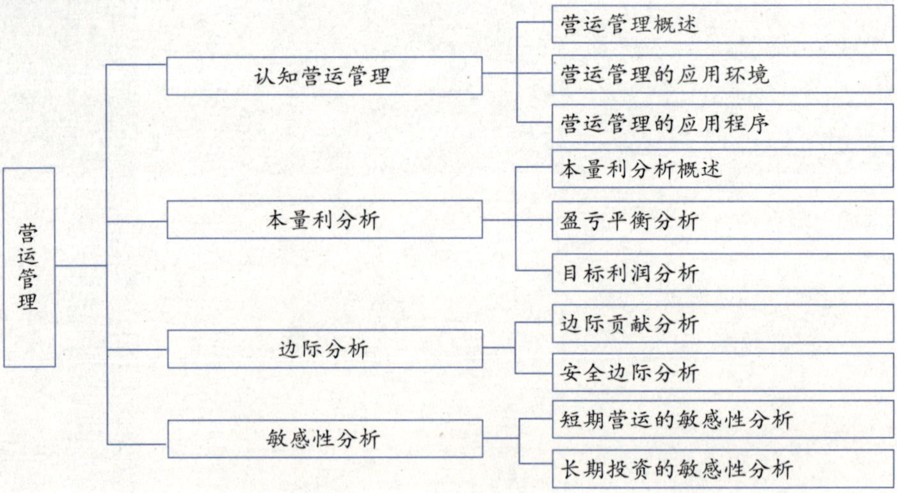

案例导入

天盟化工的盈利分析

天盟化工公司（以下简称“天盟化工”）是一家多品种经营的化工企业，其生产的A产品近几年利润水平一直较低，2018年A产品的利润仅为2 244元，公司制定的目标利润为5万元。为此，公司决定运用盈亏平衡分析、安全边际分析和敏感性分析等方法，对成本、利润、业务量与单价之间的依存关系进行分析，研究其变动的规律性，以便为经营决策提供有效信息，从而实现目标利润。

天盟化工为完成预计目标利润，公司管理人员全面分析了影响利润的因素，拟采取一系列措施。首先，应加强销售力度，提高产量，提高现有设备的利用率。其次，围绕单价、单位变动成本、固定成本，拟采取以下措施：

第一，提高单价。由于市场竞争激烈，直接提高售价难度较大，天盟化工从差异化经营的角度考虑，致力于将产品做深做强，以提高市场竞争力，扩大提价空间。

第二，减少变动成本。A产品的变动成本主要由原材料费和燃料动力费组成，原材料费用的降低从采购单价和原料单耗两方面着手。原材料采购做到货比三家，大宗原材料采购采用招标投标等方式，并完善采购的内控制度，从而降低采购单价。同时，建立原料单耗考核制度，将原料单耗控制在合理水平。燃料动力费的降低，则通过合理安排生产时段，严格控制水、电、汽的单耗，建立完善的燃料动力单耗考核制度等措施来达成。

第三，降低固定成本。A产品的固定成本主要由职工薪酬和折旧费构成，由于设备的专用性，折旧费无法减少，要降低固定费用，只能从降低职工薪酬入手。天盟化工重点审查该生产线的生产人员安排得是否合理，在保障正常生产的前提下，合理调配生产人数，以降低人工成本。

综合运用本量利分析，对企业当前的生产经营状况进行全面深入的剖析，找出生产经营中亟待改进的问题，并为之提供改进思路和方法，使企业在面对瞬息万变的市场情况时，能够做出快速有效的反应，将生产经营活动控制在较有效的状态之下，从而实现营运目标。

资料来源：佚名.管理会计本量利案例分析［EB/OL］.［2023-03-25］. https://wenku.baidu.com/view/6ab3bf8958eef8c75fbfc77da26925c52dc59137.html.

任务一　认知营运管理

任务导学

企业在生产经营过程中，不仅需要预算管理、成本管理和投资管理，为实现企业战略和营运目标，还需要应用本量利分析、敏感性分析、边际分析等管理会计工具方法进行营运管理。

企业应在认知营运管理概念、应用环境和应用程序的基础上，根据自身业务特点和管理需要等，选择单独或综合运用营运管理工具方法，对企业生产经营过程中的物料供应、产品生产和销售等环节进行价值增值管理，以更好地实现营运管理目标。

一、营运管理概述

（一）营运管理概念

营运管理，是指为了实现企业战略和营运目标，各级管理者通过计划、组织、指挥、协调、控制、激励等活动，实现对企业生产经营过程中的物料供应、产品生产和销售等环节的价值增值管理。

企业进行营运管理，应区分计划（Plan）、实施（Do）、检查（Check）、处理（Act）等四个阶段（简称“PDCA管理原则”），形成闭环管理，使营运管理工作更加条理化、系统化、科学化。

（二）营运管理的工具方法

营运管理领域应用的管理会计工具方法，一般包括本量利分析、敏感性分析、边际分析和标杆管理等。企业应根据自身业务特点和管理需要等，选择单独或综合运用营运管理工具方法，以更好地实现营运管理目标。

二、营运管理的应用环境

企业营运管理的应用环境包括组织架构、管理制度和流程、信息系统以及相关外部环境等。

（一）组织架构

为确保营运管理的有序开展，企业应建立健全营运管理组织架构，明确各管理层级或管理部门在营运管理中的职责，有效组织开展营运计划的制订审批、分解下达、执行监控、分析报告、绩效管理等日常营运管理工作。

（二）管理制度和流程

企业应建立健全营运管理的制度体系，明确营运管理各环节的工作目标、职责分工、工作程序、工具方法、信息报告等内容。

（三）信息系统

企业应建立完整的业务信息系统，规范信息的收集、整理、传递和使用等，有效支持管理者决策。

阅读材料

管理会计应用指引第400号——营运管理

三、营运管理的应用程序

企业应用营运管理工具方法，一般按照营运计划的制订、营运计划的执行、营运计划的调整、营运监控分析与报告、营运绩效管理等程序进行。

（一）营运计划的制订

1. 营运计划的概念

营运计划，是指企业根据战略决策和营运目标的要求，从时间和空间上对营运过程中各种资源所作出的统筹安排，主要作用是分解营运目标，分配企业资源，安排营运过程中的各项活动。

营运计划按计划的时间可分为长期营运计划、中期营运计划和短期营运计划；按计划的内容可分为销售、生产、供应、财务、人力资源、产品开发、技术改造和设备投资等营运计划。

2. 制订营运计划的原则

（1）系统性原则。企业在制订计划时不仅应考虑营运的各个环节，还要从整个系统的角度出发，既要考虑大系统的利益，也要兼顾各个环节的利益。

（2）平衡性原则。企业应考虑内外部环境之间的矛盾，有效平衡可能对营运过程中的研发、生产、供应、销售等存在影响的各个方面，使其保持合理的比例关系。

（3）灵活性原则。企业应当充分考虑未来的不确定性，在制订计划时保持一定的灵活性和弹性。

3. 制订营运计划的要求

（1）企业在制订营运计划时，应以战略目标和年度营运目标为指引，充分分析宏观经济形势、行业发展规律以及竞争对手情况等内外部环境变化，同时还应评估企业自身研发、生产、供应、销售等环节的营运能力，客观评估自身的优势和劣势以及面临的风险和机会等。

（2）企业在制订营运计划时，应开展营运预测，将其作为营运计划制订的基础和依据。营运预测，是指通过收集整理历史信息和实时信息，恰当运用科学预测方法，对未来经济活动可能产生的经济效益和发展趋势作出科学合理的预计和推测的过程。

（3）企业应用多种工具方法制订营运计划的，应根据自身实际情况，选择单独或综合应用预算管理、平衡计分卡、标杆管理等管理会计工具方法；同时，应充分应用本量利分析、敏感性分析、边际分析等管理会计工具方法，为营运计划的制订提供具体量化的数据分析，有效支持决策。

（4）企业应当科学合理地制订营运计划，充分考虑各层次营运目标、业务计划、管理指标等方面的内在逻辑联系，形成涵盖各价值链的、不同层次和不同领域的、业务与财务相结合的、短期与长期相结合的目标体系和行动计划。

（5）企业应采取自上而下、自下而上或上下结合的方式制订营运计划，充分调动全员积极性，通过沟通、讨论达成共识。

（6）企业应根据营运管理流程，对营运计划进行逐级审批。企业各部门应在已经审批通过的营运计划基础上，进一步制订各自的业务计划，并按流程履行审批程序。

（7）企业应对未来的不确定性进行充分的预估，在科学营运预测的基础上，制订多方案的备选营运计划，以应对未来不确定性带来的风险与挑战。

（二）营运计划的执行

经审批的营运计划应以正式文件的形式下达执行。企业应逐级分解营运计划，按照横向到边、纵向到底的要求分解落实到各所属企业、部门、岗位或员工，确保营运计划得到充分落实。

经审批的营运计划应分解到季度、月度，形成月度的营运计划，逐月下达、执行。各企业应根据月度的营运计划组织开展各项营运活动。

企业应建立配套的监督控制机制，及时记录营运计划执行情况，进行差异分析与纠偏，持续优化业务流程，确保营运计划有效执行。

企业应在月度营运计划的基础上，开展月度、季度滚动预测，及时反映滚动营运计划所对应的实际营运状况，为企业资源配置的决策提供有效支持。

（三）营运计划的调整

营运计划一旦批准下达，一般不予调整。宏观经济形势、市场竞争形势等发生重大变化，导致企业营运状况与预期出现较大偏差的，企业可以适时对营运计划作出调整，使营运目标更加切合实际。

企业在营运计划执行过程中，应关注和识别存在的各种不确定因素，分析和评估其对企业营运的影响，适时启动调整原计划的有关工作，确保企业营运目标更加切合实际，更合理地进行资源配置。

企业在作出营运计划调整决策时，应分析和评估营运计划调整方案对企业营运的影响，包括对短期的资源配置、营运成本、营运效益等的影响以及对长期战略的影响。

企业应建立营运计划调整的流程和机制，规范营运计划的调整。营运计划的调整应由具体执行的所属企业或部门提出调整申请，经批准后下达正式文件。

（四）营运监控分析与报告

为了强化营运监控，确保企业营运目标的顺利完成，企业应结合自身实际情况，按照日、周、月、季、年等频率建立营运监控体系；并按照PDCA管理原则，不断优化营运监控体系的各项机制，做好营运监控分析工作。

1.营运监控分析的概念

企业的营运监控分析，是指以本期财务和管理指标为起点，通过指标分析查找异常，并进一步揭示差异所反映的营运缺陷，追踪缺陷成因，提出并落实改进措施，不断提高企业营运管理水平。

营运管理监控的基本任务是发现偏差、分析偏差和纠正偏差。

（1）发现偏差。企业通过各类手段和方法，分析营运计划的执行情况，发现计划执行中的问题。

（2）分析偏差。企业对营运计划执行过程中出现的问题和偏差原因进行研究，采取针对性的措施。

（3）纠正偏差。企业根据偏差产生的原因采取针对性的纠偏对策，使企业营运过程中的活动按既定的营运计划进行，或者按照上述营运计划的调整对营运计划进行必要的调整。

2.营运监控分析的内容与步骤

企业营运监控分析应至少包括发展能力、盈利能力、偿债能力等方面的财务指标，以及生产能力、管理能力等方面的非财务内容，并根据所处行业的营运特点，通过趋势分析、对标分析等工具方法，建立完善营运监控分析指标体系。

企业营运分析的一般步骤包括：

（1）明确营运目的，确定有关营运活动的范围；

（2）全面收集有关营运活动的资料，进行分类整理；

（3）分析营运计划与执行的差异，追溯原因；

（4）根据差异分析采取恰当的措施，并进行分析和报告。

3. 营运监控分析报告

企业应将营运监控分析的对象、目的、程序、评价及改进建议形成书面分析报告。分析报告按照分析的范围及内容可以分为综合分析报告、专题分析报告和简要分析报告；按照分析的时间分为定期分析报告和不定期分析报告。

4. 营运监控机制

企业应建立预警、督办、跟踪等营运监控机制，及时对营运监控过程中发现的异常情况进行通报、预警，按照PDCA管理原则督促相关责任人将工作举措落实到位。

企业可以建立信息报送、收集、整理、分析、报告等日常管理机制，保证信息传递的及时性和可靠性；建立营运监控管理信息系统、营运监控信息报告体系等，保证营运监控分析工作的顺利开展。

（五）营运绩效管理

企业可以建立营运绩效管理委员会、营运绩效管理办公室等不同层级的绩效管理组织，明确绩效管理流程和审批权限，制定绩效管理制度，进而开展营运绩效管理，激励员工为实现营运管理目标作出贡献。

企业可以以营运计划为基础，制定绩效管理指标体系，明确绩效指标的定义、计算口径、统计范围、绩效目标、评价标准、评价周期、评价流程等内容，确保绩效指标具体、可衡量、可实现、相关以及具有明确期限。绩效管理指标应以企业营运管理指标为基础，做到无缝衔接、层层分解，确保企业营运目标的落实。

【想一想】企业营运管理的工具方法有哪些？它们分别实现了哪些营运目标？

同步训练

一、单项选择题

1.下列各项中，对营运管理的理解不正确的是（　　）。

A.为了实现企业战略和营运目标

B.侧重于资金管理活动

C.通过计划、组织、指挥、协调、控制、激励等活动实现目标

D.实现对企业生产经营过程中的物料供应、产品生产和销售等环节的价值增值管理

2.下列各项中，不属于企业营运管理应用环境的是（　　）。

A.组织架构　　B.管理制度和流程

C.财务制度　　D.信息系统

3.下列各项中，不属于制订营运计划原则的是（　　）。

A.系统性原则　　B.平衡性原则
C.法定性原则　　D.灵活性原则

二、多项选择题

1.下列各项中，属于营运管理领域应用的管理会计工具方法的有（　　）。
A.本量利分析　　B.边际分析
C.敏感性分析　　D.资金管理

2.下列各项中，属于营运管理应用程序的有（　　）。
A.营运计划的制订　　B.营运计划的执行
C.营运计划的调整　　D.营运监控分析与报告

3.营运管理监控的基本任务有（　　）。
A.发现偏差　　B.分析偏差
C.纠正偏差　　D.消除偏差

三、判断题

参考答案

1.营运管理，是指为了实现企业战略和营运目标，各级管理者通过计划、组织、指挥、协调、控制、激励等活动，实现对企业生产经营过程中的物料供应、产品生产和销售等环节的价值增值管理。（　　）

2.经审批的营运计划可以正式或临时文件的形式下达执行。（　　）

3.企业的营运监控分析，是指以上期财务和管理指标为起点，通过指标分析查找异常，并进一步揭示差异所反映的营运缺陷，追踪缺陷成因，提出并落实改进措施，不断提高企业营运管理水平。（　　）

任务二　本量利分析

任务导学

通过前面的学习，我们了解到营运管理领域应用的管理会计工具方法之一为本量利分析，企业在营运计划的制订、调整以及营运监控分析等程序中通常都会应用到本量利分析。

本任务要求能描述本量利分析的概念和相关假设，理解本量利分析的基本公式，能进行盈亏平衡分析和目标利润分析。

本量利分析主要用于企业生产决策、成本决策和定价决策，也可以广泛地用于投融资决策等。通过本量利分析短期内产品销售量、销售价格、固定成本、单位变动成本及产品成本结构等因素的变化对利润的影响，可为企业管理人员提供预测、决策等方面的信息。

一、本量利分析概述

（一）本量利分析的概念

本量利分析，是指以成本性态分析和变动成本法为基础，运用数学模型和图式，对成本、利润、业务量与单价等因素之间的依存关系进行分析，发现变动的规律性，为企业进行预测、决策、计划和控制等活动提供支持的一种方法。其中，“本”是指成本，包括固定成本和变动成本；“量”是指业务量，一般指销售量；“利”一般指营业利润。

本量利分析是在成本性态分析和变动成本法的基础上发展而来的，主要研究成本、利润、业务量与单价之间的数量关系。本量利分析方法通常包括盈亏平衡分析、目标利润分析、敏感性分析、边际分析等，其中盈亏平衡分析是本量利分析的核心内容。

（二）本量利分析的相关假设

本量利分析利用数学模型来揭示成本、业务量、利润和单价等因素之间的关系，而它们之间的关系只有在一定条件下才会表现出内在的规律性。因此，本量利分析必须在一定的假设条件下进行。

1. 相关范围假设

本量利分析是建立在成本按性态划分基础上的一种分析方法，所以成本性态分析划分的基本假设“相关范围”也就构成了本量利分析的基本假设之一。也就是说，对成本按性态划分为固定成本和变动成本，均限定在相关范围内，是在特定期间、一定业务量范围内分析和计量的结果。

2. 模型线性假设

假定在相关范围内固定成本总额和单位变动成本不变，变动成本总额和业务量成正比例变动关系，成本函数表现为线性方程 $y = a + bx$（a 为固定成本，b 为单位变动成本）。同时，在相关范围内产品销售单价固定不变，产品销售收入与销售数量之间成正比例变动关系，销售收入函数表现为一个线性方程 $s = px$（s 为销售收入，p 为销售单价，x 为销售数量）。总之，假定在一定期间和一定业务量范围内，成本和销售收入分别表现为一条直线。

3. 产销平衡假设

本量利分析的核心是分析收入与成本之间的对比关系，产量的变动对固定成本和变动成本都可能产生影响，以销售量为成本动因进行的本量利分析，就必须假设产销关系是平衡的。产销平衡就是企业生产出来的产品总是可以销售出去，能够实现生产量等于销售量。在这一假设下，本量利分析中的量是指销售数量，而不是生产数量，在销售价格不变的条件下，这个量有时是指销售收入。

4. 品种结构不变假设

品种结构不变假设是指一个多品种生产和销售的企业中，各种产品的销售收入在总收入中所占的比重不会发生变化。由于多品种条件下，各种产品的获利能力一般会有所不同，有时甚至差异较大，如果企业产销的品种结构发生较大变动，势必会导致预计利润与实际利润之间有较大的出入。

阅读材料

管理会计应用指引第401号——本量利分析

由于本量利分析建立在上述假设的基础上，所以一般只适用于短期分析。上述假设之间的关系是：相关范围假设是最基本的假设，是本量利分析的出发点；模型线性假设由相关范围假设派生而来，是相关范围假设的延伸和具体化；产销平衡假设与品种结构不变假设是对模型线性假设的进一步补充。

（三）本量利分析基本公式

本量利分析基本公式是变动成本法下计算利润的公式，公式中含有营业利润、单价、单位变动成本、销售量、固定成本等5个相互联系的变量，给定其中4个变量，便可求出第5个变量的值。本量利分析的基本公式如下：

营业利润 = 销售收入 - 总成本
= 销售收入 - 变动成本 - 固定成本
= 单价 × 销售量 - 单位变动成本 × 销售量 - 固定成本
= （单价 - 单位变动成本）× 销售量 - 固定成本

该公式是本量利分析最基本的公式，后面所有的本量利分析可以说都是在该公式的基础上进行的。

【提示】

（1）总成本 = 变动成本 + 固定成本

（2）销售收入 = 单价 × 销售量

（3）基于产销平衡假设，销售数量等于生产数量，可推导出：

变动成本 = 单位变动成本 × 生产量 = 单位变动成本 × 销售量

（四）边际贡献相关指标

1. 边际贡献总额

边际贡献总额是指产品的销售收入减去变动成本总额后的差额。

边际贡献总额 = 销售收入 - 变动成本
= （单价 - 单位变动成本）× 销售量

2. 单位边际贡献

单位边际贡献是销售单价减去单位变动成本后的差额。

单位边际贡献 = 单价 - 单位变动成本
= 边际贡献总额 ÷ 销售量

3. 边际贡献率

边际贡献率是指边际贡献总额在销售收入中所占的百分比，表示每1元销售收入中边际贡献所占的比重。

边际贡献率 = 边际贡献总额 ÷ 销售收入
= 单位边际贡献 ÷ 单价
= （单价 - 单位变动成本）÷ 单价

4. 变动成本率

变动成本率是指变动成本总额占销售收入总额的百分比，是与边际贡献率相关的一个指标。

变动成本率 = 变动成本总额 ÷ 销售收入总额
= 单位变动成本 ÷ 单价

将变动成本率和边际贡献率两个指标联系起来，可以推导出：

变动成本率 + 边际贡献率 = 1

变动成本率和边际贡献率两者之和是1，说明两者是互补的。企业变动成本率越高，边际贡献率就越低；变动成本率越低，其边际贡献率必然越高。

【例6-1】 某企业只生产甲产品，销售量为20 000件，销售单价为16元，单位变动成本为9.6元，固定成本为60 000元。

边际贡献相关指标计算如下：

单位边际贡献 = 16 − 9.6 = 6.4（元）

边际贡献总额 = 单位边际贡献 × 销售量 = 6.4 × 20 000 = 128 000（元）

边际贡献率 = 6.4 ÷ 16 × 100% = 40%，或者边际贡献率 = 128 000 ÷（16 × 20 000）× 100% = 40%

变动成本率 = 9.6 ÷ 16 × 100% = 60%，或者变动成本率 = 1 − 40% = 60%

二、盈亏平衡分析

盈亏平衡分析（也称保本分析），是指分析、测定盈亏平衡点，以及有关因素变动对盈亏平衡点的影响等，是本量利分析的核心内容。盈亏平衡分析的原理是，通过计算企业在利润为零时处于盈亏平衡的业务量，分析项目对市场需求变化的适应能力等。

盈亏平衡点（也称保本点）是指企业收入和成本相等的经营状态，即边际贡献等于固定成本时，企业所处的既不盈利又不亏损的状态，通常用一定的业务量（保本量或保本额）来表示。此时，企业的销售收入恰好弥补全部成本，企业的利润等于零，用公式表示如下：

销售收入 = 销售成本

边际贡献总额 = 固定成本

盈亏平衡分析包括单一产品的盈亏平衡分析和产品组合的盈亏平衡分析。

（一）单一产品的盈亏平衡分析

单一产品的盈亏平衡分析可以用公式法和图示法进行分析。

1. 公式法

单一产品的盈亏平衡分析是企业在只生产和销售一种产品的条件下，在本量利分析基本公式的基础上，根据盈亏平衡点的定义，计算利润为零时的销售量或销售额。

根据本量利分析的基本公式：

营业利润 = 销售收入 − 变动成本 − 固定成本

= （单价 − 单位变动成本）× 销售量 − 固定成本

令营业利润 = 0，即（单价 − 单位变动成本）× 销售量 = 固定成本，则此时的销售量即为盈亏平衡点的业务量，公式如下：

盈亏平衡点的销售量 = 固定成本 ÷（单价 − 单位变动成本）

= 固定成本 ÷ 单位边际贡献

盈亏平衡点的销售额 = 单价 × 盈亏平衡点的销售量

= 固定成本 ÷ 边际贡献率

企业的业务量等于盈亏平衡点的业务量时，企业处于保本状态；企业的业务量高于盈亏平衡点的业务量时，企业处于盈利状态；企业的业务量低于盈亏平衡点的业务量时，企业处于亏损状态。

【例6-2】沿用【例6-1】中的资料，该企业盈亏平衡点的销售量和销售额的计算如下：

微课

盈亏平衡分析例题解析

盈亏平衡点的销售量 = 60 000 ÷（16 − 9.6）= 9 375（件）

盈亏平衡点的销售额 = 16 × 9 375 = 150 000（元）

或者　　　　　　　　= 60 000 ÷ 40% = 150 000（元）

盈亏平衡分析：该企业的产销量达到9 375件，或者销售额达到150 000元时，该企业便开始进入盈利状态。企业的实际销售数量为20 000件，明显超出盈亏平衡点销售量9 375件，说明企业处于盈利状态。

2.图示法

本量利关系图是指将成本、销售量、利润的关系反映在直角坐标系中，清晰地显示企业不盈利不亏损时应达到的销售量。企业使用本量利关系图进行分析，更加形象直观、一目了然。本量利关系图按照数据的特征和目的分类，可以分为传统式、贡献毛益式和利量式三种图形。

（1）传统式本量利关系图。传统式本量利关系图是最基本、最常见的本量利关系图形。绘制方法如下：

①在直角坐标系中，以横轴表示销售量，以纵轴表示成本或销售收入；

②在纵轴上找出固定成本数值，即以（0，固定成本数值）为起点，绘制一条与横轴平行的固定成本线；

③以（0，固定成本数值）为起点，以单位变动成本为斜率，绘制总成本线；

④以坐标原点（0，0）为起点，以销售单价为斜率，绘制销售收入线；

⑤总成本线和销售收入线的交点就是盈亏平衡点销售量。

传统式本量利关系图如图6-1所示。

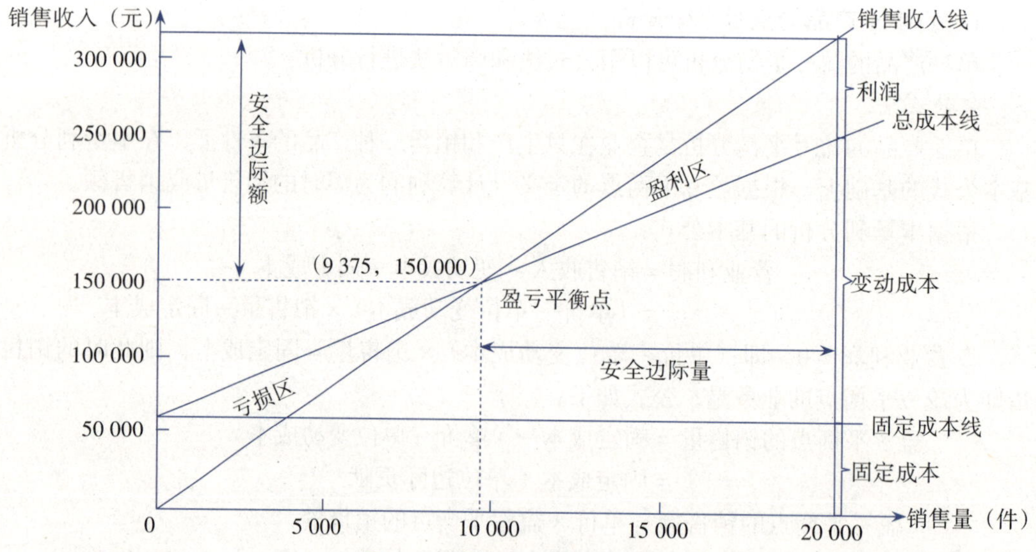

图6-1 传统式本量利关系图

通过传统式本量利关系图，可以看出：①销售收入线和总成本线的交点，就是盈亏平衡点，它对应的销售量是9 375件，表明企业销售量超过盈亏平衡点越多，企业的盈利越多；销售量低于盈亏平衡点越多，企业的亏损越多。②固定成本线与横轴之间的距离是固定成本值，它不因销售量的增减而变动。③总成本线与固定成本线之间的距离为变动成本，它随产量而成正比例变化。

（2）贡献毛益式本量利关系图。贡献毛益式本量利关系图是将固定成本置于变动成本之上，能够反映贡献毛益形成过程的图形。其绘制方法如下：

①在直角坐标系中，以横轴表示销售量，以纵轴表示成本或销售收入；

②从原点出发分别绘制销售收入线和变动成本线；

③以纵轴上的（0，固定成本数值）为起点绘制一条与变动成本线平行的总成本线；

④总成本线和销售收入线的交点就是盈亏平衡点销售量。

贡献毛益式本量利关系图如图6-2所示。

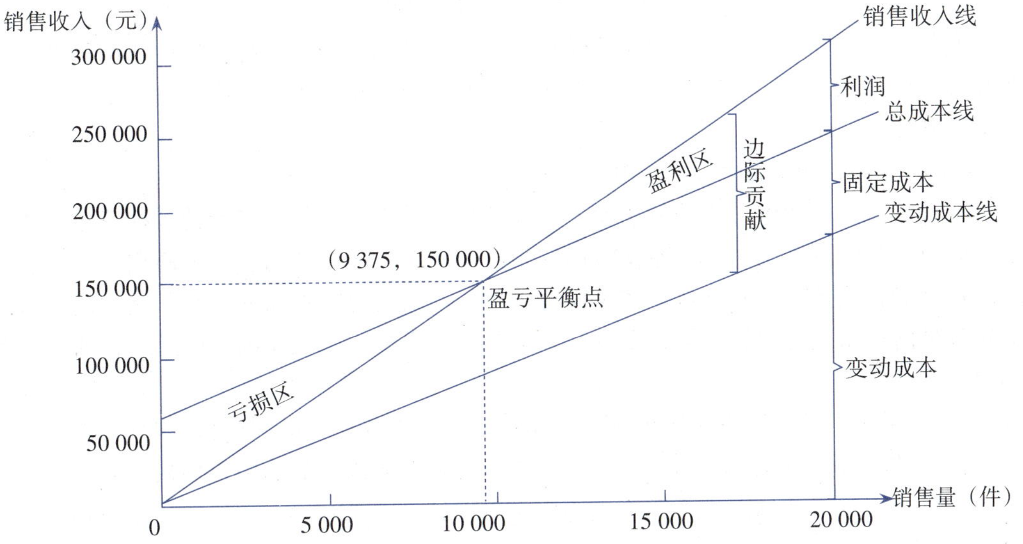

图6-2 贡献毛益式本量利关系图

通过贡献毛益式本量利关系图，可以看出：第一，总成本线与变动成本线之间的距离保持不变，等于固定成本数值；第二，销售收入线与变动成本线之间的距离为边际贡献总额，边际贡献总额等于固定成本和利润之和。也就是说，企业的销售收入首先弥补产品自身的变动成本，剩余额为边际贡献总额，边际贡献总额弥补固定成本后就是企业的利润。

（3）利量式本量利关系图。利量式本量利关系图是反映利润和销售量之间依存关系的图形。其绘制方法如下：

①在直角坐标系中，以横轴代表销售量，以纵轴代表利润（或亏损）；

②在纵轴原点以下部分找到与固定成本总额相等的点（0，-固定成本数值），该点表示销售量等于零时，亏损额等于固定成本；从点（0，-固定成本数值）出发画出利润线，该线的斜率是企业贡献毛益；

③利润线与横轴的交点即为盈亏平衡点销售量。

利量式本量利关系图如图6-3所示。

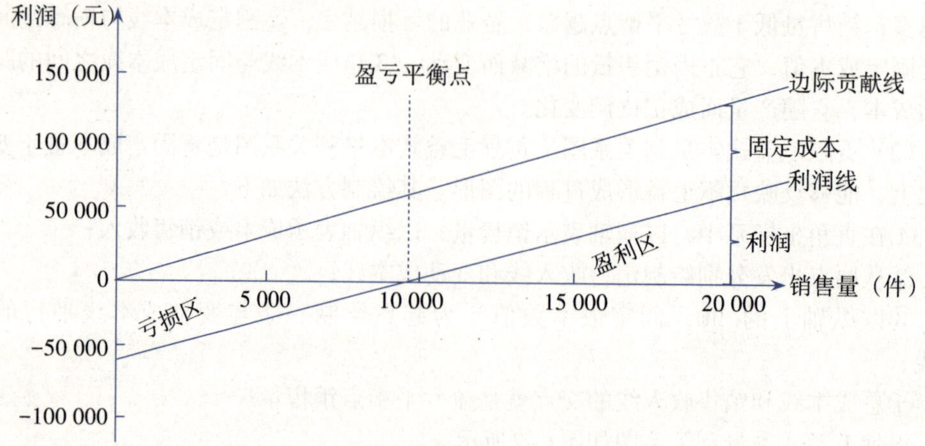

图6-3 利量式本量利关系图

利量式本量利关系图反映出企业销售量变动时利润的变化情况，即企业销售量在达到盈亏平衡点前，不同销售量下的亏损额；以及销售量超过盈亏平衡点后，不同销售量下的盈利额。

（二）产品组合的盈亏平衡分析

在现实经济生活中，大部分企业生产经营的产品不止一种，在产销多种产品的情况下，企业进行经营筹划时，更想从整体的角度来预测产品组合的盈亏平衡点。

产品组合的盈亏平衡分析是在掌握每种单一产品的边际贡献率的基础上，按各种产品销售额的比重进行加权平均，据以计算综合边际贡献率，从而确定产品组合的盈亏平衡点。

$$某种产品的销售额权重 = 该产品的销售额 \div 各种产品的销售额合计$$

$$综合边际贡献率 = \sum(某种产品边际贡献率 \times 该产品的销售额权重)$$

$$\begin{aligned}盈亏平衡点的销售额 &= 固定成本 \div 综合边际贡献率\\ &= 固定成本 \div (1 - 综合变动成本率)\end{aligned}$$

$$某种产品的保本销售额 = 盈亏平衡点销售额 \times 该产品的销售额权重$$

$$某种产品的保本销售量 = 该产品的保本销售额 \div 该产品的销售单价$$

【想一想】单一产品的盈亏平衡点有销售额和销售量两种表现形式，产品组合的盈亏平衡点为什么只能以销售额表示？

企业销售额高于盈亏平衡点时，企业处于盈利状态；企业销售额低于盈亏平衡点时，企业处于亏损状态。企业通常运用产品组合的盈亏平衡点分析优化产品组合，提高获利水平。

【例6-3】某企业生产A、B、C三种产品，其有关资料见表6-1。

表6-1 产品销售与成本数据

项目	A产品	B产品	C产品
产销量（件）	4 500	3 500	6 000
销售单价（元/件）	14	12	15
单位变动成本（元/件）	8	7	7.5
固定成本总额（元）	70 000		

根据表6-1的资料，产品组合的盈亏平衡点计算结果见表6-2。

表6-2 产品组合的盈亏平衡点计算结果

项目	A产品	B产品	C产品	合计
单位边际贡献（元）	6	5	7.5	—
边际贡献率	42.86%	41.67%	50%	—
销售额（元）	63 000	42 000	90 000	195 000
销售额权重	32.31%	21.54%	46.15%	100%
综合边际贡献率	42.86% × 32.31% + 41.67% × 21.54% + 50% × 46.15% = 45.90%			
综合盈亏平衡点销售额（元）	70 000 ÷ 45.90% = 152 505.45			
各产品盈亏平衡点销售额（元）	49 274.51	32 849.67	70 381.27	152 505.45
各产品盈亏平衡点销售量（件）	3 520	2 738	4 693	—

该企业的综合边际贡献率为45.90%，按现有产品结构整体销售额达到1 52 505.45元，企业处于不盈不亏的经营状态。而企业目前实际销售额195 000元显著超过盈亏平衡点销售额，企业处于盈利状态。企业也可以优化产品组合，提高边际贡献率较高的C产品比重，降低边际贡献率较低的B产品比重，从而进一步提高盈利能力。

三、目标利润分析

盈亏平衡分析是比较特殊的本量利分析，它以利润为零、企业不亏不盈为前提条件。但是现实中，企业不仅要保本，还要有盈利。因此，企业应结合市场情况、宏观经济背景、行业发展规划以及企业的战略发展规划等确定目标利润。

目标利润分析是在本量利分析方法的基础上，计算为达到目标利润所需达到的业务量、收入和成本的一种利润规划方法，该方法应反映市场的变化趋势、企业战略规划目标以及管理层需求等。

目标利润分析包括单一产品的目标利润分析和产品组合的目标利润分析。

（一）单一产品的目标利润分析

单一产品的目标利润分析重在分析每个要素的重要性。企业要实现目标利润，在假定其他因素不变时，通常应提高销售数量或销售价格，降低固定成本或单位变动成本。

根据本量利分析的基本公式：

目标利润 = 销售收入 − 变动成本 − 固定成本

= （单价 − 单位变动成本）× 销售量 − 固定成本

可得，单一产品的目标利润分析公式：

实现目标利润的销售量 = （目标利润 + 固定成本）÷（单价 − 单位变动成本）

$$= （目标利润 + 固定成本）÷ 单位边际贡献$$

实现目标利润的销售额 = 单价 × 实现目标利润的销售量

= （目标利润 + 固定成本）÷ 边际贡献率

企业在应用该工具方法进行如何提高销售量的策略分析时，可以根据市场情况的变化对销售价格进行调整，降价通常可能促进销售量的增加，提价通常可能使销售量下降；在市场需求极为旺盛的情况下，可以通过增加固定成本支出（如广告费、租赁设备等）、扩大生产能力来扩大销售量。

【例 6-4】 沿用【例 6-1】中的资料，假设企业目标利润为 20 000 元，计算该企业实现目标利润的销售量和销售额。

实现目标利润的销售量 = （60 000 + 20 000）÷（16 − 9.6）= 12 500（件）

实现目标利润的销售额 = 16 × 12 500 = 200 000（元）

或者 = （60 000 + 20 000）÷ 40% = 200 000（元）

该企业的销售量达到12 500件，或者销售额达到200 000元，便可实现目标利润20 000元。

（二）产品组合的目标利润分析

在单一产品的目标利润分析基础上，依据分析结果进行优化调整，寻找最优的产品组合。产品组合的目标利润分析重在优化企业产品组合。

产品组合的目标利润分析通常采用以下方法：

实现目标利润的销售额 = （综合目标利润 + 固定成本）÷ 综合边际贡献率

= （综合目标利润 + 固定成本）÷（1 − 综合变动成本率）

或者 = 固定成本 ÷（1 − 综合变动成本率 − 综合目标利润率）

= 固定成本 ÷（综合边际贡献率 − 综合目标利润率）

企业在应用该工具方法进行优化产品产量结构的策略分析时，在既定的生产能力基础上，可以提高具有较高边际贡献率的产品的产量。

【例 6-5】沿用【例 6-3】中的资料和计算结果数据，计算该企业实现目标利润的销售额。

（1）假设企业的综合目标利润为 30 000 元，则：

实现目标利润的销售额 = （70 000 + 30 000）÷ 45.90% = 217 864.92（元）

（2）假设企业的综合目标利润率为 20%，则：

实现目标利润的销售额 = 70 000 ÷（45.90% − 20%）= 270 270.27（元）

企业在现有产品结构下，如果销售额达到 217 864.92 元，即可实现目标利润 30 000 元；如果要实现综合目标利润率 20%，则需要销售额达到 270 270.27 元。

【明德善思】本量利分析是对成本、利润、业务量与单价等因素之间相互依存关系所进行的分析活动，成本、业务量、价格任何一个因素变动都会影响企业的利润。一些上市公司采用虚构收入、少记成本费用等手段，以达到虚增利润、抬高股价的目的，给投资者和社会造成严重损失。党的二十大报告指出："弘扬诚信文化，健全诚信建设长效机制"，人无信不立，业无信不兴，国无信则衰，会计人员承担着提供真实会计信息、维护国家财经纪律和经济秩序的重要职责，应坚持诚信为本，操守为重，遵循准则，不做假账，守好企业的钱袋子。

同步训练

一、单项选择题

1.下列关于盈亏平衡点的描述，正确的是（　　）。

A.企业收入和成本相等　　B.企业利润为零时的状态

C.企业的收入恰好弥补全部成本　　D.企业的收入等于变动成本

2.本量利分析的基本公式中，下列各项不等于营业利润的是（　　）。

A.销售收入减去总成本

B.销售收入减去变动成本与固定成本之和

C.销售收入减去变动成本

D.单位边际贡献与销售量的乘积减去固定成本

3.下列说法中，不正确的是（　　）。

A.企业的业务量等于盈亏平衡点的业务量时，企业处于亏损状态

B.企业的业务量高于盈亏平衡点的业务量时，企业处于盈利状态

C.本量利分析利用数学模型来揭示成本、业务量、利润和单价等因素之间的关系

D.目标利润等于销售收入减去变动成本与固定成本两者之和后的差额

二、多项选择题

1.本量利分析主要分析不同因素之间的依存关系，下列各项属于分析因素的有（　　）。

A.成本　　B.业务量　　C.利润　　D.单价

2.本量利关系图按照数据的特征和目的分类，可以分为（　　）。

A.传统式　　B.贡献毛益式　　C.目标利润式　　D.利量式

3.单一产品盈亏平衡点的表现形式有（　　）。

A.销售额　　B.成本额　　C.销售量　　D.成本价

三、计算分析题

1.A公司只生产单一产品甲产品，销售单价为24元/件，单位变动成本为16.8元/件，固定成本为72 000元，企业的生产经营能力为20 000件。

要求：

（1）根据资料，计算A公司盈亏平衡点的销售量和销售额。

（2）假设A公司的目标利润为43 200元，计算该公司实现目标利润的销售量和销售额。

2.B公司同时生产甲、乙、丙三种产品，产品销售与成本数据见表6-3。

表6-3　　产品销售与成本数据

项目	甲产品	乙产品	丙产品
产销量（件）	6 000	5 000	5 600
销售单价（元/件）	10	12	15
单位变动成本（元/件）	7	9	9
固定成本总额（元）	50 000		

参考答案

要求：

（1）根据资料，计算B公司盈亏平衡点的销售额。

（2）假设B公司的综合目标利润为40 000元，计算该公司实现目标利润的销售额。

任务三 边际分析

任务导学

通过任务二“本量利分析”的学习，学会了盈亏平衡分析和目标利润分析，但是企业在营运管理中会存在营运风险，这时通常会在本量利分析的基础上，同时运用边际分析工具方法，进行企业经营的安全性分析。

本任务要求能理解边际贡献分析和安全边际分析的相关指标，并应用相关指标完成边际分析。

阅读材料

管理会计应用指引第403号——边际分析

边际分析，是指分析某可变因素的变动引起其他相关可变因素变动的程度的方法，以评价既定产品或项目的获利水平，判断盈亏平衡点，提示营运风险，支持营运决策。边际分析工具方法主要有边际贡献分析和安全边际分析。边际分析方法可以有效地分析业务量、变动成本和利润之间的关系，通过定量分析，直观地反映企业营运风险，促进提高企业营运效益。

一、边际贡献分析

边际贡献分析，是指通过分析销售收入减去变动成本总额之后的差额，衡量产品为企业贡献利润的能力。边际贡献分析主要包括边际贡献和边际贡献率两个指标，有时会用到变动成本率指标。

（一）边际贡献

衡量边际贡献的指标有边际贡献总额和单位边际贡献。

1.边际贡献总额

边际贡献总额是产品的销售收入扣除变动成本总额后给企业带来的贡献，进一步扣除企业的固定成本总额后，剩余部分就是企业的利润，相关计算公式如下：

边际贡献总额 = 销售收入 − 变动成本总额

= （单价 − 单位变动成本）× 销售量

根据本量利基本公式：营业利润 = 销售收入 − 变动成本 − 固定成本，可推导出：

营业利润 = 边际贡献总额 − 固定成本

因此，企业进行单一产品决策时，评价标准如下：

当边际贡献总额大于固定成本时，利润大于0，表明企业盈利；

当边际贡献总额小于固定成本时，利润小于0，表明企业亏损；

当边际贡献总额等于固定成本时，利润等于0，表明企业保本。

【提示】根据本量利基本公式：营业利润 = 销售收入 – 变动成本 – 固定成本，可推导出：

边际贡献总额 = 销售收入 – 变动成本 = 固定成本 + 营业利润

因此，边际贡献总额是产品销售收入减去自身变动成本后的差额，它首先用于弥补企业的固定成本，如果还有剩余，才形成利润，如果不足以补偿固定成本，则产生亏损。

2. 单位边际贡献

单位边际贡献是销售单价减去单位变动成本后的差额，相关计算公式如下：

单位边际贡献 = 单价 – 单位变动成本

= 边际贡献总额 ÷ 销售量

（二）边际贡献率

边际贡献率，是指边际贡献在销售收入中所占的百分比，表示每1元销售收入中边际贡献所占的比重。

边际贡献率 = 边际贡献 ÷ 销售收入 × 100%

= 单位边际贡献 ÷ 单价 × 100%

= （单价 – 单位变动成本）÷ 单价 × 100%

在实践中，绝大多数企业会同时生产或销售多种产品，由于各个产品的边际贡献各不相同，需要计算多种产品的综合边际贡献率。

综合边际贡献率 = $\sum$ 各种产品边际贡献 ÷ $\sum$ 该产品的销售额

= $\sum$ （某种产品边际贡献率 × 该产品的销售额权重）

综合边际贡献率 = 1 – 综合变动成本率

综合边际贡献率反映了多产品组合给企业作出贡献的能力，该指标通常越大越好。企业面临资源约束，需要对多个产品线或多种产品进行优化决策，或对多种待选新产品进行投产决策的，可以通过计算边际贡献以及边际贡献率，评价待选产品的盈利性，主要体现为增加边际贡献或边际贡献率高的产品组合，减少边际贡献或边际贡献率低的产品组合，进而优化产品组合。

（三）变动成本率

变动成本率是指变动成本总额占销售收入总额的百分比，是与边际贡献率相关的一个指标。其计算公式如下：

变动成本率 = 变动成本总额 ÷ 销售收入总额 × 100%

= 单位变动成本 ÷ 单价 × 100%

将变动成本率和边际贡献率两个指标联系起来，可以推导出：

变动成本率 + 边际贡献率 = 1

变动成本率和边际贡献率两者之和等于1，两个指标互补。企业变动成本率越高，边际贡献率就越低；变动成本率越低，其边际贡献率必然越高。

【提示】销售收入被分成变动成本和边际贡献两部分，前者是产品自身的耗费，后者是对企业的贡献，两者在销售收入中所占百分比之和应当为1。

【例6-6】甲企业只生产A产品，销售量为16 000件，销售单价为24元/件，单位变动成本为18元/件，固定成本为60 000元。

边际贡献相关指标计算如下：

单位边际贡献 = 24 - 18 = 6（元）

边际贡献总额 = 单位边际贡献 × 销售量 = 6 × 16 000 = 96 000（元）

边际贡献率 = 6 ÷ 24 × 100% = 25%，或者边际贡献率 = 96 000 ÷（24 × 16 000）× 100% = 25%

变动成本率 = 18 ÷ 24 × 100% = 75%，或者变动成本率 = 1 - 25% = 75%

企业每件产品的边际贡献为6元，销售量达到16 000件时，企业的边际贡献总额为96 000元，用于弥补固定成本60 000元后，仍有利润36 000元。边际贡献率为25%，变动成本率为75%，即每1元销售收入中边际贡献占25%，变动成本占75%，边际贡献率与变动成本率之和为1，两者互补。

【明德善思】边际分析在管理会计领域用于营运管理分析，在经济学领域强调商品价值效用的主观评价：消费一种商品时，每增加一个单位，增加的效用就递减。这种规律也可用来解释很多腐败份子的贪腐心路历程：第一次伸手的心理压力最大、精神成本最高，第二次、第三次……依次递减，直到发展成麻木不仁，来者不拒。防止贪腐中的"边际效用"，必须消除侥幸心理，避免贪腐份子在不归路上越滑越快、越滑越远。万事皆有初，欲善终，当慎始，唯有扣好人生第一粒扣子、把好第一道关，才能从根本上防止贪腐现象一再发生。

二、安全边际分析

安全边际分析，是指通过分析正常销售额超过盈亏平衡点销售额的差额，衡量企业在保本的前提下，能够承受因销售额下降带来的不利影响的程度和企业抵御营运风险的能力。安全边际分析主要包括安全边际和安全边际率两个指标，盈亏平衡点作业率与安全边际率指标互补，两者之和等于1。

（一）安全边际

安全边际是指实际或预期销售量（或销售额）超过盈亏平衡点销售量（或销售额）的差额，表明销售量（或销售额）下降多少企业仍不至于亏损，体现企业营运的安全程度。

安全边际量 = 实际销售量或预期销售量 - 盈亏平衡点销售量

安全边际额 = 实际销售额或预期销售额 - 盈亏平衡点销售额

安全边际主要用于衡量企业承受营运风险的能力，尤其是销售量下降时承受风险的能力，也可以用于盈利预测。只有安全边际才能为企业提供利润，而盈亏平衡点销售额扣除变动成本后，只能为企业补偿固定成本。

【提示】安全边际部分的销售额减去自身变动成本后成为企业营业利润，即安全边际中的边际贡献等于企业利润。这个结论可以通过下式证明：

营业利润 = 销售收入 - 变动成本 - 固定成本

= 边际贡献总额 - 固定成本

= 销售收入 × 边际贡献率 − 盈亏平衡点销售收入 × 边际贡献率

= （销售收入 − 盈亏平衡点销售收入）× 边际贡献率

= 安全边际额 × 边际贡献率

（二）安全边际率

安全边际率是指安全边际与实际销售量或预期销售量的比值，体现了企业营运的安全程度。其公式如下：

安全边际率 = 安全边际量 ÷ 实际销售量或预期销售量 × 100%

安全边际或安全边际率的数值越大，企业发生亏损的可能性越小，抵御营运风险的能力越强，盈利能力越大。安全边际率是相对指标，便于不同企业和不同行业的比较。

（三）盈亏平衡点作业率

盈亏平衡点作业率，是指盈亏平衡点销售量占企业实际或预期销售量的比重。

盈亏平衡点作业率 = 盈亏平衡点销售量 ÷ 实际或预期销售量

盈亏平衡点作业率反映企业对某产品的产销能力利用到什么程度才能达到不盈不亏的状态。盈亏平衡点作业率越大，说明企业经营的安全程度越低；相反，说明企业经营的安全程度越高。当盈亏平衡点作业率为1时，说明企业的销售量正好达到保本水平，企业盈亏平衡，利润为零。

由安全边际的定义可以看出，企业产品的正常销售量分为两部分：一部分是盈亏平衡点销售量；另一部分是安全边际量，即：

正常销售量 = 盈亏平衡点销售量 + 安全边际量

上述公式两端同时除以正常销售量，可得到：

1 = 盈亏平衡点作业率 + 安全边际率

盈亏平衡点作业率和安全边际率两个指标互补，两者之和等于1。企业的盈亏平衡点作业率越小，安全边际率越大，生产经营的安全程度越高。

【例6–7】沿用【例6–6】中的资料，安全边际相关指标的计算如下：

盈亏平衡点销售量 = 60 000 ÷（24 − 18）= 10 000（件）

安全边际量 = 16 000 − 10 000 = 6 000（件）

安全边际额 = 6 000 × 24 = 144 000（元）

边际贡献率 =（24 − 18）÷ 24 × 100% = 25%

经营利润 = 144 000 × 25% = 36 000（元）

安全边际率 = 6 000 ÷ 16 000 × 100% = 37.5%

盈亏平衡点作业率 = 10 000 ÷ 16 000 × 100% = 62.5%，或者盈亏平衡点作业率 = 1 − 37.5% = 62.5%

企业的销售量16 000件中，盈亏平衡点销售量为10 000件，安全边际量为6 000件。企业安全边际率为37.5%，只要企业目前销售量下降幅度不超过37.5%（或者不超过6 000件），企业即处于盈利状态。企业安全边际额144 000元扣除自身75%的变动成本后，成为企业经营利润36 000元，即安全边际额中的边际贡献36 000元等于企业的利润。安全边际率与盈亏平衡点作业率之和为1，两者互补，企业只有尽量提高安全边际率，才能

微课

安全边际分析
例题解析

降低营运风险，提高经营的安全性。

【想一想】边际贡献分析和安全边际分析的意义有什么不同？

同步训练

一、单项选择题

1.产品的销售收入扣除变动成本总额后给企业带来的贡献，指的是（　　）。

A.边际贡献总额　　B.边际贡献率

C.安全边际　　D.安全边际率

2.边际贡献率和变动成本率之间的关系是（　　）。

A.两者之差等于1　　B.两者之和等于1

C.两者乘积等于1　　D.两者相除等于1

3.下列关于边际分析的说法中，不正确的是（　　）。

A.安全边际体现企业营运的安全程度

B.只有安全边际才能为企业提供利润，而盈亏平衡点销售额扣除变动成本后只能为企业补偿固定成本

C.变动成本率和边际贡献率两者之和等于1

D.盈亏平衡点作业率和安全边际率两者之差等于1

二、多项选择题

1.边际分析的工具方法主要有（　　）。

A.边际贡献分析　　B.目标利润分析

C.安全边际分析　　D.盈亏平衡分析

2.企业进行单一产品决策时，下列说法正确的有（　　）。

A.当边际贡献总额大于固定成本时，利润大于0，表明企业盈利

B.当边际贡献总额小于固定成本时，利润小于0，表明企业亏损

C.当边际贡献总额等于固定成本时，利润等于0，表明企业保本

D.当边际贡献总额大于固定成本时，利润小于0，表明企业亏损

3.下列指标体现营运安全程度的有（　　）。

A.安全边际量　　B.安全边际额

C.安全边际率　　D.盈亏平衡点作业率

三、计算分析题

参考答案

A公司只生产单一产品甲产品，销售数量为2 000件，销售单价为200元/件，单位变动成本为140元/件，固定成本为90 000元。

要求：

（1）计算A公司边际贡献相关指标，结合计算结果进行边际贡献分析。

（2）计算A公司安全边际相关指标，结合计算结果进行安全边际分析。

任务四 敏感性分析

任务导学

任务二“本量利分析”和任务三“边际分析”的学习，都隐含着一个假定，即除待求变量外的其他参数都是确定不变的。实际上，市场的变化和生产技术条件的变化，势必对原已计算的盈亏平衡点、目标利润、安全边际等指标产生影响。为此，经营者有必要分析各参数的变化对利润的影响，即进行敏感性分析。

本任务要求能描述短期营运决策的敏感性分析程序，会运用公式计算敏感系数，根据最大最小值法确定相关变量的临界值，能依据计算结果进行敏感性分析。

敏感性分析是指对影响目标实现的因素变化进行量化分析，以确定各因素变化对实现目标的影响及其敏感程度。敏感性分析具有广泛适用性，有助于识别、控制和防范短期营运决策、长期投资决策等相关风险，也可以用于一般经营分析。企业在营运计划的制订、调整以及营运监控分析等程序中通常会应用到敏感性分析，敏感性分析也常用于长期投资决策等。

阅读材料

管理会计应用指引第402号——敏感性分析

一、短期营运的敏感性分析

短期营运决策的敏感性分析应用程序一般包括确定短期营运决策目标、根据决策环境确定决策目标的基准值、分析确定影响决策目标的各种因素、计算敏感系数、根据敏感系数对各因素进行排序等程序。

（一）短期营运敏感程度分析

1. 确定短期营运决策目标

短期营运决策中的敏感性分析主要应用于目标利润规划，利润规划的决策目标是利润最大化，有关公式如下：

$$利润 = 销售量 \times （单价 - 单位变动成本）- 固定成本$$

2. 根据决策环境确定决策目标的基准值

在确定利润基准值时，企业通常根据正常状态下的产品销售量、定价和成本状况，使用本量利公式测算目标利润基准值。

3. 分析确定影响决策目标的各种因素

企业在进行敏感性分析时，可视具体情况和以往经验选取对利润基准值影响较大的因素进行分析。通常根据本量利公式分析和识别影响利润基准值的因素，包括销售量、单价、单位变动成本和固定成本。

【例 6-8】 某企业只生产一种产品，销售单价为2元/件，单位变动成本为1.2元/件，预计明年的固定成本为40 000元，销售量计划达到100 000件，假设没有利息支出和所得税，目标利润计算如下：

根据本量利分析基本公式，计算下一年预计利润为：

P =（2 - 1.2）× 100 000 - 40 000 = 40 000（元）

通过计算确定的目标利润基准值为40 000元，显然销售单价、单位变动成本、产销量、固定成本4个影响因素的变动，会直接影响利润的高低，因此需要进一步计算敏感系数来确定各因素值的变动对利润的影响。

4. 计算敏感系数

企业在进行因素分析时，通过计算各因素的敏感系数，衡量因素变动对决策目标基准值的影响程度。企业可以进行单因素敏感性分析或多因素敏感性分析。

（1）单因素敏感性分析。单因素敏感性分析，是指每次只变动一个因素而其他因素保持不变时所做的敏感性分析。敏感系数反映的是某一因素值变动对目标值变动的影响程度，有关公式如下：

某因素敏感系数 = 目标值变动百分比 ÷ 因素值变动百分比

在目标利润规划中，目标值为目标利润，变动因素为销售量、单价、单位变动成本和固定成本。敏感系数的绝对值越大，该因素越敏感。

【例6-9】沿用【例6-8】中的资料，假设单价、销售量、单位变动成本、固定成本中某一因素值变动百分比为增长20%，其他因素保持不变，该变动因素的敏感系数计算如下：

（1）单价的敏感系数。假设销售单价增长20%，则：

变动后的单价为：p = 2 ×（1 + 20%）= 2.4（元/件）

按变动后的单价计算利润：P =（2.4 - 1.2）× 100 000 - 40 000 = 80 000（元）

目标值变动百分比 =（80 000 - 40 000）÷ 40 000 × 100% = 100%

单价的敏感系数 = 100% ÷ 20% = 5

有关敏感性分析：敏感系数为正且大于1，说明单价每提高1%，利润将以5倍的速率增加。

（2）销售量的敏感系数。假设销售量增长20%，则：

变动后的销售量为：Q = 100 000 ×（1 + 20%）= 120 000（件）

按变动后的销售量计算利润：P =（2 - 1.2）× 120 000 - 40 000 = 56 000（元）

目标值变动百分比 =（56 000 - 40 000）÷ 40 000 × 100% = 40%

销售量的敏感系数 = 40% ÷ 20% = 2

有关敏感性分析：敏感系数为正且大于1，说明销售量每提高1%，利润将以2倍的速率增加。

（3）单位变动成本的敏感系数。假设单位变动成本增长20%，则：

变动后的单位变动成本为：VC = 1.2 ×（1 + 20%）= 1.44（元/件）

按变动后的单位变动成本计算利润：P =（2 - 1.44）× 100 000 - 40 000 = 16 000（元）

目标值变动百分比 =（16 000 - 40 000）÷ 40 000 × 100% = - 60%

单位变动成本的敏感系数 = - 60% ÷ 20% = - 3

有关敏感性分析：敏感系数为负，且绝对值大于1，说明单位变动成本每提高1%，利润将以3倍的速率下降。

（4）固定成本的敏感系数。假设固定成本增长20%，则：

变动后的固定成本为：FC = 40 000 ×（1 + 20%）= 48 000（元）

按变动后的固定成本计算利润：P =（2 − 1.20）× 100 000 − 48 000 = 32 000（元）

目标值变动百分比 =（32 000 − 40 000）÷ 40 000 × 100% = −20%

固定成本的敏感系数 = −20% ÷ 20% = −1

有关敏感性分析：敏感系数为负，且绝对值等于1，说明固定成本每提高1%，利润将以同比例的速率下降。

微课

敏感性分析
例题解析

单价、销售量、单位变动成本、固定成本的敏感系数绝对值分别为5、2、3、1，根据敏感系数绝对值排序，则单价、单位变动成本、销售量、固定成本对利润的敏感程度依次降低。企业应重点关注敏感因素，如单价、单位变动成本的变化，然后注意弱敏感因素值的变动情况。

（2）多因素敏感性分析。多因素敏感性分析，是指假定其他因素不变时，分析两种或两种以上不确定性因素同时变化对目标值的影响程度所做的敏感性分析。企业在进行目标利润规划时，通常以利润基准值为基础，测算销售量、单价、单位变动成本和固定成本中两个或两个以上的因素同时发生变动时，对利润基准值的影响程度。

5. 根据敏感系数对各因素进行排序

企业应根据敏感系数绝对值的大小对其进行排序，按照有关因素的敏感程度优化规划和决策。有关因素只要有较小幅度变动就会引起利润较大幅度变动的，属于敏感性因素；有关因素虽有较大幅度变动但对利润影响不大的，属于弱敏感性因素。

在短期利润规划决策中，销售量、单价、单位变动成本和固定成本都会对利润产生影响，应重点关注敏感性因素，及时采取措施，加强控制敏感性因素，确保利润规划的完成。

【例6–10】沿用【例6–9】中的资料，计算各因素发生不同幅度的变动后的利润，编制敏感性分析表，见表6–4。

表6–4 单因素变动敏感性分析表 金额单位：元

项目	−20%	−10%	0	+10%	+20%
单价	0	20 000	40 000	60 000	80 000
单位变动成本	64 000	52 000	40 000	28 000	16 000
固定成本	48 000	44 000	40 000	36 000	32 000
销售量（件）	24 000	32 000	40 000	48 000	56 000

（二）短期营运有关变量临界值的确定

在对利润规划进行敏感性分析时，企业应确定导致盈利转为亏损的有关变量的临界值，即确定销售量和单价的最小允许值、单位变动成本和固定成本的最大允许值。这种分析能引起目标发生质变的各参数变化的界限的方法称为最大最小值法。

1. 销售量的最小值

销售量的最小值是指企业利润为零的销售量，它就是盈亏平衡点销售量。

销售量的最小允许值 = 固定成本 ÷（单价 − 单位变动成本）

2.销售单价的最小值

单价下降会使利润下降，下降到一定程度，利润将变为零，销售单价的最小值是企业能接受的销售单价最小值。

销售单价的最小允许值 =（单位变动成本 × 销售量 + 固定成本）÷ 销售量

3.单位变动成本的最大值

单位变动成本上升会使利润下降，并逐步趋于零，此时的单位变动成本是企业能接受的最大值。

单位变动成本的最大允许值 =（单价 × 销售量 − 固定成本）÷ 销售量

4.固定成本的最大值

固定成本上升会使利润下降，并趋近于零，此时的固定成本是企业能接受的最大值。

固定成本的最大允许值 =（单价 − 单位变动成本）× 销售量

【例6-11】沿用【例6-8】中的资料，各变动因素临界值的计算如下：

（1）销售量的最小值 = 40 000 ÷（2 − 1.20）= 50 000（件）

这说明该企业目前的销售量为100 000件，下降到最小允许值50 000件时，利润将会由正变为负。

（2）销售单价的最小值 =（40 000 + 1.20 × 100 000）÷ 100 000 = 1.60（元/件）

这说明该企业目前的销售单价为2元/件，下降到最小允许值1.60元/件时，利润将会由正变为负。

（3）单位变动成本的最大值 =（2 × 100 000 − 40 000）÷ 100 000 = 1.60（元/件）

这说明该企业目前的单位变动成本为1.20元/件，上升到最大允许值1.60元/件时，利润将会由正变为负。

（4）固定成本的最大值 =（2 − 1.20）× 100 000 = 80 000（元）

这说明该企业目前的固定成本为40 000元，上升到最大允许值80 000元时，利润将会由正变为负。

【明德善思】

在短期营运敏感性分析过程中，一旦单价、销售量、单位变动成本等某一因素发生变动，都会引起其他相关因素发生一系列的连锁反应，这种“牵一发而动全身”的多米诺骨牌效应现象时常发生。因此，我们应用联系和发展的观点看待问题，树立全局观念，立足整体，统筹全局，选择最佳方案，不能片面、孤立和静止地看问题。同时，要求会计人员不仅要有丰富的专业知识和良好的职业素质，还要保持高度的职业敏感性及洞察力，对信息有强烈的接收、反应、判断和分析能力，做到“见微知著”“一叶知秋”，培养较强的综合职业能力。

二、长期投资的敏感性分析

长期投资决策中的敏感性分析，是指通过衡量投资方案中某个因素的变动对该方案预期结果的影响程度，作出对项目投资决策的可行性评价。它是投资项目评价中常用的一种研究不确定性的方法，是在确定性分析的基础上，进一步分析不确定性因素对投资项目的最终经济效果指标的影响及影响程度。

长期投资决策模型中决策目标的基准值通常包括净现值、内含报酬率、投资回收期、现值指数等。企业通常需要结合行业和项目特点，参考类似投资的经验，对项目的期限、现金流和折现率等影响决策目标基准值的因素进行识别和选取。

长期投资决策敏感性分析与短期营运决策敏感性分析步骤基本一致，通常在假定其他变量不变的情况下，测定某一个变量发生特定变化时对净现值（或内含报酬率）等指标的影响。其主要包括最大最小值法和敏感程度法两种分析方法。如果以净现值为目标值进行敏感性分析，可以计算投资期内的年现金净流量、有效使用年限和折现率的变动对净现值的影响程度；也可以计算净现值为零时的年现金净流量和有效使用年限的下限。以内含报酬率为基准值进行敏感性分析，可以计算投资期内的年现金净流量和有效使用年限变动对内含报酬率的影响程度。

（一）最大最小值法

最大最小值法的主要步骤如下：

（1）给定计算净现值的每个变量的预期值。计算净现值时，需要使用原始投资、营业现金流入、营业现金流出等变量的预期值。

（2）根据变量的预期值计算净现值，由此得出的净现值称为基准净现值。

（3）选择一个变量并假设其他变量不变，令净现值等于零，计算选定变量的临界值。如此往复，以测试每个变量的临界值。

【例6–12】A公司拟投产1个新产品，预计需要初始投资80万元，项目寿命为4年，投资建成后预期每年可增加税后营业现金流入90万元，可增加税后营业现金流出63万元，公司的所得税税率为20%。

该项目的基准净现值，以及税后营业现金流入、税后营业现金流出的计算见表6–5。

表6–5 最大最小值敏感性分析表 金额单位：万元

项目	预期值	税后营业现金流入最小值	税后营业现金流出最大值
每年税后营业现金流入	90	84.24	90
减：每年税后营业现金流出	63	63	68.76
加：折旧抵税（20%）	4	4	4
每年税后营业现金净流量	31	25.24	25.24
年金现值系数（10%，4年）	3.1699	3.1699	3.1699
税后营业现金净流量总现值	98.27	80	80
初始投资	-80	-80	-80
净现值	18.27	0	0

折旧抵税 = 80 ÷ 4 × 20% = 4（万元）

基准净现值 =（90 − 63 + 4）× 3.1699 − 80 = 18.27（万元）

令净现值等于零，则：

税后营业现金流入最小值 = 80 ÷ 3.1699 − 4 + 63 = 84.24（万元）

税后营业现金流出最大值 = 90 + 4 −（80 ÷ 3.1699）= 68.76（万元）

最大最小值法分析：根据各变量的预期值，计算出项目的预期净现值为18.27万元，说明项目可投资。但是由于各变量具有不确定性，据此计算的净现值也具有不确定性。为此，需要分析税后营业现金流入、税后营业现金流出、项目寿命变动（暂时不考虑）对净现值的影响。首先，分析税后营业现金流入变动的影响：令净现值等于零，假定其他因素不变，求得税后营业现金流入为84.24万元，表明税后营业现金流入低于84.24万元时，项目净现值变为零，不再具有可投资价值。其次，分析税后营业现金流出变动的影响：令净现值等于零，假定其他因素不变，求得税后营业现金流出为68.76万元，表明税后营业现金流出高于68.76万元时，项目净现值变为零，不再具有可投资价值。因此，如果决策者对上述最小现金流入和最大现金流出有信心，则项目是可行的；反之，如果决策者认为现金流入可能低于最小值，或者现金流出可能超过最大值，则项目风险较大，应慎重考虑是否进行投资。

（二）敏感程度法

敏感程度法的主要步骤如下：

（1）计算项目的基准净现值；

（2）选择一个变量，假设其发生一定幅度的变化，而其他变量保持不变，重新计算净现值；

（3）计算选定变量的敏感系数；

（4）根据上述计算结果，对项目的敏感性作出判断。

【例6-13】沿用【例6-12】中的资料，计算某一变量增加10%（其他因素不变）时的净现值，以及相应的敏感系数。敏感性分析见表6-6。

表6-6 敏感性分析表 金额单位：万元

项目	基准值	每年税后营业现金流入增加10%	每年税后营业现金流出增加10%	初始投资增加10%
每年税后营业现金流入	90	99	90	90
减：每年税后营业现金流出	63	63	69.3	63
加：折旧抵税（20%）	4	4	4	4
每年税后营业现金净流量	31	40	24.7	31
年金现值系数（10%，4年）	3.1699	3.1699	3.1699	3.1699
税后营业现金净流量总现值	98.27	126.80	78.30	98.27
初始投资	-80	-80	-80	-88
净现值	18.27	46.80	-1.7	10.27
敏感系数	—	15.62	-10.93	-4.38

每年税后营业现金流入增加10%的敏感系数 = [（46.80 - 18.27）÷ 18.27] ÷ 10%
= 15.62

每年税后营业现金流出增加10%的敏感系数 = [（- 1.7 - 18.27）÷ 18.27] ÷ 10%
= - 10.93

初始投资增加10%的敏感系数 = [（10.27 - 18.27）÷ 18.27] ÷ 10% = - 4.38

敏感程度法分析：表6-6分别计算了3个变量增加10%时对净现值的影响，可以帮助决策人认识项目的特有风险和应关注的重点。税后营业现金流入是引发净现值变动的主要敏感因素，税后营业现金流入每减少1%，项目净现值就损失15.62%，应予以重点关注。次要敏感因素是税后营业现金流出，如果增加10.93%就会使项目失去投资价值，若这种可能性大，就应考虑放弃该项目，或者重新设计项目。相对不敏感的因素是投资额，但在投资决策时，也应加以注意。

敏感性分析的主要优点是：方法简单易行，分析结果易于理解，能为企业的规划、控制和决策提供参考。敏感性分析的主要缺点是：对决策模型和预测数据具有依赖性，决策模型的可靠程度和数据的合理性，会影响敏感性分析的可靠性。

【想一想】短期营运敏感性分析和长期投资敏感性分析有哪些相似之处？

同步训练

一、单项选择题

1.目标利润规划中，决策目标是（　　）。

A.销售量　B.销售单价　C.单位变动成本　D.目标利润

2.下列关于敏感系数的说法中，不正确的是（　　）。

A.敏感系数的绝对值越大，该因素越敏感

B.企业应根据敏感系数绝对值的大小对有关因素进行排序

C.企业应重点关注敏感性因素

D.企业应重点关注弱敏感性因素

3.如果以净现值为目标值进行敏感性分析，下列各项中不属于影响目标基准值的因素的是（　　）。

A.项目的期限　B.现金流量　C.折现率　D.投资回收期

二、多项选择题

1.敏感性分析的适用范围有（　　）。

A.短期营运决策　B.长期投资决策　C.预算决策　D.绩效决策

2.短期营运决策中的敏感性分析的应用程序一般有（　　）。

A.确定短期营运决策目标

B.根据决策环境确定决策目标的基准值

C.分析确定影响决策目标的各种因素

D.计算敏感系数，并根据敏感系数对各因素进行排序

3.在短期营运的敏感性分析中确定有关变量的临界值时，下列表述正确的有（　　）。

A.确定销售量的最小允许值　B.确定销售单价的最小允许值

C.确定单位变动成本的最大允许值　D.确定固定成本的最大允许值

三、计算分析题

A公司只生产甲产品，销售单价为80元/件，单位变动成本为50元/件，预计固定成本为100 000元，销售量计划达到5 000件，假设没有利息支出和所得税。

参考答案

要求：

（1）根据资料，计算A公司利润基准值。

（2）根据资料，假设单价、销售量、单位变动成本、固定成本中某一因素值变动百分比为增长10%，其他因素保持不变，计算该变动因素的敏感系数。

项目七

绩效管理

学习目标

1. 认知绩效管理的概念、原则和工具方法
2. 描述制订绩效计划的要求以及制订绩效激励计划组合的要求
3. 领会关键绩效指标的概念和指标体系构成
4. 能应用关键绩效指标
5. 把握经济增加值法的概念和应用环境
6. 能计算经济增加值
7. 领会平衡计分卡的含义
8. 会构建平衡计分卡的指标体系

知识点

绩效　绩效管理　关键绩效指标　经济增加值　平衡计分卡

技能点

设定关键绩效指标　计算经济增加值　制定平衡计分卡

思政融入点

1. 绩效考核应客观公正、科学有效地进行，营造团结、进取、务实的良好环境。
2. 全面管理自己，打造自身核心竞争力，实现个人人生价值。

知识结构

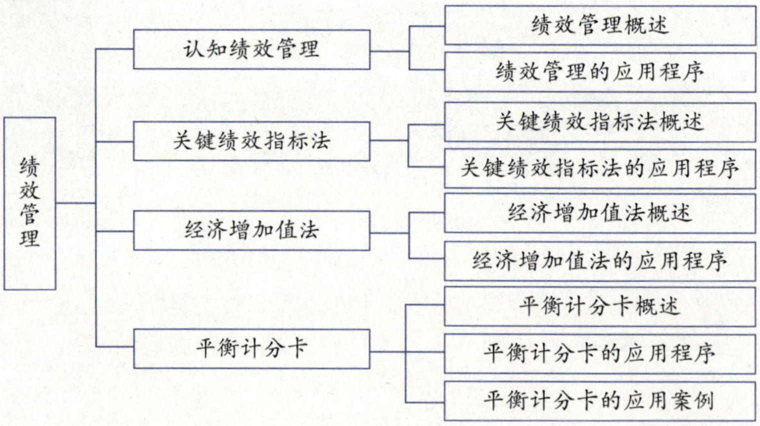

案例导入

青山公司对平衡计分卡的运用

中国兵器装备集团公司下属的重庆青山工业有限责任公司（以下简称“青山公司”）为贯彻落实集团战略目标，运用平衡计分卡原理来确定公司战略、规划，取得了较好的管理效果，充分发挥了平衡计分卡管理表盘的作用，以促进青山公司加强日常管控。其具体做法如下：

第一步，青山公司确定从公司、部门、班组和岗位四个层级，按战略制定、战略地图、平衡计分卡、关键绩效指标、行动计划五个业务线编制平衡计分卡；

第二步，在平衡计分卡的实施上，依次定义战略目标、确定衡量指标、定义衡量指标和目标值、编制行动方案；

第三步，为保障平衡计分卡的顺利运行，青山公司从组织保障、流程保障、制度保障三方面着手，设立了平衡计分卡领导小组和管理办公室，建立了平衡计分卡体系运行管理流程和定期诊断汇报机制，以系统反映战略执行情况。

资料来源：财政部会计司. 管理会计案例库［EB/OL］.［2021-03-10］. http://kjs.mof.gov.cn.

任务一　认知绩效管理

任务导学

绩效是企业各个层次一段时间取得的工作成果，如何实现绩效能持续不断地为企业战略目标作出更大贡献，是企业管理者面临的重要问题，而进行有效的绩效管理是解决这一问题的方法。

本任务要求认知绩效管理的概念、原则和工具方法，描述绩效管理的应用程序，把握制订绩效计划的要求以及制订绩效激励计划组合的要求。

一、绩效管理概述

（一）绩效管理的概念

绩效是在追求达成企业目标的情况下，组织和个人所取得的工作成果。以层级划分，绩效可以细化为公司绩效、部门绩效（团队绩效）和岗位绩效三个层次。

阅读材料

管理会计应用指引第600号——绩效管理

绩效管理，是指企业与所属单位（部门）、员工之间就绩效目标及如何实现绩效目标达成共识，并帮助和激励员工取得优异绩效，从而实现企业目标的管理过程。绩效管理的核心是绩效评价和激励管理。

绩效评价，是指企业运用系统的工具方法，对一定时期内企业营运效率与效果进行综合评判的管理活动。绩效评价是企业实施激励管理的重要依据。

激励管理，是指企业运用系统的工具方法，调动企业员工的积极性、主动性和创造性，激发企业员工工作动力的管理活动。激励管理是促进企业绩效提升的重要手段。

（二）绩效管理的原则

企业进行绩效管理，一般应遵循以下原则：

1.战略导向原则

绩效管理应为企业实现战略目标服务，支持价值创造能力提升。

2.客观公正原则

绩效管理应实事求是，评价过程应客观公正，激励实施应公平合理。

3.规范统一原则

绩效管理的政策和制度应统一明确，并严格执行规定的程序和流程。

4.科学有效原则

绩效管理应做到目标符合实际，方法科学有效，激励与约束并重，操作简便易行。

【明德善思】

绩效考核是一项系统工程，涉及对职工的绩效评价与经济利益，是比较敏感的话题，实施过程中出现各种状况在所难免。因此，应及时发现与疏导绩效考核中出现的思想问题，从而保证绩效考核的客观公正、科学有效进行，营造一个团结、进取、务实的良好工作环境。我们应正确对待绩效考核过程中职工思想产生的波动，要积极面对，做好思想工作；对于基层考核者存在怕得罪人的“畏难”心态，不能望而生畏，要认真分析问题的实质，对症下药，耐心细致地做思想工作，摆事实讲道理，化消极因素为积极因素，做到“润物细无声”。

（三）绩效管理的工具方法

绩效管理领域应用的管理会计工具方法，一般包括关键绩效指标法、经济增加值法、平衡计分卡、股权激励等。

企业可根据自身战略目标、业务特点和管理需要，结合不同工具方法的特征及适用范围，选择一种适合的绩效管理工具方法单独使用，也可选择两种或两种以上的工具方法综合运用。

（四）绩效管理的应用环境

企业进行绩效管理时，应设立薪酬与考核委员会或类似机构，主要负责审核绩效管理的政策和制度、绩效计划与激励计划、绩效评价结果与激励实施方案、绩效评价与激励管理报告等，协调解决绩效管理工作中的重大问题。

薪酬与考核委员会或类似机构下设绩效管理工作机构，主要负责制定绩效管理的政策和制度、绩效计划与激励计划，组织绩效计划与激励计划的执行与实施，编制绩效评价与激励管理报告等，协调解决绩效管理工作中的日常问题。

企业应建立健全绩效管理的制度体系，明确绩效管理的工作目标、职责分工、工作程序、工具方法、信息报告等内容。

企业应建立有助于绩效管理实施的信息系统，为绩效管理工作提供信息支持。

二、绩效管理的应用程序

企业应用绩效管理工具方法，一般按照制订绩效计划与激励计划、执行绩效计划与激励计划、实施绩效评价与激励、编制绩效评价与激励管理报告等程序进行。

（一）制订绩效计划与激励计划

企业应根据战略目标，综合考虑绩效评价期间宏观经济政策、外部市场环境、内部管理需要等因素，结合业务计划与预算，按照上下结合、分级编制、逐级分解的程序，在沟通反馈的基础上，编制各层级的绩效计划与激励计划。

1.构建绩效计划的评价体系

企业可单独或综合运用关键绩效指标法、经济增加值法、平衡计分卡等工具方法构建指标体系。指标体系应反映企业战略目标实现的关键成功因素，具体指标应含义明确、可度量。

（1）确定评价指标。指标权重的确定可选择运用主观赋权法和客观赋权法，也可综合运用这两种方法。主观赋权法是利用专家或个人的知识与经验来确定指标权重的方法，如德尔菲法、层次分析法等。客观赋权法是从指标的统计性质入手，由调查数据确定指标权重的方法，如主成分分析法、均方差法等。

（2）设定目标值。绩效目标值的确定可参考内部标准与外部标准。内部标准有预算标准、历史标准、经验标准等；外部标准有行业标准、竞争对手标准、标杆标准等。

（3）选择评价方法。绩效评价计分方法可分为定量法和定性法。定量法主要有功效系数法和综合指数法等；定性法主要有素质法和行为法等。

①功效系数法，是指根据多目标规划原理，将所要评价的各项指标分别对照各自的标准，并根据各项指标的权重，通过功效函数转化为可以度量的评价分数，再对各项指标的单项评价分数进行加总，得出综合评价分数的一种方法。该方法的优点是从不同侧面对评价对象进行评分，满足了企业多目标、多层次、多因素的绩效评价要求；缺点是标准值确定难度较大，比较复杂。行业评价标准值由财政部定期颁布，不同行业、不同规模（大型、中型、小型）的企业有不同的标准值。功效系数法的计算公式为：

$$\text{绩效指标总得分}=\sum\text{单项指标得分}$$

$$\text{单项指标得分}=\text{本档基础分}+\text{调整分}$$

$$\text{本档基础分}=\text{指标权重}\times\text{本档标准系数}$$

$$\text{调整分}=\text{功效系数}\times(\text{上档基础分}-\text{本档基础分})$$

$$\text{上档基础分}=\text{指标权重}\times\text{上档标准系数}$$

$$\text{功效系数}=\frac{\text{实际值}-\text{本档标准值}}{\text{上档标准值}-\text{本档标准值}}$$

【提示】本档标准值是指上下两档标准值中居于较低等级的一档。

对评价标准值的选用，应结合评价的目的、范围、企业所处行业、企业规模等具体情况，参考国家相关部门或研究机构发布的标准值确定。

【例7-1】KS机械公司是生产电机的一家小型工业企业，属于机械工业大类下电气机械及器材制造业中的电机制造业。因此，KS机械公司选择财政部公布的小型电机制造业的标准值表作为计算依据。2019年，KS机械公司经过会计人员的财务分析，计算出公司各项财务指标，其中总资产周转率为1.3。对照小型电机制造业的标准值表，KS机械公司的总资产周转率在“优秀值”（1.5）和“良好值”（0.7）之间，需要调整。从企业综合绩效评价指标与权数表中，可以查出总资产周转率的权重为10，从小型电机制造业的标准值表可以查出，本档标准系数为0.8，上一档标准系数为1.0。

KS机械公司总资产周转率的得分计算如下：

$$本档基础分=指标权重\times本档标准系数=10\times0.8=8（分）$$

微课

绩效评价例题解析

$$调整分=\frac{实际值-本档标准值}{上档标准值-本档标准值}\times\left(\begin{matrix}指标\\权重\end{matrix}\times\begin{matrix}上档标准\\系数\end{matrix}-本档基础分\right)$$

$$=\frac{1.3-0.7}{1.5-0.7}\times(10\times1.0-10\times0.8)=0.75\times2=1.50（分）$$

$$KS机械公司总资产周转率得分=本档基础分+调整分=8+1.50=9.50（分）$$

KS机械公司其他基本指标得分的计算方法与此相同，不再举例。

②综合指数法，是指根据指数分析的基本原理，计算各项绩效指标的单项评价指数和加权评价指数，据以进行综合评价的方法。该方法的优点是操作简单，容易理解；缺点是标准值存在异常时，影响结果的准确性。综合指数法的计算公式为：

$$绩效指标总得分=\sum(单项指标评价指数\times该项评价指标的权重)$$

③素质法，是指评估员工个人或团队在多大程度上具有组织所要求的某种基本素质、关键技能和主要特质的方法。

④行为法，是指专注于描述与绩效有关的行为状态，考核员工在多大程度上采取了管理者所期望或工作角色所要求的组织行为的方法。

（4）判断评价周期。绩效评价周期一般可分为月度、季度、半年度、年度、任期。月度、季度绩效评价一般适用于企业基层员工和管理人员，半年度绩效评价一般适用于企业中高层管理人员，年度绩效评价适用于企业所有被评价对象，任期绩效评价主要适用于企业负责人。

2. 制订激励计划的形式组合

（1）激励计划的形式。激励计划是企业为激励被评价对象而采取的行动方案，包括激励对象、激励形式、激励条件、激励周期等内容。激励计划按激励形式可分为薪酬激励计划、能力开发激励计划、职业发展激励计划和其他激励计划。

①薪酬激励计划。薪酬激励计划按期限可分为短期薪酬激励计划和中长期薪酬激励计划。短期薪酬激励计划主要包括绩效工资、绩效奖金、绩效福利等。中长期薪酬激励计划主要包括股票期权、股票增值权、限制性股票以及虚拟股票等。

②能力开发激励计划。能力开发激励计划主要包括对员工知识、技能等方面的提升计划。

③职业发展激励计划。职业发展激励计划主要是对员工职业发展作出的规划。

④其他激励计划包括良好的工作环境、晋升与降职、表扬与批评等。

（2）激励计划的组合要求。激励计划的制订应以绩效计划为基础，采用多元化的激励形式，兼顾内在激励与外在激励、短期激励与长期激励、现金激励与非现金激励、个人激励与团队激励、正向激励与负向激励，充分发挥各种激励形式的综合作用。绩效计划与激励计划制订完成后，应经薪酬与考核委员会或类似机构审核，报董事会或类似机构审批。经审批的绩效计划与激励计划应保持稳定，一般不予调整，若受国家政策、市场环境、不可抗力等客观因素影响，确需调整的，应严格履行规定的审批程序。

【案例7-1】华为是一家在它创始之初就实行了股权激励计划的典型非上市公司。当时它的股权激励计划规定，员工的参股价格是每股10元。但因为是非上市公司，其股票没有渠道可以公开售卖，员工只能靠分红获得收益，所以公司每年都会把税后利润的15%作为分红分给员工。因而，华为员工的薪酬就由三个部分组成：工资、奖金、股票分红。

华为的股权激励对员工的入职年限有一定要求，员工只有在入职1年以后，才能根据职位和工作业绩等量化指标来确定可购买的股票数量，而且华为一般是直接用年终奖来替员工购买股票的，因此公司并不需要真正支付现金。华为的股权激励计划有很多优点。它可以帮助华为更好地留住员工，减少员工的流动和跳槽，同时也减少了现金的支出。华为这样的公司需要大量的研发人员，如果这些掌握研发技术的人员频繁跳槽，势必对公司非常不利；而这些人的工资水平又相对较高，用年终奖购买公司股票减少了现金的支出，那些本应该发给员工的奖金作为为员工购买股票的支出又回到了公司。

后来，华为对股权激励计划进行了一定的修订，包括从直接买股票变成了授予期权或者限制性股票；分红也不再是简单的固定分红，而是按照公司股东价值增加的部分来分红；后来，还规定了股权兑现的锁定期，若员工在锁定期内离职，所获股权作废。可以看到，后来的这些修订使得股权激励计划具有了更强的激励作用。股权激励计划并非上市公司的专利，只要具体条款满足监管要求，任何公司都可以根据自己的需要来设计。

（二）执行绩效计划与激励计划

审批后的绩效计划与激励计划，应以正式文件的形式下达执行，确保与计划相关的被评价对象能够了解计划的具体内容和要求。

绩效计划与激励计划下达后，各计划执行单位（部门）应认真组织实施，从横向和纵向两方面落实到各所属单位（部门）、各岗位员工，形成全方位的绩效计划与激励计划执行责任体系。

绩效计划与激励计划执行过程中，企业应建立配套的监督控制机制，及时记录执行情况，进行差异分析与纠偏，持续优化业务流程，确保绩效计划与激励计划的有效执行。

1.监控与记录

企业可借助信息系统或其他信息支持手段，监控和记录指标完成情况、重大事项、员工的工作表现、激励措施执行情况等内容。收集信息的方法主要有观察法、工作记录法、他人反馈法等。

2.分析与纠偏

根据监控与记录的结果，重点分析指标完成值与目标值的偏差、激励效果与预期目标的偏差，提出相应整改建议并采取必要的改进措施。

3.编制分析报告

分析报告主要反映绩效计划与激励计划的执行情况及分析结果，其频率可以是月度、季度、年度，也可根据需要编制。

绩效计划与激励计划执行过程中，绩效管理工作机构应通过会议、培训、网络、公告栏等形式，进行多渠道、多样化、持续不断的沟通与辅导，使绩效计划与激励计划得到充分理解和有效执行。

（三）实施绩效评价与激励

绩效管理工作机构应根据计划的执行情况定期实施绩效评价与激励，按照绩效计划与激励计划的约定，对被评价对象的绩效表现进行系统、全面、公正、客观的评价，并根据评价结果实施相应的激励。

（1）评价主体应按照绩效计划收集相关信息，获取被评价对象的绩效指标实际值，对照目标值，应用选定的计分方法，计算评价分值，并进一步形成对被评价对象的综合评价结果。

（2）绩效评价过程及结果应有完整的记录，结果应得到评价主体和被评价对象的确认，并进行公开发布或非公开告知。公开发布的主要方式有召开绩效发布会、企业网站绩效公示、面板绩效公告等；非公开告知一般采用一对一书面、电子邮件函告或面谈告知等方式进行。

（3）评价主体应及时向被评价对象进行绩效反馈，反馈内容包括评价结果、差距分析、改进建议及措施等，可采取反馈报告、反馈面谈、反馈报告会等形式进行。

（4）绩效结果发布后，企业应依据绩效评价的结果，组织兑现激励计划，综合运用绩效薪酬激励、能力开发激励、职业发展激励等多种方式，逐级兑现激励承诺。

（四）编制绩效评价与激励管理报告

绩效管理工作机构应定期或根据需要编制绩效评价与激励管理报告，对绩效评价和激励管理的结果进行反映。

绩效评价与激励管理报告是企业管理会计报告的重要组成部分，应确保内容真实、数据可靠、分析客观、结论清楚，为报告使用者提供满足决策需要的信息。

1. 绩效评价报告的内容

绩效评价报告根据评价结果编制，反映被评价对象的绩效计划完成情况，通常由报告正文和附件构成。报告正文主要包括以下两部分：

（1）评价情况说明，包括评价对象、评价依据、评价过程、评价结果、需要说明的重大事项等。

（2）管理建议。

报告附件包括评价计分表、问卷调查结果分析、专家咨询意见等报告正文的支持性文档。

2. 激励管理报告的内容

激励管理报告主要包括以下两部分：

（1）激励情况说明，包括激励对象、激励依据、激励措施、激励执行结果、需要说明的重大事项等。

（2）管理建议。

其他有关支持性文档可以根据需要以附件形式提供。

3. 绩效评价与激励管理报告的分类

绩效评价与激励管理报告可分为定期报告、不定期报告。

（1）定期报告主要反映一定期间被评价对象的绩效评价与激励管理情况。每个会计年度至少出具一份定期报告。

（2）不定期报告根据需要编制，反映部分特殊事项或特定项目的绩效评价与激励管理情况。

4.绩效评价与激励管理报告的反馈

绩效评价与激励管理报告应根据需要及时报送薪酬与考核委员会或类似机构审批。企业应定期通过回顾和分析，检查和评估绩效评价与激励管理的实施效果，不断优化绩效计划和激励计划，改进未来绩效管理工作。

【想一想】结合财务会计的知识，绩效激励的方式有哪些？应当如何核算？

同步训练

一、单项选择题

1.绩效评价计分方法可分为定量法和（　　）。

A.目标法　　B.测量法　　C.定性法　　D.估计法

2.绩效评价周期一般可分为月度、季度、半年度、年度和（　　）。

A.周　　B.天　　C.项目　　D.任期

3.绩效目标值的确定可参考内部标准与外部标准。内部标准有预算标准、（　　）和经验标准等。

A.竞争对手标准　　B.行业标准　　C.标杆标准　　D.历史标准

二、多项选择题

1.企业进行绩效管理，一般应遵循（　　）原则。

A.战略导向　　B.客观公正　　C.规范统一　　D.科学有效

2.绩效计划的评价体系，企业可单独或综合运用（　　）等工具方法构建。

A.关键绩效指标法　　B.经济增加值法

C.风险矩阵法　　D.平衡计分卡

参考答案

3.中长期薪酬激励计划主要包括（　　）等。

A.股票期权　　B.股票增值权

C.限制性股票　　D.绩效工资

任务二　关键绩效指标法

任务导学

在战略管理地图绘制和实施的过程中，关键绩效指标（KPI）是个人、部门和企业为实现战略目标而制定的工作目标。不言而喻，关键绩效指标必然是企业绩效管理重要的评价考核指标。

本任务要求能描述关键绩效指标法的概念、指标体系构成和应用程序，会应用关键绩效指标。

一、关键绩效指标法概述

（一）关键绩效指标法的概念

阅读材料

管理会计应用指引第601号——关键绩效指标法

关键绩效指标法，是指基于企业战略目标，通过建立关键绩效指标（Key Performance Indicator，KPI）体系，将价值创造活动与战略规划目标有效联系，并据此进行绩效管理的方法。

关键绩效指标，是对企业绩效产生关键影响力的指标，是通过对企业战略目标、关键成果领域的绩效特征分析，识别和提炼出的最能有效驱动企业价值创造的指标。

关键绩效指标法可单独使用，也可与经济增加值法、平衡计分卡等其他方法结合使用。关键绩效指标法的应用对象可为企业、所属单位（部门）和员工。

（二）关键绩效指标

企业的关键绩效指标一般可分为结果类和动因类两类指标。结果类指标是反映企业绩效的价值指标，主要包括投资资本回报率、权益净利率、经济增加值回报率、息税前利润、自由现金流、资产负债率等综合指标；动因类指标是反映企业价值关键驱动因素的指标，主要包括资本性支出、产量、销量、单位生产成本、客户满意度、员工满意度等。

1.结果类关键绩效指标

（1）投资资本回报率，是指企业一定会计期间取得的息前税后利润占其所使用的全部投资资本的比重，反映企业在会计期间有效利用投资资本创造回报的能力。其计算公式如下：

$$投资资本回报率=\frac{税前利润\times(1-所得税税率)+利息支出}{投资资本平均余额}\times100\%$$

$$投资资本平均余额=\frac{期初投资资本+期末投资资本}{2}$$

$$投资资本=有息债务+所有者(股东)权益$$

（2）净资产收益率（也称权益净利率），是指企业一定会计期间取得的净利润占其所使用的净资产平均数的比重，反映企业全部资产的获利能力。其计算公式如下：

$$净资产收益率=\frac{净利润}{平均净资产}\times100\%$$

（3）经济增加值回报率，是指企业一定会计期间内，经济增加值与平均资本占用的比值。其计算公式如下：

$$经济增加值=税后净营业利润-平均资本占用\times加权平均资本成本$$

$$\text{经济增加值回报率}=\frac{\text{经济增加值}}{\text{平均资本占用}}\times 100\%$$

（4）息税前利润，是指企业当年实现的税前利润与利息支出的合计数。其计算公式如下：

$$\text{息税前利润}=\text{税前利润}+\text{利息支出}$$

（5）自由现金流，是指企业一定会计期间经营活动产生的净现金流超过付现资本性支出的金额，反映企业可动用的现金。其计算公式如下：

$$\text{自由现金流}=\text{经营活动现金流}-\text{付现资本性支出}$$

（6）资产负债率，是指企业负债总额与资产总额的比值，反映企业整体财务风险程度。其计算公式如下：

$$\text{资产负债率}=\frac{\text{负债总额}}{\text{资产总额}}\times 100\%$$

【例 7–2】某企业2019年有关资料如下：

（1）其有关财务指标见表7–1。

表7–1　某企业2019年财务资料　单位：元

项目名称	年初数	年末数
无息债务	200	300
有息债务	450	550
所有者权益	1 200	1 300

（2）税前利润总额为420万元，其中财务费用利息支出为48万元。

（3）企业所得税税率为25%。

投资资本回报率、净资产收益率、息税前利润、资产负债率等结果类指标的计算如下：

$$\text{投资资本平均余额}=\frac{1\,200+450+1\,300+550}{2}=1\,750\text{（万元）}$$

$$\text{投资资本回报率}=\frac{420\times(1-25\%)+48}{1\,750}\times 100\%=20.74\%$$

$$\text{净资产收益率}=\frac{420\times(1-25\%)}{(1\,200+1\,300)/2}\times 100\%=25.20\%$$

$$\text{息税前利润}=420+48=468\text{（万元）}$$

$$\text{年初资产负债率}=\frac{200+450}{200+450+1\,200}\times 100\%=35.14\%$$

$$\text{年末资产负债率}=\frac{300+550}{300+550+1\,300}\times 100\%=39.53\%$$

微课

关键绩效指标
例题解析

2.动因类关键绩效指标

（1）资本性支出，是指企业发生的、其效益涉及两个或两个以上会计年度的各项支出。

（2）产量，是指企业在一定时期内生产出来的产品的数量。

（3）销量，是指企业在一定时期内销售商品的数量。

（4）单位生产成本，是指生产单位产品而平均耗费的成本。

（5）客户满意度，是指客户期望值与客户体验的匹配程度，即客户通过对某项产品或服务的实际感知与其期望值的比较得出的指数。客户满意度收集渠道主要包括问卷调查、客户投诉、与客户的直接沟通、消费者组织的报告、各种媒体的报告和行业研究的结果等。

（6）员工满意度，是指员工对企业的实际感知与其期望值相比较后得出的指数。其主要通过问卷调查、访谈调查等方式，从工作环境、工作关系、工作内容、薪酬福利、职业发展等方面进行衡量。

（三）关键绩效指标法的应用环境

企业应用关键绩效指标法，除了应遵循《管理会计应用指引第600号——绩效管理》中对应用环境的一般要求外，还应综合考虑绩效评价期间宏观经济政策、外部市场环境、内部管理需要等因素，构建指标体系。

（1）企业应有明确的战略目标。战略目标是确定关键绩效指标体系的基础，关键绩效指标反映战略目标，对战略目标实施效果进行衡量和监控。

（2）企业应清晰识别价值创造模式，按照价值创造路径识别出关键驱动因素，科学地选择和设置关键绩效指标。

（四）关键绩效指标法的优点和缺点

1.关键绩效指标法的主要优点

（1）使企业业绩评价与战略目标密切相关，有利于企业战略目标的实现；

（2）通过识别的价值创造模式把握关键价值驱动因素，能够更有效地实现企业价值增值目标；

（3）评价指标数量相对较少，易于理解和使用，实施成本相对较低，有利于推广实施。

2.关键绩效指标法的主要缺点

关键绩效指标的选取需要透彻理解企业价值创造模式和战略目标，有效识别企业核心业务流程和关键价值驱动因素，指标体系设计不当将导致错误的价值导向和管理缺失。

【想一想】关键绩效指标的设计应当考虑哪些方面的要求？

二、关键绩效指标法的应用程序

企业应用关键绩效指标法，一般包括如下程序：制订以关键绩效指标为核心的绩效计划、制订激励计划、执行绩效计划与激励计划、实施绩效评价与激励、编制绩效评价报告与激励管理报告等。其中，与其他业绩评价方法的关键不同是制订和实施以关键绩效指标为核心的绩效计划。

制订绩效计划包括构建关键绩效指标体系、确定关键绩效指标选取的方法、设定关键绩效指标权重、设定关键绩效指标目标值等。

（一）构建关键绩效指标体系

一家企业可以分三个层次来制定关键绩效指标体系。

1.制定企业级关键绩效指标

企业应根据战略目标，结合价值创造模式，综合考虑企业内外部经营环境等因素，设定企业级关键绩效指标。

2. 制定所属单位（部门）级关键绩效指标

企业应根据企业级关键绩效指标，结合所属单位（部门）关键业务流程，按照上下结合、分级编制、逐级分解的程序，在沟通反馈的基础上，设定所属单位（部门）级关键绩效指标。

3. 制定岗位（员工）级关键绩效指标

企业应根据所属单位（部门）级关键绩效指标，结合员工岗位职责和关键工作价值贡献，设定岗位（员工）级关键绩效指标。

关键绩效指标应含义明确、可度量、与战略目标高度相关。指标的数量不宜过多，每一层级关键绩效指标一般不超过10个。

（二）确定关键绩效指标选取的方法

关键绩效指标选取的方法主要有关键成果领域分析法、组织功能分解法和工作流程分解法等。

1. 关键成果领域分析法

关键成果领域分析法，是基于对企业价值创造模式的分析，确定企业的关键成果领域，并在此基础上进一步识别关键成功要素，确定关键绩效指标的方法。

2. 组织功能分解法

组织功能分解法，是基于组织功能定位，按照各所属单位（部门）对企业总目标所承担的职责，逐级分解和确定关键绩效指标的方法。

3. 工作流程分解法

工作流程分解法，是按照工作流程各环节对企业价值贡献程度，识别出关键业务流程，将企业总目标层层分解至关键业务流程相关所属单位（部门）或岗位（员工），确定关键绩效指标的方法。

【例7-3】鲁达制造企业通过访谈和头脑风暴法，寻找并确定了该企业能够有效驱动战略目标的关键成功领域：优秀制造、市场领先、技术支持、客户服务、利润与增长和人力资源，并分析确定了关键成功领域的关键绩效要素，如图7-1所示。

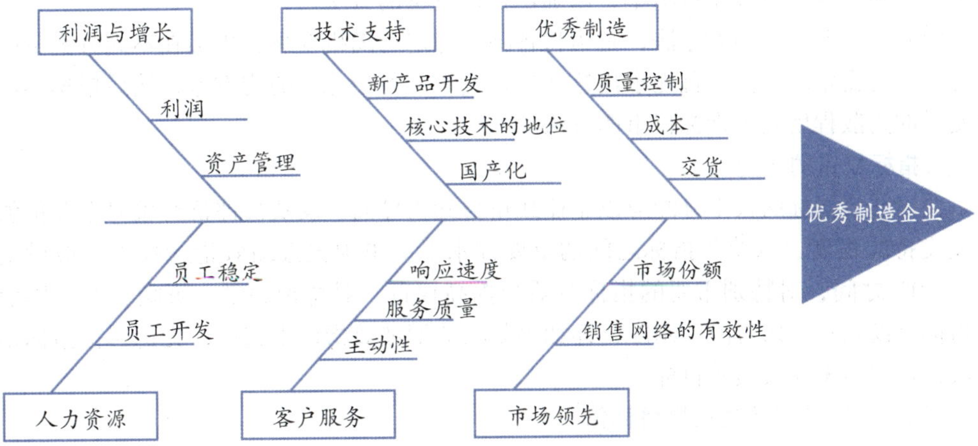

图7-1　鲁达制造企业关键绩效要素的确定

对关键绩效要素进一步细化，经过筛选，关键绩效指标得以确定。以市场领先为例，该企业确定的关键绩效指标如图7-2所示。

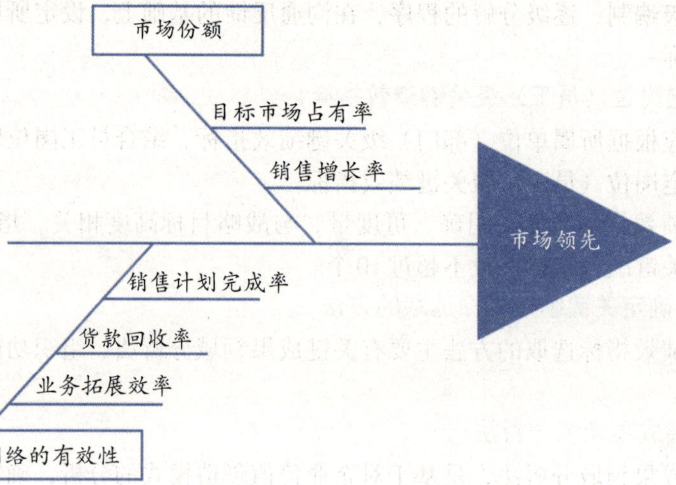

图7-2　鲁达制造企业关键绩效指标的确定

（三）设定关键绩效指标权重

1. 指标权重确定方法选择

（1）德尔菲法。德尔菲法，也称专家调查法，是指邀请专家对各项指标进行权重设置，将汇总平均后的结果反馈给专家，再次征询意见，经过多次反复，逐步取得比较一致的结果的方法。

（2）层次分析法。层次分析法，是指将绩效指标分解成多个层次，通过下层元素与上层元素相对重要性的两两比较，得出两两比较的判断矩阵，求出判断矩阵最大特征值所对应的特征向量并作为指标权重值的方法。

（3）主成分分析法。主成分分析法，是指将多个变量重新组合成一组新的相互无关的综合变量，根据实际需要从中挑选出尽可能多地反映原来变量信息的少数综合变量，进一步求出各变量的方差贡献率，以确定指标权重的方法。

（4）均方差法。均方差法，是指将各项指标定为随机变量，指标在不同方案下的数值为该随机变量的取值，首先求出这些随机变量（各指标）的均方差，然后根据不同随机变量的离散程度确定指标权重的方法。

2. 指标权重的分配

关键绩效指标的权重分配应以企业战略目标为导向，反映被评价对象对企业价值贡献或支持的程度，以及各指标之间的重要性水平。单项关键绩效指标权重一般设定在5%～30%之间，对特别重要的指标可适当提高权重。对特别关键、影响企业整体价值的指标可设立“一票否决”制度，即如果某项关键绩效指标未完成，无论其他指标是否完成，均视为未完成绩效目标。

（四）设定关键绩效指标目标值

企业确定关键绩效指标目标值，一般参考如下标准：

（1）依据国家有关部门或权威机构发布的行业标准或参考竞争对手标准，比如国务院国资委考核分配局编制并每年更新出版的《企业绩效评价标准值》；

（2）参照企业内部标准，包括企业战略目标、年度生产经营计划目标、年度预算目标、历年指标水平等；

（3）如果不能按照前面两种方法确定，可以根据企业历史经验值确定。

同步训练

一、单项选择题

1.企业的关键绩效指标一般可分为（　　）和动因类两类指标。

A.结果类　　B.指标类　　C.程序类　　D.历史类

2.关键绩效指标应含义明确、可度量、与战略目标高度相关。指标的数量不宜过多，每一层级关键绩效指标一般不超过（　　）个。

A.3　　B.10　　C.5　　D.12

3.关键绩效指标的权重分配时，单项关键绩效指标权重一般设定在（　　）之间，对特别重要的指标可适当提高权重。

A.20%～30%　　B.50%～70%　　C.2%～20%　　D.5%～30%

二、多项选择题

1.一家企业可以分多个层次来制定关键绩效指标体系，包括（　　）。

A.集团级　　B.岗位级　　C.部门级　　D.企业级

2.关键绩效指标的指标权重确定方法包括（　　）。

A.层次分析法　　B.专家调查法

C.均方差法　　D.主成分分析法

3.关键绩效指标法的优点包括（　　）。

A.评价指标数量相对较少

B.实施成本相对较低

C.有效地实现企业价值增值目标

D.有利于企业战略目标的实现

参考答案

任务三　经济增加值法

任务导学

经济增加值法是继剩余收益概念之后衍生出来的业绩评价方法之一，是引导企业注重价值创造的绩效管理工具方法。该方法较少单独应用，一般与关键绩效指标法、平衡计分卡等其他方法结合使用。

本任务要求能描述经济增加值法的概念和应用环境，会构建经济增加值指标体系，能计算经济增加值并进行分析。

一、经济增加值法概述

（一）经济增加值法的概念

经济增加值法，是指以经济增加值（Economic Value Added，EVA）为核心，建立绩效指标体系，引导企业注重价值创造，并据此进行绩效管理的方法。

经济增加值，是指税后净营业利润扣除全部投入资本的成本后的剩余收益。经济增加值及其改善值是全面评价经营者有效使用资本和为企业创造价值的重要指标。经济增加值为正，表明经营者在为企业创造价值；经济增加值为负，表明经营者在损毁企业价值。

企业应用经济增加值法进行绩效管理的对象，可为企业及其所属单位（部门）（可单独计算经济增加值）和高级管理人员。

（二）经济增加值法的应用环境

企业应用经济增加值法，除了应遵循《管理会计应用指引第600号——绩效管理》中对应用环境的一般要求外，还应树立价值管理理念，明确以价值创造为中心的战略目标，建立以经济增加值为核心的价值管理体系，使价值管理成为企业的核心管理制度。

企业应综合考虑宏观环境、行业特点和企业的实际情况，通过价值创造模式的识别，确定关键价值驱动因素，构建以经济增加值为核心的指标体系。

企业应建立清晰的资本资产管理责任体系，确定不同被评价对象的资本资产管理责任。

企业应建立健全会计核算体系，确保会计数据真实可靠、内容完整，并及时获取与经济增加值计算相关的会计数据。

企业应加强融资管理，关注筹资来源与渠道，及时获取债务资本成本、股权资本成本等相关信息，合理确定资本成本。

企业应加强投资管理，把能否增加价值作为新增投资项目决策的主要评判标准，以保持持续的价值创造能力。

（三）经济增加值法应用的核心环节

1. 经济增加值法应用的一般程序

企业应用经济增加值法，一般按照制订以经济增加值指标为核心的绩效计划、制订激励计划、执行绩效计划与激励计划、实施绩效评价与激励、编制绩效评价与激励管理报告等程序进行。其中，核心环节是构建经济增加值指标体系。

阅读材料

管理会计应用指引第602号——经济增加值法

2. 构建经济增加值指标体系

（1）制定企业级经济增加值指标体系。首先应结合行业竞争优势、组织结构、业务特点、会计政策等情况，确定企业级经济增加值指标的计算公式、调整项目、资本成本等，并围绕经济增加值的关键驱动因素，制定企业的经济增加值指标体系。

（2）制定所属单位（部门）级经济增加值指标体系。根据企业级经济增加值指标体系，结合所属单位（部门）所处行业、业务特点、资产规模等因素，在充分沟通的基础上，设定所属单位（部门）级经济增加值指标的计算公式、调整项目、资本成本等，并围绕所属单位（部门）经济增加值的关键驱动因素，细化制定所属单位（部门）的经济增加值指标体系。

（3）制定高级管理人员的经济增加值指标体系。根据企业级、所属单位（部门）级经济增加值指标体系，结合高级管理人员的岗位职责，制定高级管理人员的经济增加值指标体系。

（四）经济增加值法的评价

1.经济增加值法的主要优点

（1）考虑了所有资本的成本，更真实地反映了企业的价值创造能力；

（2）实现了企业利益、经营者利益和员工利益的统一，激励经营者和所有员工为企业创造更多价值；

（3）能有效遏制企业盲目扩张规模以追求利润总量和增长率的倾向，引导企业注重长期价值创造。

2.经济增加值法的主要缺点

（1）仅是对企业当期或未来1～3年价值创造情况的衡量和预判，无法衡量企业长远发展战略的价值创造情况；

（2）计算主要基于财务指标，无法对企业的营运效率与效果进行综合评价；

（3）不同行业、不同发展阶段、不同规模等的企业，其会计调整项和加权平均资本成本各不相同，计算比较复杂，影响指标的可比性。

二、经济增加值法的应用程序

（一）经济增加值的定义及计算公式

经济增加值是指企业税后净营业利润减去资本成本后的余额。其计算公式如下：

经济增加值＝税后净营业利润－平均资本占用×加权平均资本成本

式中：税后净营业利润衡量的是企业的经营盈利情况；平均资本占用反映的是企业持续投入的各种债务资本和股权资本；加权平均资本成本反映的是企业各种资本的平均成本率。

计算经济增加值时，需要进行相应的会计项目调整，以消除财务报表中不能准确反映企业价值创造的部分。会计调整项目的选择应遵循价值导向性、重要性、可控性、可操作性与行业可比性等原则，根据企业实际情况确定。

（二）税后净营业利润的计算和调整

税后净营业利润衡量的是企业的经营盈利情况，一般是指会计计算的净利润。为了真实地反映企业创造的经济增加值，需要调整以下项目：

（1）研究开发费、大型广告费等一次性支出但收益期较长的费用，应予以资本化处理，不计入当期费用。

（2）反映付息债务成本的利息支出，不作为期间费用扣除，计算税后净营业利润时扣除所得税影响后予以加回。

(3) 营业外收入、营业外支出具有偶发性，将当期发生的营业外收支从税后净营业利润中扣除。

(4) 将当期减值损失扣除所得税影响后予以加回，并在计算资本占用时相应调整资产减值准备发生额。

(5) 递延税金不反映实际支付的税款情况，将递延所得税资产及递延所得税负债变动影响的企业所得税从税后净营业利润中扣除，相应调整资本占用。

(6) 其他非经常性损益调整项目，如股权转让收益等。

税后净营业利润等于会计上的税后净利润加上利息支出等会计调整项目的税后利润。

税后净营业利润 = 净利润 +（利息支出 + 研究开发费用调整项±其他调整项）×（1 – 25%）

（三）平均资本占用的计算与调整

平均资本占用是所有投资者投入企业经营的全部资本，包括债务资本和股权资本。其中，债务资本包括融资活动产生的各类有息负债，不包括经营活动产生的无息流动负债。股权资本包含少数股东权益。

资本占用除根据经济业务实质相应调整资产减值损失、递延所得税等外，还可根据管理需要调整研发支出、在建工程等项目，引导企业注重长期价值创造。调整后资本的计算公式如下：

调整后资本 = 平均所有者权益 + 平均负债合计 – 平均无息流动负债 – 平均在建工程

（四）加权平均资本成本的计算与调整

加权平均资本成本是债务资本成本和股权资本成本的加权平均，反映了投资者所要求的必要报酬率。加权平均资本成本的计算公式如下：

$$K_{wacc} = K_D \frac{DC}{TC}(1 - T) + K_S \frac{EC}{TC}$$

式中：TC代表资本占用，EC代表股权资本，DC代表债务资本；T代表所得税税率；K_{wacc}代表加权平均资本成本，K_D代表债务资本成本，K_S代表股权资本成本。

1. 债务资本成本的计算

债务资本成本是企业实际支付给债权人的税前利率，反映的是企业在资本市场中债务融资的成本率。如果企业存在不同利率的融资来源，债务资本成本应使用加权平均值。

2. 股权资本成本的计算

股权资本成本是在不同风险下，所有者对投资者要求的最低回报率。其通常根据资本资产定价模型确定，计算公式如下：

$$K_S = R_F + \beta(R_m - R_F)$$

式中：R_F为无风险收益率，R_m为市场预期回报率，$R_m - R_F$为市场风险溢价。β是企业股票相对于整个市场的风险指数。上市公司的β值，可采用回归分析法或单独使用最小二乘法等方法测算确定，也可以直接采用证券机构等提供或发布的β值；非上市公司的β值，可采用类比法，参考同类上市公司的β值确定。

企业级加权平均资本成本确定后，应结合行业情况、不同所属单位（部门）的特点，通过计算（能单独计算的）或指定（不能单独计算的）的方式确定所属单位（部门）的资本成本。

通常情况下，企业对所属单位（部门）所投入资本即股权资本的成本率是相同的，为简化资本成本的计算，所属单位（部门）的加权平均资本成本一般与企业保持一致。

【例7-4】A公司是一家中央企业上市公司，采用经济增加值（EVA）业绩考核办法进行业绩计量和评价，其有关资料如下：

微课

经济增加值例题解析

（1）2018年，A公司的净利润为9.6亿元，利息支出为26亿元，研究与开发费用为1.8亿元，当期确认为无形资产的研究与开发支出为1.2亿元，非经常性损益调整为6.4亿元。

（2）2018年，A公司的年末所有者权益为600亿元，年初所有者权益为550亿元，年末负债为850亿元，年初负债为780亿元，年末无息流动负债为250亿元，年初无息流动负债为150亿元，年末在建工程为180亿元，年初在建工程为200亿元。

（3）A公司的平均资本成本为5.5%。

A公司2018年经济增加值（EVA）的计算如下：

（1）计算税后净营业利润。

税后净营业利润 = 净利润 +（利息支出 + 研究开发费用调整项 − 非经常性损益调整项 × 50%）×（1 − 25%）

= 9.6 +（26 + 1.8）×（1 − 25%）= 30.45（亿元）

其中：研究开发费用调整项 = 1.8亿元

（2）计算调整后资本。

调整后的资本 = 平均所有者权益 + 平均负债合计 − 平均无息流动负债 − 平均在建工程

平均所有者权益 =（600 + 550）÷ 2 = 575（亿元）

平均负债合计 =（850 + 780）÷ 2 = 815（亿元）

平均无息流动负债 =（150 + 250）÷ 2 = 200（亿元）

平均在建工程 =（180 + 200）÷ 2 = 190（亿元）

调整后的资本 = 575 + 815 − 200 − 190 = 1 000（亿元）

（3）经济增加值计算。

EVA = 税后净营业利润 − 调整后资本 × 平均资本成本

= 30.45 − 1 000 × 5.5%

= −24.55（亿元）

【想一想】一家企业年经济增加值和年净利润有何联系与区别？

同步训练

一、单项选择题

1. 企业应用经济增加值法时，其核心指标一般是（　　）。

A.成本指标　　B.利润指标
C.财务指标　　D.经济增加值指标

2.企业应用经济增加值法，应树立（　　）理念，明确以价值创造为中心的战略目标。

A.价值管理　B.成本管理　C.风险管理　D.利润管理

3.在计算加权平均资本成本时，不需要考虑的项目是（　　）。

A.短期借款　B.长期借款　C.应付债券　D.应付职工薪酬

二、多项选择题

1.经济增加值法较少单独应用，一般与（　　）等其他方法结合使用。

A.净现值法　B.关键绩效指标法　C.平衡计分卡　D.战略管理

2.为了真实地反映企业创造的经济增加值，需要调整的项目包括（　　）。

A.递延税金　　B.股权转让收益
C.营业收入　　D.研究开发费

3.下列各项中，影响经济增加值的有（　　）。

A.税后经营净利润　　B.平均资本成本
C.资本总额　　D.调整后资本

参考答案

任务四　平衡计分卡

任务导学

平衡计分卡不仅是绩效管理的重点工具方法，更是实施战略地图的框架，通过分析设立四方面关键成功因素，与企业战略目标紧密结合，可为绩效管理和企业战略管理提供强有力的支持。

本任务要求能领会平衡计分卡的概念，识别平衡计分卡的框架结构，能描述平衡计分卡的应用环境，会构建平衡计分卡的指标体系。

一、平衡计分卡概述

阅读材料

管理会计应用指引第603号——平衡计分卡

（一）平衡计分卡的概念

平衡计分卡，是指基于企业战略，从财务、客户、内部业务流程、学习与成长四个维度，将战略目标逐层分解转化为具体的、相互平衡的绩效指标体系，并据此进行绩效管理的方法。

平衡计分卡通常与战略地图等其他工具结合使用，适用于战略目标明确、管理制度比较完善、管理水平相对较高的企业，应用对象可为企业、所属单位（部门）和员工。

平衡计分卡打破了传统的只注重财务指标的业绩评价模式，认为传统的财务指标属于滞后性指标，对于指导和评价企业如何通过投资于客户、供应商、雇员、生产程序、技术和创新等来创造未来的价值是不够的。因而需要在传统财务指标的基础上，增加用于评估企业未来投资价值好坏的具有前瞻性的先行指标。另外，《财富》杂志指出，事实上只有不到10%的企业战略被有效地执行，真正的问题不是战略不好，而是执行力不够，至少70%应归诸战略执行的失败，而非战略本身的错误。战略执行失败是由沟通障碍、管理障碍、资源障碍和人员障碍造成的。为了解决有效的业绩评价问题和成功实施战略的问题，平衡计分卡应运而生，它是由哈佛商学院卡普兰（Robert S. Kaplan）教授和诺顿（David P. Norton）教授倡导和提出的，目前形成了平衡计分卡、战略核心组织和战略地图三大成果。

（二）平衡计分卡框架

平衡计分卡通过将财务指标与非财务指标相结合，将企业的业绩评价同企业战略发展联系起来，设计出了一套能使企业高管迅速且全面了解企业经营状况的指标体系，用来表达企业进行战略性发展所必须达到的目标，把任务和决策转化成目标和指标。平衡计分卡的目标和指标来源于企业的愿景和战略，这些目标和指标从四个维度来考查企业的业绩，即财务、客户、内部业务流程、学习与成长，这四个维度组成了平衡计分卡的框架，如图7-3所示。

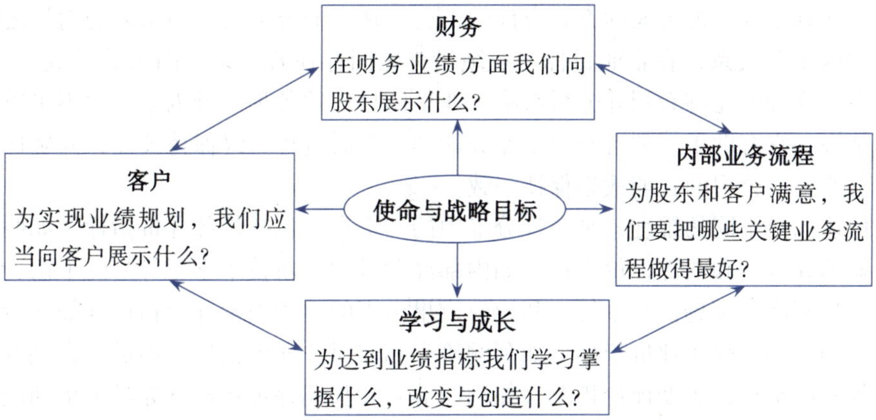

图7-3 平衡计分卡框架

1.财务维度

其目标是解决“股东如何看待我们”这一类问题。表明企业的努力是否最终对企业的经济效益产生积极的作用。众所周知，现代企业财务管理目标是企业价值最大化，而对企业价值目标的计量是离不开相关财务指标的。财务维度指标通常包括投资报酬率、权益净利率、经济增加值、息税前利润、自由现金流量、资产负债率、总资产周转率等。

2.客户维度

这一维度回答“客户如何看待我们”的问题。客户是企业之本，是现代企业的利润来源。客户感受理应成为企业关注的焦点，应当从时间、质量、服务效率以及成本等方面了解市场份额、客户需求和客户满意程度。常用的客户维度指标有市场份额、客户满意度、客户获得率、客户保持率、客户获利率、战略客户数量等。

3. 内部业务流程维度

着眼于企业的核心竞争力，解决“我们的优势是什么”的问题。企业要想按时向客户交货，满足现在和未来客户的需要，必须以优化企业的内部业务流程为前提。因此，企业应当遴选出那些对客户满意度有最大影响的业务流程，明确自身的核心竞争力，并把它们转化成具体的测评指标。反映内部业务流程维度的常用指标有交货及时率、生产负荷率、产品合格率、存货周转率、单位生产成本等。

4. 学习与成长维度

其目标是解决“我们是否能继续提高并创造价值”的问题。只有持续不断地开发新产品，为客户创造更多价值并提高经营效率，企业才能打入新市场，才能赢得客户的满意，从而增加股东价值。企业的学习与成长来自员工、信息系统和企业程序等。根据经营环境和利润增长点的差异，企业可以确定不同的产品创新、过程创新和生产水平提高指标，如新产品开发周期、员工满意度、员工保持率、员工生产率、培训计划完成率等。

传统的业绩评价系统仅仅将指标提供给管理者，无论是财务的，还是非财务的，很少能看到彼此间的关联以及对企业最终目标的影响。但是，平衡计分卡则不同，它的各个组成部分是以一种集成的方式设计的，公司现在的努力与公司未来的前景之间存在着一种“因果”关系，在企业目标与业绩指标之间存在着一条“因果关系链”。从平衡计分卡中，管理者能够看到并分析影响企业整体目标的各种关键因素，而不单单是短期的财务结果。它有助于管理者对整个业务活动的发展过程始终保持关注，并确保现在的实际经营业绩与公司的长期战略保持一致。

根据这四个不同的维度，平衡计分卡中的“平衡”包括外部评价指标（如股东和客户对企业的评价）和内部评价指标（如内部经营过程、新技术学习等）的平衡；成果评价指标（如利润、市场占有率等）和导致成果出现的驱动因素评价指标（如新产品投资开发等）的平衡；财务评价指标（如利润等）和非财务评价指标（如员工忠诚度、客户满意度等）的平衡；短期评价指标（如利润等）和长期评价指标（如员工培训成本、研发费用等）的平衡。

【明德善思】平衡计分卡区别于普通目标管理的最大特点在于“平衡”二字，它从四个维度（财务、客户、内部业务流程、学习与成长）提出了企业发展的方向，致力于全面平衡的发展。一个人就像一家公司，我们也可以应用平衡计分卡从财务、学习与成长、工作改进和他人满意度四个维度全面管理自己：以个人价值实现为目标；依据专业和职位胜任能力、组织协调能力等方面衡量学习与成长度；通过开拓人脉资源、时间管理能力、个人业绩提升等维度改进工作；得到社会、家庭、朋友对个人能力的肯定和认可，从而打造自身核心竞争力，实现个人人生价值。

（三）平衡计分卡的应用环境

企业应用平衡计分卡工具方法，除应遵循《管理会计应用指引第600号——绩效管理》中对应用环境的一般要求外，还应遵循以下要求：

1. 应有明确的愿景和战略

企业应用平衡计分卡工具方法，应有明确的愿景和战略。平衡计分卡应以战略目标为核心，全面描述、衡量和管理战略目标，将战略目标转化为可操作的行动。

2. 具备创新与变革的文化氛围

平衡计分卡可能涉及组织和流程变革，具有创新精神、变革精神的企业文化有助于成功实施平衡计分卡。

3. 具有组织协同能力

企业应对组织结构和职能进行梳理，消除不同组织职能间的壁垒，实现良好的组织协同，既包括企业内部各级单位（部门）之间的横向与纵向协同，也包括与投资者、客户、供应商等外部利益相关者之间的协同。

4. 关注员工的学习与成长

企业应注重员工学习与成长能力的提升，以更好地实现平衡计分卡的财务、客户、内部业务流程目标，使战略目标贯彻到每一名员工的日常工作中。

5. 建立跨项目团队

平衡计分卡的实施是一项复杂的系统工程。企业一般需要建立由战略管理、人力资源管理、财务管理和外部专家等组成的团队，为平衡计分卡的实施提供机制保障。

6. 建立高效集成的信息系统

企业应建立高效集成的信息系统，实现绩效管理与预算管理、财务管理、生产经营等系统的紧密结合，为平衡计分卡的实施提供信息支持。

（四）平衡计分卡的评价

1. 平衡计分卡的主要优点

（1）战略目标逐层分解并转化为被评价对象的绩效指标和行动方案，使整个组织行动协调一致；

（2）从财务、客户、内部业务流程、学习与成长四个维度确定绩效指标，使绩效评价更为全面完整；

（3）将学习与成长作为一个维度，注重员工的发展要求和组织资本、信息资本等无形资产的开发利用，有利于增强企业可持续发展的动力。

2. 平衡计分卡的主要缺点

（1）专业技术要求高，工作量比较大，操作难度也较大，需要持续地沟通和反馈，实施比较复杂，实施成本高；

（2）各指标权重在不同层级及各层级不同指标之间的分配比较困难，且部分非财务指标的量化工作难以落实；

（3）系统性强、涉及面广，需要专业人员的指导、企业全员的参与和长期持续地修正与完善，对信息系统、管理能力有较高的要求。

二、平衡计分卡的应用程序

企业应用平衡计分卡工具方法，一般按照制定战略地图、制订以平衡计分卡为核心的绩效计划、制订激励计划、制订战略性行动方案、执行绩效计划与激励计划、实施绩效评价与激励、编制绩效评价与激励管理报告等程序进行。

（一）制定战略地图

企业首先应制定战略地图，即基于企业愿景与战略，将战略目标及其因果关系、价值创造路径以图示的形式直观、明确、清晰地呈现。战略地图的制定参照《管理会计应用指引第101号——战略地图》。

战略地图基于战略主题构建，战略主题反映企业价值创造的关键业务流程，每个战略主题包括相互关联的1—2个目标。

（二）制订以平衡计分卡为核心的绩效计划

制定好战略地图后，应以平衡计分卡为核心编制绩效计划。绩效计划是企业开展绩效评价工作的行动方案，包括构建指标体系、分配指标权重、确定绩效目标值、选择计分方法和评价周期、签订绩效责任书等一系列管理活动。制订绩效计划通常从企业级开始，层层分解到所属单位（部门），最终落实到具体岗位和员工。

1.构建平衡计分卡指标体系

平衡计分卡指标体系的构建应围绕战略地图，针对财务、客户、内部业务流程和学习与成长四个维度的战略目标，确定相应的评价指标。

构建平衡计分卡指标体系的一般程序包括：

（1）制定企业级指标体系。根据企业层面的战略地图，为每个战略主题的目标设定指标，每个目标至少应有1个指标。

（2）制定所属单位（部门）级指标体系。依据企业级战略地图和指标体系，制定所属单位（部门）的战略地图，确定相应的指标体系，协同各所属单位（部门）的行动与战略目标保持一致。

（3）制定岗位（员工）级指标体系。根据企业、所属单位（部门）级指标体系，按照岗位职责逐级形成岗位（员工）级指标体系。

构建平衡计分卡指标体系时，应注重短期目标与长期目标的平衡、财务指标与非财务指标的平衡、结果性指标与动因性指标的平衡、企业内部利益与外部利益的平衡。平衡计分卡每个维度的指标通常为4—7个，总数量一般不超过25个。

构建平衡计分卡指标体系时，企业应以财务维度为核心，其他维度的指标都与核心维度的一个或多个指标相联系。通过梳理核心维度目标的实现过程，确定每个维度的关键驱动因素，结合战略主题，选取关键绩效指标。

财务维度以财务术语描述了战略目标的有形成果。企业常用指标有投资资本回报率、净资产收益率、经济增加值、息税前利润、自由现金流、资产负债率、总资产周转率等。

客户维度界定了目标客户的价值主张。企业常用指标有市场份额、客户满意度、客户获得率、客户保持率、客户获利率、战略客户数量等。

内部业务流程维度确定了对战略目标产生影响的关键流程。企业常用指标有交货及时率、生产负荷率、产品合格率、存货周转率、单位生产成本等。

学习与成长维度确定了对战略最重要的无形资产。企业常用指标有员工保持率、员工生产率、培训计划完成率、员工满意度等。

企业可根据实际情况建立通用类指标库，不同层级单位和部门结合不同的战略定位、业务特点选择适合的指标体系。

2. 分配指标权重

平衡计分卡指标的权重分配应以战略目标为导向，反映被评价对象对企业战略目标贡献或支持的程度，以及各指标之间的重要性水平。

企业绩效指标权重一般设定在5%～30%之间，对特别重要的指标可适当提高权重。对特别关键、影响企业整体价值的指标可设立“一票否决”制度，即如果某项绩效指标未完成，无论其他指标是否完成，均视为未完成绩效目标。

3. 确定绩效目标值

平衡计分卡绩效目标值确定后，应规定因内外部环境发生重大变化、自然灾害等不可抗力因素对绩效完成结果产生重大影响时，对目标值进行调整的办法和程序。一般情况下，由被评价对象或评价主体测算确定影响程度，向相应的绩效管理工作机构提出调整申请，报薪酬与考核委员会或类似机构审批。

（三）其他程序

绩效评价计分方法和周期的选择、绩效责任书的签订、激励计划的制订，绩效计划与激励计划的执行、实施及编制报告参照《管理会计应用指引第600号——绩效管理》。

平衡计分卡的实施是一项长期的管理改善工作，在实践中通常采用先试点后推广的方式，循序渐进，分步实施。

三、平衡计分卡的应用案例

（一）案例背景

ML公司创建于1985年，从摩托车配件业务起步，通过持续不断的努力，目前逐步发展成为某品牌轮胎全线产品的H省代理商，注册资本为2 000万元。截至2015年年底，公司拥有员工100多名，总资产超过3 000万元，年销售额超过4亿元人民币，其控股多家分支机构，上述分支机构分布于H省各县市。公司未来将发展形成以贸易、物流、连锁等为核心的多元化经营格局。

在实施平衡计分卡之前，ML公司采用的绩效管理方法主要是KPI评价法，业绩评价指标仅由少数几个财务指标构成，评价也不够全面。由于绩效评价指标的选择欠缺考虑，因此公司虽设立了战略目标，但事实上并未得到有效执行。此外，公司绩效评价指标选择不够丰富，无法全面衡量公司取得的经营成果，也无法因地制宜地对不同部门和岗位的业绩进行客观评价。公司的业绩评价也过于注重短期的业绩指标，并没有一个较为长期的业绩目标绩效管理。

（二）基于平衡计分卡构建绩效考核体系

1. 绘制ML公司战略地图

在对内外部环境和利益相关者进行分析的基础上，ML公司重新梳理了之前的战略目标，并明确了未来使命、愿景和战略。并且，确立了公司的使命：承载安全，传递价值，专业服务，创造满意。公司的愿景是在3—5年成为行业内最具有专业性的轮胎销售企业。公司的战略目标是3—5年在H省的市场占有率达到25%，最终目标是提升股东价值。公司的总体战略是建立学习型组织，掌握先进技能，利用信息化手段穿透渠道，服务消费者，协同上游，创造共赢。

根据ML公司的战略目标，按照平衡计分卡的战略管理思想，ML公司梳理了上述四个维度之间的逻辑关系，如图7-4所示。

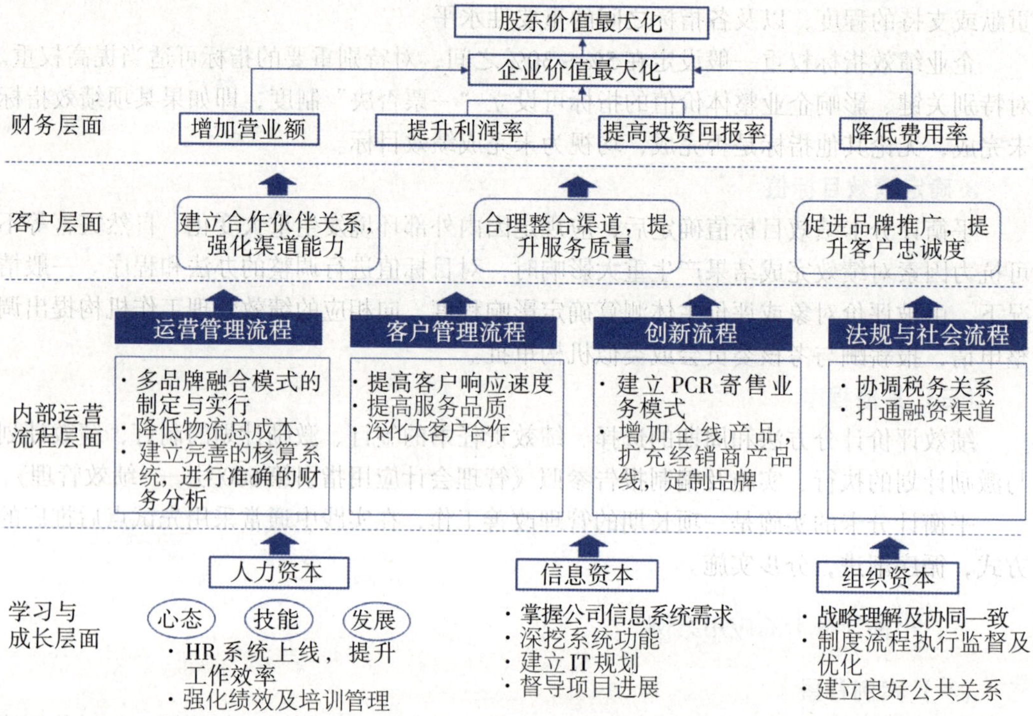

图7-4 ML公司战略地图

2.开发公司层平衡计分卡

绘制完战略地图，就应将四个维度的战略目标或战略主题层层分解，并梳理公司各项业务流程，从中找出影响战略目标实现的一个或几个核心衡量指标，确定各项指标的权重和目标值，明确责任归属，并制订相应的支持计划。一个好的平衡计分卡应当既能清楚阐述公司战略，又能将这些战略转化为一套具体的、可衡量的、能够实现的、可操作的、有时间限制的指标评价体系，并将战略目标清晰地传达给公司的每一位员工。ML公司在推进平衡计分卡绩效评价体系的过程中，采取了由战略领导小组统领，由公司层主持确定财务维度的核心衡量指标和相应的目标值，由营销部和运营部主持确定客户维度的核心衡量指标和相应的目标值，由运营部、营销部、财务部主持确定内部运营维度的核心衡量指标和相应的目标值，由人力资源部、信息技术部和总经办主持确定学习与成长维度的核心衡量指标和相应的目标值。

3.建立ML公司平衡计分卡指标体系

ML公司的平衡计分卡由表头、维度、目标与主题、核心衡量指标、目标值、支持计划、责任部门和指标解释/公式等部分构成。

（1）开发公司层平衡计分卡

①财务维度。在财务维度，公司以股东价值最大化为最终目标，由此出发分解出四

个子目标，即增加营业额、提升利润率、提高投资回报率和降低费用率，核心衡量指标分别为营业总额、营业利润率、投资回报率和成本费用率。由于ML公司的主营业务是轮胎的代理销售，因此增加销量、提升营业额是公司实现利润的首要方面。在此基础上，通过对各项成本费用的控制，达到提高利润率的目标。投资回报率则是为保证投资有效性、确保资产配置最佳而设置的指标。目标值由责任部门根据以前年度经营指标情况和对本年经营状况的合理预测作出，并且由相关责任部门提供支持计划。ML公司平衡计分卡财务维度的内容，见表7-2。

表7-2　ML公司平衡计分卡财务维度的内容

维度	目标与主题	核心衡量指标	目标值	责任部门	支持计划	指标解释/公式
财务维度	增加营业额	营业总额	5.37亿元	公司层	各产品部营销计划	营业总额
	提高利润率	营业利润率	>8%	公司层	价格管理	营业利润率＝营业利润÷营业总额×100%
	提高投资回报率	投资回报率	≥20%	公司层	库存管理及产品营销计划	投资回报率＝投资净利润÷投资总额×100%
	降低费用率	成本费用率	≤4%	公司层	促销费用管理、全面预算管理	成本费用率＝期间费用÷成本费用总额×100%

②客户维度。ML公司所处的细分市场属于轮胎贸易行业，由于轮胎品牌、种类、型号众多，且同种类轮胎同质化程度较高，导致行业竞争相对激烈，因此在客户层面，ML公司必须采取掌握渠道、强化与客户间合作关系等措施，以达到增强客户黏性进而增加公司效益的目的。ML公司设立的战略目标包括建立合作伙伴关系，强化渠道能力；合理整合渠道，提升服务质量；促进品牌推广，提升客户忠诚度。设置的核心衡量指标分别为单客户平均营业额、渠道占有率和客户关怀活动。营销部和运营部分别承担有关指标任务并按照相关支持计划行动。

③内部运营维度。内部运营机制和管理效率通常会影响一家企业核心竞争力的形成和保持。企业在内部运营方面降低内耗，把握业务流程的核心环节将对企业提高管理效率产生非常重要的作用。

运营管理流程方面，ML公司针对营销部、运营部和财务部这三个主要业务部门分别设置了品牌制度建立运行指标、降低物流总成本指标和完善财务核算分析指标，并要求上述部门执行支持计划，旨在使销售、运营等环节减少内耗，降低成本费用。

客户管理流程方面，作为直接面向消费者的企业，ML公司十分注重客户体验，因此在客户管理流程中，将订单响应速度、商品交付速度及客户投诉率作为核心衡量指标，并且对于核心客户管理，设置了核心客户平均营业额指标，旨在强化对核心客户的掌控能力。

创新流程方面，ML公司提出建立PCR寄售业务模式和扩充经销商产品线，发展定制产品的业务模式，旨在通过运营流程创新带动营销业绩提升。

法规与社会流程方面，协调税务关系和打通融资渠道是ML公司重点关注的方面。

④学习与成长维度。学习与成长维度是平衡计分卡的最后一个层面，从人力、信息、组织三方面为企业战略目标的实现和保持核心竞争优势提供基础和动力。ML公司在这一维度的实践具有一定特色。

人力资本方面，上线HR系统，并举办ML讲堂，模拟大学课堂，邀请来自任何层级和岗位、有意愿分享知识、技能和感悟的员工在讲堂开课，公司根据全体员工的选课情况排课，并安排专门的时间和场地开课，课程结束后，会支付讲课员工一定数目的课时费。这种实践取得了较好的效果，是ML公司打造学习型组织的一次成功尝试。

在信息资本方面，由于ML公司使用的SAP系统均由自身组织实施，能及时根据企业的需要开发相应模块，因此掌握公司需求、开发项目实施及加强运维等方面的指标是强化信息资本的关键，也是提供信息技术支持的重要方面。

在组织资本方面，ML公司深化全员战略理解及协同一致，关注关键流程执行的有效性，并与外部利益相关者之间建立了良好的公共关系。这一方面的工作由公司总经办负责，并以战略制定及管控管理办法、流程执行检查管理办法和公共关系管理流程为主要支持计划。

（2）开发部门层平衡计分卡

公司各部门的战略由公司层战略分解而来，与公司层战略是一脉相承的关系，但各个部门的职能战略并不完全一致。主要原因是各部门的具体职责不尽相同，因此必须根据各部门的业务特点因地制宜进行具体分析，这也有利于实现各部门的核心价值，集中精力创造更大效益。ML公司在部门层面制定了部门平衡计分卡。下面以ML公司运营部为例，介绍部门平衡计分卡，见表7-3。

表7-3 ML公司运营部平衡计分卡

编号		战略计划D－01						
有效期		20××年××月××日—20××年××月××日						
受约人信息					发约人信息			
姓名		×××			姓名	×××		
编号		D－01			编号	A－01		
部门		运营部			部门	总经办		
岗位		部长			岗位	总经理		
维度	目标与主题	核心衡量指标	目标值	支持计划	指标解释/公式	实际完成	偏差分析	权重
财务	降低物流成本	物流成本率	≤1.2%	商品流通全供应链计划	物流费用÷营业总成本	×	×	×
	提高库存周转率	库存周转率	≥0.9	完善滞销品管理办法	营业成本÷平均存货余额	×	×	×
客户	提高订单响应速度	订单两天内传递比率	≥95%	建立客户需求订单管理办法	两天内订单÷所有订单	×	×	×
	提高服务品质	客户投诉率	≤1%	提高服务品质管理办法	客户投诉件数÷订单总数	×	×	×

（3）建立个人平衡计分卡

在运用平衡计分卡对公司层和部门层设定了相关核心衡量指标后，还必须对指标进行进一步分解，以确保每项指标都能够落实到个人。只有这样，才能真正保证将战略转化为行动，也才能真正将员工个人工作目标与公司战略目标统一起来。在确定员工个人平衡计分卡之前，首先要梳理各岗位职责，然后结合部门战略目标和评价指标，从中选择、确定各岗位核心衡量指标、指标值和权重，同时制订支持和行动计划。下面以ML公司运营部运营专员岗位为例，说明员工个人平衡计分卡，见表7-4。

表7-4 ML公司运营部运营专员岗位个人平衡计分卡

<table>
<tr><td colspan="2">编号</td><td colspan="7">BSC－D－16</td></tr>
<tr><td colspan="2">有效期</td><td colspan="7">20××年××月××日—20××年××月××日</td></tr>
<tr><td colspan="4">受约人信息</td><td colspan="5">发约人信息</td></tr>
<tr><td colspan="2">姓名</td><td colspan="2">×××</td><td>姓名</td><td colspan="4">×××</td></tr>
<tr><td colspan="2">编号</td><td colspan="2">D－16</td><td>编号</td><td colspan="4">D－01</td></tr>
<tr><td colspan="2">部门</td><td colspan="2">运营部</td><td>部门</td><td colspan="4">运营部</td></tr>
<tr><td colspan="2">岗位</td><td colspan="2">运营专员</td><td>岗位</td><td colspan="4">部长</td></tr>
<tr><td>维度</td><td>目标与主题</td><td>核心衡量指标</td><td>目标值</td><td>支持计划</td><td>实际完成</td><td>偏差分析</td><td>权重</td></tr>
<tr><td rowspan="2">客户</td><td>提高订单响应速度</td><td>订单两天内传递比率</td><td>≥95%</td><td>建立客户需求订单管理办法</td><td>×</td><td>×</td><td>×</td></tr>
<tr><td>客户满意度</td><td>客户投诉率</td><td>≤1%</td><td>售后服务品质管理办法</td><td>×</td><td>×</td><td>×</td></tr>
<tr><td rowspan="2">运营</td><td>订单准确性、及时性</td><td>订单有效率</td><td>≥98%</td><td>制定订单管理办法</td><td>×</td><td>×</td><td>×</td></tr>
<tr><td>客户往来</td><td>客户每笔账目清晰准确</td><td>≥98%</td><td>完善货款查询办法</td><td>×</td><td>×</td><td>×</td></tr>
<tr><td>学习与成长</td><td>提高对客户的服务能力</td><td>客户评价满意度</td><td>≥95%</td><td>部门及个人学习计划</td><td>×</td><td>×</td><td>×</td></tr>
</table>

3. 指标体系权重的确定

对各指标权重的确定，ML公司采用了层次分析法（AHP）的相关理论。以公司层四个维度为例，ML公司首先对四个维度的重要性进行调查，邀请公司中高层管理者对各维度重要程度进行两两比较，通过计算确定每一指标的权重。

（三）ML公司实施平衡计分卡的启示

ML公司通过实施基于平衡计分卡的绩效评价指标体系，取得了良好的经营效果，为股东创造了更大价值，实现了公司的阶段战略目标。从ML公司实施平衡计分卡的实践过程中，可以总结出以下成功经验和启示：

1.重视对流程和岗位职责的梳理

ML公司在实施平衡计分卡的过程中的一个重要经验是基于战略，对流程和岗位职责进行梳理。平衡计分卡的最终目标是实现公司的战略目标和愿景，而战略目标实现的一个重要基础是对公司关键业务流程的梳理、筛选和管控。平衡计分卡要求的四个维度的因果联系实质上是对企业战略路径的说明，因此关于这四个维度的制度、数据、信息及其传递的质量，将直接影响因果链条的有效程度。通常的情况是，基层员工对自身工作流程十分熟悉，流程梳理难度较低；而中高层在梳理业务流程时则面临较高难度，因其需要从战略角度出发，分辨、剔除对实现公司战略无效的流程，筛选出关键业务流程。

2.建立部门层战略地图

通常在实施平衡计分卡的过程中，只需绘制描述公司战略的战略地图，然后根据战略地图开发公司层平衡计分卡，接着据此将指标向下层层分解为部门层平衡计分卡和个人平衡计分卡。ML公司在实施平衡计分卡的过程中，绘制了各部门的战略地图，通过这一步骤承接公司层战略目标在各职能层需达到的目标，同时在开发部门层平衡计分卡时，使指标体系更准确、更全面。

3.提供强大的信息系统支持

在大数据时代、“互联网 + ”时代，绩效评价体系的构建离不开信息系统的建设。许多关键绩效评价指标需要收集大量数据，汇总大量信息。ML公司目前所使用的信息管理系统主要是SAP系统。与许多企业不同的是，为解决系统与公司业务的匹配性问题，ML公司根据公司特定需求自行开发了许多模块，使一线员工能够及时、准确地了解客户需求并提供反馈，也为各部门顺利开展业务提供了有力保障；同时，公司也收集了大量与客户有关的数据，为未来的市场预测和战略制定提供依据。正是基于对行业的深刻理解，强化线上与线下合作，将信息系统建设作为公司战略的重要组成部分，ML公司才获得了可持续发展的能力。

【想一想】平衡计分卡的四个维度对实现企业战略目标来讲，它们的重要性是否有差异？

同步训练

一、单项选择题

1.下列项目中，不属于平衡计分卡财务维度重点关注的指标是（　）。

A.权益净利率　　B.资产负债率

C.客户获利率　　D.总资产周转率

2.平衡计分卡每个维度的指标通常为4—7个，总数量一般不超过（　）个。

A.10　　B.20　　C.25　　D.15

3.平衡计分卡的目标和指标来源于（　）。

A.经营目标　　B.战略目标　　C.标杆企业　　D.管理目标

二、多项选择题

1.平衡计分卡反映内部业务流程维度的常用指标有（　　）等。

A.生产负荷率　　B.交货及时率

C.产品合格率　　D.客户满意度

2.平衡计分卡，是指基于企业战略，从（　　）维度，将战略目标逐层分解转化为具体的、相互平衡的绩效指标体系，并据此进行绩效管理的方法。

A.学习与成长　　B.内部业务流程　　C.客户　　D.财务

3.平衡计分卡的主要缺点包括（　　）。

A.组织协调一致

B.对信息系统、管理能力有较高的要求

C.部分非财务指标的量化工作难以落实

D.专业技术要求高，工作量比较大

参考答案

项目八

风险管理

学习目标

1. 认知风险及风险管理的概念、原则
2. 描述风险管理的程序
3. 领会风险矩阵的概念及应用环境
4. 绘制风险矩阵
5. 描述风险清单的概念及应用环境
6. 熟悉风险清单的应用程序
7. 制定风险清单

知识点

风险　风险管理　风险矩阵　风险清单

技能点

绘制风险矩阵　制定风险清单

思政融入点

1. 树立风险意识，牢筑红线意识，严格职业操守，守住人生底线。
2. 坚定职业信仰，践行细致严谨、精益求精、追求卓越的工匠精神。

知识结构

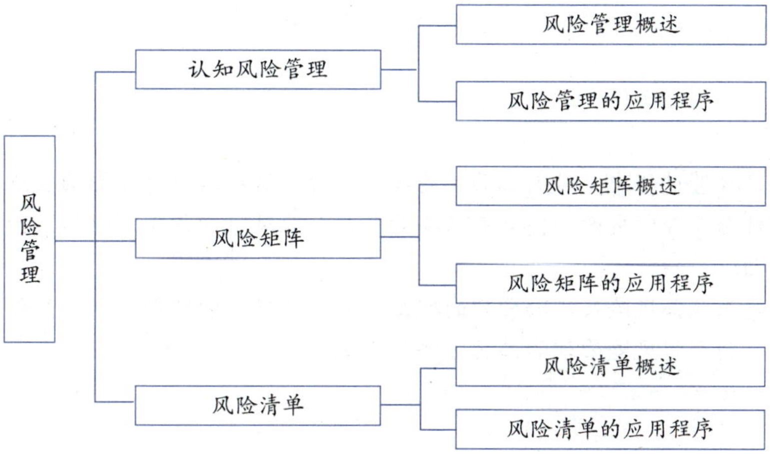

案例导入

“奶粉老大”三鹿的猝死

2008年9月，当13亿中国人还沉浸在北京奥运会成功举办的骄傲和自豪中时，中国乳制品行业最大的丑闻曝光了，“三聚氰胺”和“三鹿集团”这两个不可分割的名字从此深深地印刻在了所有中国人心上，中国乳制品发展史上一个永久的耻辱就此定格。2008年9月11日，《东方早报》刊发了一篇名为《甘肃14名婴儿疑喝“三鹿”奶粉致肾病》的报道。该文直接引爆了三鹿集团的产品质量和信誉危机，成为其最终破产的导火索。面对各方媒体和舆论的指责，从最开始的拒不承认，到有关部门介入调查，三鹿集团最终承认其产品中含有三聚氰胺，食用其奶粉被认定为多例婴幼儿泌尿系统结石病例的主要原因。三鹿集团被执行停业整顿，不得不召回问题奶粉。由于召回奶粉总量过多，涉及退赔金额过大，三鹿的资金早已无法支撑，再加上相关银行不仅不予放贷，而且要求收回之前的贷款。可想而知，等待这家有着近半个世纪悠久历史、奶粉产销量连续15年位居全国第一的全国知名企业的将是什么。最终，三鹿集团被迫并购重组，数以十亿元计的市场份额瞬间蒸发，数以百亿元计的品牌资产灰飞烟灭。公司原董事长兼总经理田文华被刑事拘留。而今天，我们心中的怒火仍未平息。站在企业自身发展和管理的角度来看，这一切本该是可以避免的。那么，究竟是什么搞垮了三鹿？

可以说，归根结底，三鹿的失败就是源于企业内部控制的失效，是企业一味追求利益而忽视和淡漠风险的结果，是企业对风险认识和估计不足的结果，是企业管理尤其是质量管理跟不上发展速度的结果，是企业危机公关沟通不畅的结果，也是企业监督与改进机制缺乏的结果。

资料来源：吴晓波.激荡十年，水大鱼大：中国企业2008—2018［M］. 北京：中信出版社，2017.

任务一　认知风险管理

任务导学

企业生产经营过程中，时刻都面临着各种风险，这些风险可能影响企业实现战略目标，甚至导致企业经营失败，因此有必要开展对企业风险的识别、评估、预警和应对等风险管理活动。

本任务要求认知风险及风险管理的概念，能描述风险管理的原则，能叙述风险管理的应用程序，为利用风险管理的工具方法打下基础。

一、风险管理概述

（一）风险的含义

阅读材料

管理会计应用指引第700号——风险管理

据说“风险”一词是由渔民们创造的。以前的渔民每次出海前都要祈祷，祈求神灵保佑自己能够平安归来，祈祷神灵保佑自己在出海时能够风平浪静、满载而归。在长期的捕捞实践中，渔民们深刻体会到“风”给他们带来的无法预测、无法确定的危险，“风”意味着“险”，于是“风险”一词便产生了，并渐渐演化为日常生活中描述“危险”的词语。

从企业管理的角度来看，风险最简单的定义是：发生财务损失的可能性。发生损失的可能性越大，风险越大。它可以用不同结果出现的概率来描述。结果可能是好的，也可能是坏的，坏结果出现的概率越大，就认为风险越大。这个定义非常接近日常生活中使用的普通概念，主要强调风险可能带来的损失，与危险的含义类似。

在对风险进行深入研究以后人们发现，风险不仅可以带来超出预期的损失，也可能带来超出预期的收益。于是，出现了一个正式的定义：风险是指收益的不确定性。虽然风险的存在可能意味着收益的增加，但人们考虑更多的是损失发生的可能性。

从管理会计的角度看，风险是企业在各项经营活动过程中，由于各种难以预料或无法控制的因素作用，使企业的实际收益与预计收益发生背离，从而蒙受经济损失的可能性。

（二）风险管理的概念

风险管理，是指企业为实现风险管理目标，对企业风险进行有效识别、评估、预警和应对等管理活动的过程。需要注意的是，企业风险管理并不能替代内部控制。

（三）风险管理的原则

企业进行风险管理，一般应遵循以下原则：

1. 融合性原则

企业风险管理应与企业的战略设定、经营管理与业务流程相结合。

2. 全面性原则

企业风险管理应覆盖企业所有的风险类型、业务流程、操作环节和管理层级与环节。

3. 重要性原则

企业应对风险进行评价，确定需要进行重点管理的风险，并有针对性地实施重点风险监测，及时识别、应对。

4. 平衡性原则

企业应权衡风险与回报、成本与收益之间的关系。

【明德善思】风险无处不在，我们要树立风险意识，明确风险管理是一种常态化工作。党的二十大报告指出：我国发展进入战略机遇和风险挑战并存、不确定难预料因素增多的时期，各种“黑天鹅”“灰犀牛”事件随时可能发生。我们要深刻认识和准确把握外部环境变化和我国改革发展面临的新情况、新问题、新挑战，增强忧患意识，始终保持高度警惕，从可能出现的最坏情况出发，调动一切积极因素使事物朝着预期目标发展，既要看到有利的一面、又要看到不利的一面，牢筑红线意识，严格职业操守，守住人生底线。

（四）风险管理的工具方法

企业可根据风险的来源、影响、性质、责任主体等不同标准，建立符合风险管理需要的，满足系统性、完整性、层次性、可操作性、可扩展性等要求的风险分类框架。

风险管理领域应用的管理会计工具方法，一般包括风险矩阵、风险清单等。企业可结合自身的风险管理目标和实际情况，单独或综合应用不同风险管理工具方法。

（五）风险管理的应用环境

1.强化风险管理意识

企业应强化风险管理意识，形成与本企业经营状况相适应的风险管理理念，培育和塑造良好的风险管理文化，建立风险管理培训、传达、监督和激励约束机制，将风险管理意识转化为员工的共同认识和自觉行动。

2.建立风险管理组织体系

企业应根据相关法律法规的要求和风险管理的需要，建立组织架构健全、职责边界清晰的风险管理结构，明确董事会、监事会、管理层、业务部门、风险管理责任部门等在风险管理中的职责分工，建立风险管理决策、执行、监督与评价等职能既相互分离与制约，又相互协调的运行机制。

3.建立健全风险管理制度体系

企业应建立健全能够涵盖风险管理主要环节的风险管理制度体系。其通常包括风险管理决策制度、风险识别与评估制度、风险监测预警制度、应急处理制度、风险管理评价制度、风险管理考核制度等。

4.充分利用信息技术

企业应加强信息技术在风险管理中的应用，建立与业务财务相融合的信息系统。

二、风险管理的应用程序

企业应用风险管理工具方法，一般按照设定目标，识别和分析风险，对风险进行监测、预警和应对，沟通风险信息，考核和评价风险管理等程序进行。

（一）设定目标

风险管理目标是在确定企业风险偏好的基础上，将企业的总体风险和主要风险控制在企业风险容忍度范围之内。

风险偏好，是指企业愿意承担的风险及相应的风险水平；风险容忍度，是指企业在风险偏好的基础上，设定的风险管理目标值的可容忍波动范围。

我国《中央企业全面风险管理指引》设定了风险管理如下的总体目标，充分体现了风险管理紧密联系企业战略的思想：

（1）确保将风险控制在与企业总体目标相适应并可承受的范围内；

（2）确保企业内外部，尤其是企业与股东之间实现真实、可靠的信息沟通，包括编制和提供真实、可靠的财务报告；

（3）确保遵守有关法律法规；

（4）确保企业相关规章制度和为实现经营目标而采取的重大措施的贯彻执行，保障经营管理的有效性，提高经营活动的效率和效果，降低实现经营目标的不确定性；

（5）确保企业建立针对各项重大风险发生后的危机处理计划，保护企业不因灾害性风险或人为失误而遭受重大损失。

（二）识别和分析风险

企业应根据风险形成机制，识别可能影响风险管理目标实现的内外部风险因素和风险事项。

企业应在风险识别的基础上，对风险成因和特征、风险之间的相互关系，以及风险发生的可能性、对目标影响程度和可能持续的时间进行分析。

（三）对风险进行监测、预警与应对

企业应在风险评价的基础上，针对需重点关注的风险，设置风险预警指标体系对风险的状况进行监测，并通过指标值与预警临界值的比较，识别预警信号，并进行预警分级。

企业应针对已发生的风险或已超过监测预警临界值的风险，采取风险接受、风险规避、风险转移、风险分担、风险转换、风险对冲、风险补偿、风险降低等策略，把风险控制在风险容忍度之内。

（四）沟通风险信息

企业应在企业内部各管理层级、责任单位、业务环节之间，以及企业与外部投资者、债权人、客户、供应商、中介机构和监管部门等有关方面之间，传递和反馈风险管理各环节的相关信息。

（五）考核和评价风险管理

企业应根据风险管理职责设置风险管理考核指标，并纳入企业绩效管理，建立明确的、权责利相结合的奖惩制度，以保证风险管理活动的持续性和有效性。

风险管理部门应定期对各职能部门和业务部门的风险管理实施情况和有效性进行考核，形成考核结论并出具考核报告，及时报送企业管理层和绩效管理部门。

企业应定期对风险管理制度、工具方法和风险管理目标的实现情况进行评价，识别是否存在重大风险管理缺陷，形成评价结论并出具评价报告。

【想一想】现代管理理论的“风险”概念和生活层次的“危险”有何区别和联系？

同步训练

一、单项选择题

1. 风险管理，是指企业为实现（　　），对企业风险进行有效识别、评估、预警和应对等管理活动的过程。

A. 经营目标　　B. 财务目标　　C. 风险管理目标　　D. 安全目标

2. 风险管理目标是在确定企业风险偏好的基础上，将企业的总体风险和主要风险控制在企业（　　）范围之内。

A. 可控制　　B. 风险容忍度　　C. 低水平　　D. 企业内部

3. 企业应定期对风险管理制度、工具方法和风险管理目标的实现情况进行评价，识别是否存在（　　），形成评价结论并出具评价报告。

A. 风险　　B. 风险苗头　　C. 管理漏洞　　D. 重大风险管理缺陷

二、多项选择题

1. 企业进行风险管理，一般应遵循的原则包括（　　）。

A. 平衡性原则　　B. 重要性原则　　C. 全面性原则　　D. 融合性原则

2. 企业应根据风险形成机制，识别可能影响风险管理目标实现的（　　）。

A. 内部风险因素　　B. 宏观因素

C. 外部风险因素　　D. 风险事件

参考答案

3. 风险管理领域应用的管理会计工具方法，一般包括（　　）等。

A. 风险矩阵　　B. 风险分析

C. 风险对冲　　D. 风险清单

任务二　风险矩阵

任务导学

风险管理的应用程序中一个重要的环节是“风险识别”，而风险识别是风险管理的基础，其重要的工具方法就是风险矩阵法。风险矩阵法是用以识别风险发生的可能性和后果严重程度的一种可视化的定性风险分析方法。

本任务要求能领会风险矩阵的概念及应用环境，描述风险矩阵的应用程序，结合实践绘制风险矩阵。

一、风险矩阵概述

（一）风险矩阵的概念

风险矩阵，是指按照风险发生的可能性和风险发生后果的严重程度，将风险绘制在矩阵图中，展示风险及其重要性等级的风险管理工具方法。

风险矩阵的基本原理是：根据企业风险偏好，判断并度量风险发生可能性和后果严重程度，计算风险值，以此作为主要依据在矩阵中描绘出风险重要性等级，如图8-1所示。

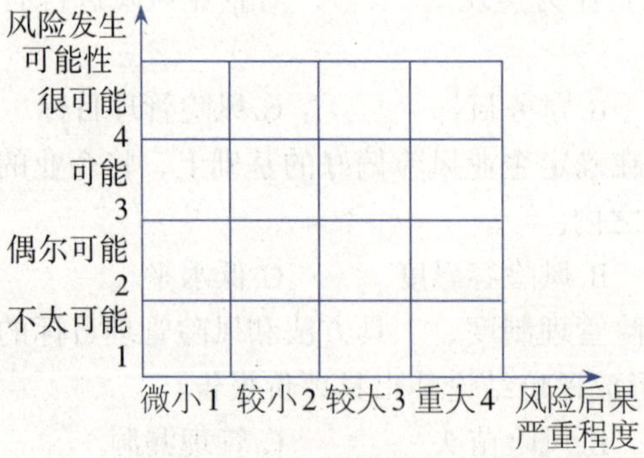

图8-1　风险矩阵图

风险后果严重程度的横坐标等级可定性描述为“微小”“较小”“较大”“重大”等（也可采用1、2、3、4等M个半定量分值），风险发生可能性的纵坐标等级可定性描述为“不太可能”“偶尔可能”“可能”“很可能”等（也可采用1、2、3、4等N个半定量分值），从而形成M×N个方格区域的风险矩阵图，也可以根据需要通过定量指标更精确地描述风险后果严重程度和风险发生可能性。

阅读材料

管理会计应用指引第701号——风险矩阵

企业应用风险矩阵，应明确应用主体（企业整体、下属企业或部门），确定所要识别的风险，定义风险发生可能性和后果严重程度的标准，以及定义风险重要性等级及其表示形式。

风险矩阵适用于表示企业各类风险重要性等级，也适用于各类风险的分析评价和沟通报告。风险矩阵法最初产生于20世纪中后期，被运用于大型项目管理中，因为风险矩阵法是一种定性与定量相结合的方法，操作简便、结构灵活，因此被推广。风险矩阵法正式得到官方认可是在1996年，当时ESC美国空军电子系统中心采用风险矩阵法对武器研究进行风险评估，对推进项目实施起到了关键性作用。

（二）风险矩阵的应用环境

企业应用风险矩阵工具方法，除了应遵循《管理会计应用指引第700号——风险管理》中对应用环境的一般要求外，还需满足下列要求：

（1）企业应用风险矩阵工具方法，应综合考虑所处的外部环境、企业内部的财务和业务情况，以及企业风险管理目标、风险偏好、风险容忍度、风险管理能力等。

（2）企业应用风险矩阵工具方法，由风险管理责任部门负责风险矩阵工具方法的培训、组织、协调、指导，并根据由相关职能部门和业务部门负责绘制的风险矩阵列示的风险重要性等级，汇总编制企业整体的风险矩阵。

必要时，企业可组建由相关职能部门和业务部门组成的跨部门风险管理团队，对风险发生可能性和后果严重程度作出客观、全面的分析和评价。

（三）风险矩阵的评价

风险矩阵的主要优点：为企业确定各项风险重要性等级提供了可视化的工具。

风险矩阵的主要缺点：一是需要对风险重要性等级标准、风险发生可能性、后果严重程度等作出主观判断，可能影响使用的准确性；二是应用风险矩阵所确定的风险重要性等级是通过相互比较确定的，因而无法将列示的个别风险重要性等级通过数学运算得到总体风险的重要性等级。

【明德善思】风险矩阵作为一种风险可视化的工具，需要认真量化风险严重程度和风险发生可能性，精心设计风险矩阵并实时动态更新，从而提供更精确有效的风险评估结果，可见风险矩阵的有效应用离不开管理会计人员细致严谨、精益求精、追求卓越的工匠精神。同时也警示我们学会风险预判，凡事多想一层，多预测、多推演、多分析，找出对自身、团队不利的因素，堵漏洞、强弱项，下好先手棋、打好主动仗，做好随时应对各种风险挑战的准备，就能“算无遗策”，规避掉很多本不该发生的事故，做一名有预判思维的“事前诸葛亮”。

二、风险矩阵的应用程序

企业应用风险矩阵工具方法，一般按照绘制风险矩阵坐标图（包括确定风险矩阵的横纵坐标、制定风险重要性等级标准、分析与评价各项风险、在风险矩阵中描绘出风险点），沟通报告风险信息和持续修订风险矩阵图等程序进行。

（一）确定风险矩阵的横纵坐标

风险矩阵坐标，是以风险后果严重程度为横坐标、以风险发生可能性为纵坐标的矩阵坐标图。企业可根据风险管理精度的需要，确定定性、半定量或定量指标来描述风险后果严重程度和风险发生可能性。

【例 8-1】KS机械公司成立于1985年，公司经营综合性贸易，经营范围不仅包括自营，还包含各类商品及技术的进出口业务。近年来，KS机械公司的发展战略呈现多元化趋势，业务涉及范围广，公司增长较为稳定，销售增长率保持在10%左右。近年来由于市场竞争激烈，企业领导层感觉企业经营的风险越来越大。所以KS机械公司致力于提升产品、服务质量的同时，将风险管理作为企业内部控制的主要工作，希望通过对各类风险的控制降低企业能耗，提高企业生存和发展的竞争力。公司采用风险矩阵图进行风险识别和评价，继而采用风险清单列示风险。

KS机械公司进行风险评价时，对风险采用逐项拆分的形式，预估风险发生可能性和影响程度，运用风险矩阵法确定风险的等级。同样，按照正常使用风险矩阵工具的思路，选取“风险发生概率”和“风险影响程度”两个维度作为评价指标。根据专家的意见，拆分每一项大类风险，得到二级风险，经过仔细评估与比较之后，打分得出风险综合等级，并对不同专家的打分赋予合理权重，构建风险矩阵图，进而对公司风险管理作出有效评价，提出合理意见和建议，如图8-2所示。

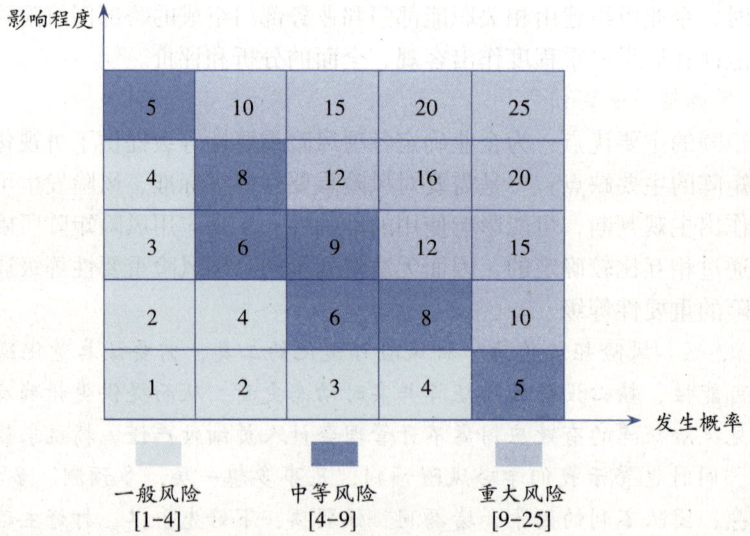

微课

设计风险矩阵图例题解析

图8-2　KS机械公司风险矩阵设计图

（二）制定风险重要性等级标准

企业在确定风险重要性等级时，应综合考虑风险后果严重程度和发生可能性，以及企业的风险偏好，将风险重要性等级划分为可忽视的风险、可接受的风险、要关注的风险和重大的风险等级别。

对于使用半定量和定量指标描绘的矩阵，企业可将风险后果严重程度和发生可能性等级的乘积（即风险值）划分为与风险重要性等级相匹配的区间。为了突出风险矩阵的可视化效果，企业可以将不同重要性等级的风险用不同的标识进行区分。

【例8-2】KS机械公司的风险管理现阶段情况是，进行具体风险评价时，主要将风险栏的风险拆分为风险发生概率和风险影响程度两个维度，通过对每一项二级风险的分析，量化风险等级。将风险影响程度的等级划分为关键、严重、一般、较小和可忽略5个等级层次，在每一个等级之间设定范围，每一项二级风险也都有分值区间；同理，对于风险发生的概率，共设置极低、低、中等、高、极高5个等级，通过每年发生的频率或者次数确定。当然，这两个指标在选取过程中可以结合企业自身特点，适当调整每一个等级设置的条件。通过计算两项指标的分数确定对应的风险等级范围，实现对所有二级风险的排序，同时可以对一级风险汇总结果，最后决定风险管理的优先顺序。

（三）分析与评价各项风险

企业在逐项分析和评价需在风险矩阵中展示的风险时，注意考虑各风险的性质和企业对该风险的应对能力，对单个风险发生的可能性和风险后果严重程度的量化应注重参考相关历史数据。企业在综合职能部门和业务部门等相关方意见后，得到每一风险发生可能性和后果严重程度的评分结果。

【例8-3】KS机械公司组织专家小组对每一项一级风险进行评判，包括风险影响程度和风险发生概率两个方面，以便得出风险评估分析表。

（1）评价风险影响程度。根据评分权重的设置，风险管理小组专家继续对KS机械公司的风险影响程度进行评分，并对结果进行汇总。结合专家的打分意见，对KS机械公司的风险影响程度加以量化，并对评分结果进行汇总，最终得出风险影响程度分数。

（2）评价风险发生概率。风险发生概率的确定同样遵循风险影响程度的评定方法，赋予每项二级风险一定的权重，使得权重加总为100%，即一级风险。同时，专家对每项二级风险打分，将打分结果与权重相乘，最终得出风险发生概率分数。

至此，KS机械公司风险矩阵的基础数据搜集工作初步完成。KS机械公司确定风险发生概率和风险影响程度后，通过二级风险因素指标计算得到一级风险因素指标。企业各个风险（包括战略风险、财务风险、法律风险、运营风险、市场风险等）发生概率与影响程度的乘积，就是每一项一级风险的总得分，见表8-1。

表8-1　风险评估分析表

序号	风险项目	影响程度	等级	发生概率	等级	风险得分
1	政策风险	4.6	关键	3.4	高	15.64
2	战略风险	2.6	一般	2.8	中等	7.28
3	市场风险	4.2	关键	4.6	极高	19.32
4	财务风险	3.8	严重	4.3	极高	16.34
5	法律风险	3.2	严重	2.1	中等	6.72
6	人力风险	1.8	较小	1.6	低	2.88
7	运营风险	3.7	严重	3.7	高	13.69

（四）在风险矩阵中描绘出风险点

企业应将由每一风险发生的可能性和后果严重程度的评分结果组成的唯一坐标点标注在建立好的风险矩阵图中，标明各点的含义并给风险矩阵命名，完成风险矩阵的绘制。

【例 8-4】 绘制 KS 机械公司风险矩阵图，如图 8-3 所示。

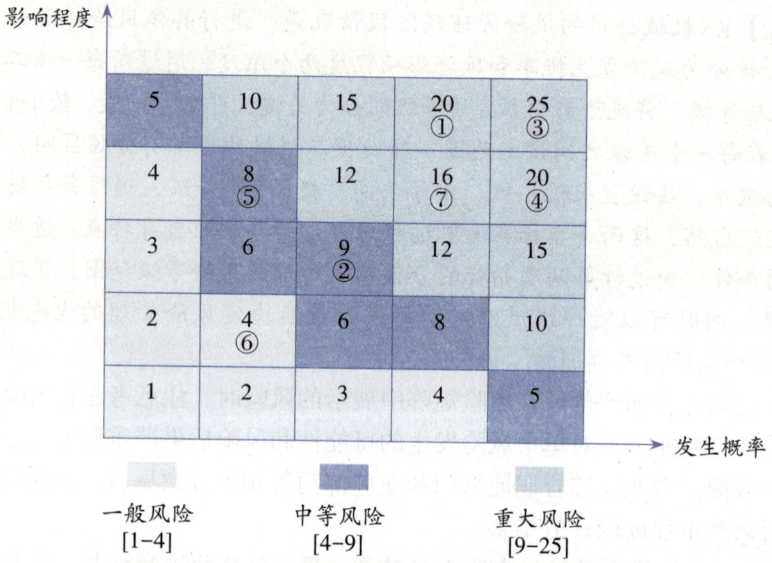

图 8-3 KS 机械公司风险矩阵图

（五）沟通报告风险信息

企业应将绘制完成的风险矩阵及时传递给企业管理层、各职能部门和业务部门。企业还可将风险矩阵纳入企业风险管理报告，以切实指导风险预警和应对活动，提高风险管理效果。

【例 8-5】 KS 机械公司的风险分析。通过观察风险矩阵图中各个风险点的位置，我们可以发现：在一般风险区域的，为人力风险；处于中等风险区域的，为法律风险、战略风险；而需要 KS 机械公司格外关注的重大风险为政策风险、财务风险、市场风险和运营风险。

（六）持续修订风险矩阵图

企业应根据风险管理的需要或企业管理层的要求，定期或不定期地更新风险矩阵所展示的各类风险及其重要性等级。

【想一想】 财务风险发生的可能性受哪些因素影响？

同步训练

一、单项选择题

1. 风险矩阵坐标，是以风险后果（　　）为横坐标、以风险发生可能性为纵坐标的矩阵坐标图。

A.损失情况　B.发生地点　C.发生时间　D.严重程度

2.企业应用风险矩阵，应明确（　　），然后确定所要识别的风险。

A.风险大小　B.危害性　C.应用主体　D.风险发生地点

3.企业应用风险矩阵工具方法，由（　　）负责风险矩阵工具方法的培训、组织、协调、指导。

A.风险管理责任部门　B.总经理

C.财务部门　D.人力资源管理部门

二、多项选择题

1.风险矩阵是展示风险及其重要性等级的风险管理工具方法，主要在（　　）方面进行描述。

A.风险发生可能性　B.损失大小

C.急迫程度　D.风险后果严重程度

2.风险矩阵的应用主体包括（　　）。

A.企业整体　B.下属企业

C.部门单位　D.个人

参考答案

3.风险矩阵的主要缺点包括（　　）

A.主观判断影响准确性　B.抽象

C.不清晰　D.无法计算个别事件的具体风险

任务三　风险清单

任务导学

风险矩阵列示了风险发生的可能性以及影响程度，企业的各种风险通过可视化的工具一目了然，随后面临的问题是如何采取风险应对措施。而风险清单就是在风险矩阵的基础上，制定风险应对措施，使风险管理落到实处。

本任务要求能解释风险清单的概念和应用环境，叙述风险清单的应用程序，能结合实践绘制风险清单。

阅读材料

管理会计应用指引第702号——风险清单

一、风险清单概述

（一）风险清单的概念

风险清单，是指企业根据自身战略、业务特点和风险管理要求，以表单形式进行风险识别、风险分析、风险应对措施、风险报告和沟通等管理活动的工具方法。风险清单适用于各类企业及企业内部各个层级和各类型风险的管理。

企业应用风险清单工具方法的主要目标，是使企业从整体上了解自身风险概况和存在的重大风险，明晰各相关部门的风险管理责任，规范风险管理流程，并为企业构建风险预警和风险考评机制奠定基础。

（二）风险清单的应用环境

企业应用风险清单工具方法，除了应遵循《管理会计应用指引第700号——风险管理》中对应用环境的一般要求外，还应遵循以下要求：

（1）风险清单应由企业风险管理部门牵头组织实施，明确风险清单编制的对象和流程，建立培训、指导、协调、考核和监督机制。

（2）各部门对与本部门相关的风险清单的有效性负直接责任，有效性包括风险清单使用的效率和效果等。

（三）风险清单的评价

风险清单的主要优点：能够直观反映企业风险情况，易于操作，能够适应不同类型企业、不同层次风险、不同风险管理水平的风险管理工作。

风险清单的主要缺点：风险清单所列举的风险往往难以穷尽，且风险重要性等级的确定可能因评价的主观性而产生偏差。

二、风险清单的应用程序

企业应用风险清单工具方法，一般按照编制风险清单、沟通与报告、评价与优化等程序进行。

（一）编制风险清单

企业一般按企业整体和部门两个层级编制风险清单。企业整体风险清单的编制一般按照构建风险清单基本框架、识别风险、分析风险、制定重大风险应对措施等程序进行；部门风险清单的编制可根据企业整体风险清单，梳理出与本部门相关的重大风险，依照上述流程进行。中小企业编制风险清单，也可不区分企业整体和部门。

1.构建风险清单基本框架

企业风险清单基本框架一般包括风险识别、风险分析、风险应对三部分。风险识别部分主要包括风险类别、风险描述、关键风险指标等要素；风险分析部分主要包括可能产生的后果、关键影响因素、风险责任主体（以下简称“责任主体”）、风险发生可能性、风险后果严重程度、风险重要性等级等要素；风险应对部分主要包括风险应对措施等要素。企业构建风险清单基本框架时，可根据管理需要，对风险识别、风险分析、风险应对中的要素进行调整。

2.风险的描述

风险管理部门应从全局角度识别可能影响风险管理目标实现的因素和事项，建立风险信息库，在各相关部门的配合下共同识别风险。风险识别过程应遵循全面系统梳理、全员参与、动态调整的原则，对识别出的风险进行详细描述，明确关键风险指标等。

3.风险的归类

风险管理部门应对识别出的风险进行归类、编号，根据风险性质、风险指标是否可以量化等进行归类，并以此为基础填制完成风险清单基本框架中的风险类别、风险描述、关键风险指标等要素。

【例8-6】编制的KS机械公司财务风险清单，见表8-2。

表8-2　　　　KS机械公司财务风险清单

风险识别				风险分析				风险应对
序号	风险名称	风险描述	风险管理者	风险成因	原因类别	可能性	影响程度	应对措施
1	税务风险	税收政策变动，企业利润受到重大影响	财务部	对外商合资企业税收优惠减少，税负增加	政策	高	高	组织财务部深入研究税收政策；与税务机关沟通；聘请专家指导
2	抵押担保风险	违规担保抵押，抵押财产涉及企业主要经营资产	法务部	审批人员风险意识差，审批不严格	人员	低	低	加强风险意识培训，细化审批环节
3	现金流风险	自由现金流少；企业偿债能力弱；坏账增加	财务部	投资进度与经营现金流不一致	控制	低	高	加强应收账款的资金回笼；强化投资的预算管理

（二）沟通与报告

微课

风险清单应用解析

风险管理部门应根据已填列的风险识别部分的内容，在与相关部门沟通后，分析各类风险可能产生的后果，确定引起该后果的关键影响因素及责任主体，并填制完成风险清单基本框架中的可能产生后果、关键影响因素、风险责任主体等要素。

各责任主体可基于风险偏好和风险应对能力，逐项分析风险清单中各类风险发生的可能性和后果严重程度，确定风险重要性等级，并填制风险发生可能性、风险后果严重程度、风险重要性等级等要素。风险重要性等级的确定方法和标准可参见《管理会计应用指引第701号——风险矩阵》。

风险管理部门应以风险重要性等级结果为依据确定企业整体的重大风险，报企业风险管理决策机构批准后反馈给相关责任主体。

风险管理部门应会同各责任主体结合企业的风险偏好、风险管理能力等制定相应的风险管理应对措施，填制风险清单基本框架中的风险应对措施要素，由此填制完成企业整体风险清单。

风险管理部门及各责任主体可对企业整体重大风险进行进一步的分析，也可直接对各部门相关的业务流程进行细化分解，形成相关部门的风险清单。

各部门应用本风险清单进行风险管理的程序与企业整体风险清单类似，但应加强流程细节分析，突出具体应对措施，力求将风险管理切实落到业务流程和岗位责任人。

风险管理部门应将风险清单所呈现的风险信息及时传递给相关责任主体，确保各责任主体准确理解相关的风险信息，有效开展风险管理活动。为提高风险清单应用的有效性，风险管理部门可将其纳入企业风险管理报告。

（三）评价与优化

风险管理部门应会同各责任主体定期或不定期地根据企业内外部环境变化，对风险清单是否全面识别风险并准确分类、是否准确分析风险成因及后果、是否采取了恰当的风险应对措施等进行评估，及时对风险清单进行更新调整。

【想一想】风险管理的工具方法包括风险矩阵和风险清单，两者有何联系和区别？

同步训练

一、单项选择题

1. 企业应用风险清单工具方法的主要目标，是使企业从（　　）上了解自身风险概况和存在的重大风险。

A. 局部　B. 基本单位　C. 整体　D. 某一时期

2. 风险清单应由企业（　　）牵头组织实施，明确风险清单编制的对象和流程，建立培训、指导、协调、考核和监督机制。

A. 财务部门　B. 总经理

C. 企业风险管理部门　D. 管理会计师

3. 风险应对部分主要包括（　　）等要素。

A. 风险识别　B. 风险分析

C. 风险后果严重程度　D. 风险应对措施

二、多项选择题

1. 企业整体风险清单的编制一般按照（　　）等程序进行。

A. 构建风险清单基本框架　B. 识别风险

C. 分析风险　D. 制定重大风险应对措施

参考答案

2. 风险识别部分主要包括的要素有（　　）。

A. 风险类别　B. 风险描述

C. 风险分析　D. 关键风险指标

3. 风险清单的主要优点包括（　　）。

A. 直观　B. 易于操作

C. 适用性广　D. 主观性强

项目九

管理会计报告

学习目标

1. 描述管理会计报告的概念和特点
2. 认知管理会计报告的分类
3. 叙述管理会计报告的流程
4. 区分三个层次管理会计报告的特点和内容
5. 复述管理的信息化和优化改进的要求
6. 把握建立管理会计报告保密制度的规定

知识点

管理会计报告　战略层管理会计报告　经营层管理会计报告　业务层管理会计报告

技能点

编写管理会计报告

思政融入点

1. 问题是时代的声音，回答并指导解决问题是理论的根本任务。
2. 以咬定青山不放松的勇气攻坚克难，跟进解决实践中遇到的各种问题。

知识结构

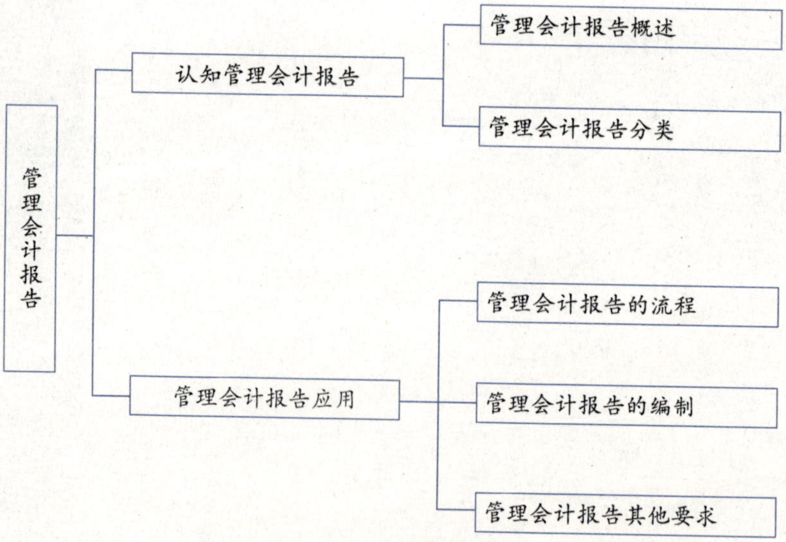

案例导入

南方摩托应用管理会计报告的实践

重庆南方摩托车有限责任公司（以下简称“南方摩托”）为增强产业整体的市场抗风险能力，充分应用管理会计的内部管理报告工具，重点从产品、产业、人员、资产、资金、费用等方面进行数据梳理和匹配分析，揭示管理短板、资源现状及配置效率、价值创造能力等问题，并查找原因，制定措施，形成报告，力求从财务、业务等多方面为公司明确战略方向、落实规划措施提供有力的量化支撑。南方摩托应用内部管理报告实践的三个步骤如下：

第一步，编制13张管理会计报表，这些报表以资产、利润、人员、成本、产品等为对象，主要分析填列人、财、物资源的分布状况，明确资源在产品、产业中的配置效率，并梳理经营性损益和非经营性损益；

第二步，通过将相关数据记入相关的管理会计报表，分析并优化产业战略及日常经营规划；

第三步，通过第二步的综合分析，提出盈亏平衡的路径和方向，消除低效、无效资源带来的亏损，提高存量资源的产出效益，并加快新兴业务增量增利步伐，力争在开源的同时实现节流收益。

资料来源：财政部会计司.管理会计案例库［EB/OL］.［2021-03-10］. http://kjs.mof.gov.cn.

任务一　认知管理会计报告

任务导学

管理会计报告是对管理会计工作的记载，为提升企业未来价值管理提供重要的决策信息，是非常重要的内部报告。企业应建立管理会计报告组织体系，根据需要设置管理会计报告相关岗位，明确岗位职责；各部门都应履行提供管理会计报告所需信息的责任。

本任务要求能描述管理会计报告的概念和特点，叙述管理会计报告的分类，对管理会计报告有初步的认知。

一、管理会计报告概述

（一）管理会计报告的概念

企业管理会计报告，是指企业运用管理会计方法，根据财务和业务的基础信息加工整理形成的，满足企业价值管理和决策支持需要的内部报告。

阅读材料

管理会计应用指引第801号——企业管理会计报告

企业管理会计报告的目标是为企业各层级进行规划、决策、控制和评价等管理活动提供有用信息；管理会计报告的对象是一个组织内部对管理会计信息有需求的各个层级、各个环节的管理者。

（二）管理会计报告的特点

管理会计报告与一般对外财务报告相比，有如下四个特征：

（1）管理会计报告没有统一的格式和规范，需要根据企业（或组织）内部的管理需要来提供。相对于报告形式，管理会计报告更注重报告实质内容；管理会计报告的形式只需提供报告的名称、报告期间或时间、报告对象、报告内容以及报告人等即可。

（2）管理会计报告遵循问题导向。根据企业（或组织）内部需要解决的具体管理问题来组织、编制、审批、报送和使用。

（3）管理会计报告提供的信息不仅包括财务信息，也包括非财务信息；不仅包括内部信息，也可能包括外部信息；不仅包括结果信息，也可以包括过程信息，更应包括剖析原因、提出改进意见和建议的信息。

（4）管理会计报告如果涉及会计业绩的报告，比如责任中心报告，其主要的报告格式应该是边际贡献格式，而不是企业会计准则中规范的对外财务报告格式。

【明德善思】管理会计报告是决策指标分析的主要数据来源，在编制过程中要思维灵活、有创新，坚持问题导向原则，不拘泥于形式的约束与限制，选择能够满足经营者信息需求的方式编制。党的二十大报告指出“必须坚持问题导向。问题是时代的声音，回答并指导解决问题是理论的根本任务”。因此，我们要增强问题意识，做到“知不足而后进”“防患于未然”，聚焦痛点难点，认真研究解决问题的新思路、新办法，并以咬定青山不放松的勇气攻坚克难，化解实践中遇到的各种问题。

二、管理会计报告分类

企业管理会计报告体系应根据管理活动全过程进行设计，在管理活动各环节形成基于因果关系链的结果报告和原因报告。因此，企业管理会计报告体系可按照多种标准进行分类，包括但不限于：

（1）按照企业管理会计报告使用者所处的管理层级可分为战略层管理会计报告、经营层管理会计报告和业务层管理会计报告；

（2）按照企业管理会计报告内容可分为综合企业管理会计报告和专项企业管理会计报告；

（3）按照管理会计功能可分为管理规划报告、管理决策报告、管理控制报告和管理评价报告；

（4）按照责任中心可分为投资中心报告、利润中心报告和成本中心报告；

（5）按照报告主体整体性程度可分为整体报告和分部报告。

【想一想】管理会计报告为什么不需要统一的格式与规范？

同步训练

一、单项选择题

1.管理会计报告所需信息由（　　）提供。

A.基层部门　　B.财务部门

C.风险管理部门　　D.企业全部部门

2.管理会计报告如果涉及会计业绩的报告，比如责任中心报告，其主要的报告格式应该是（　　）。

A.财务报告格式　　B.资产负债表格式

C.报表附注格式　　D.边际贡献格式

3.下列表述中，不正确的是（　　）。

A.管理会计报告提供的信息只有财务信息，不包括非财务信息

B.管理会计报告提供的信息不仅包括内部信息，也可能包括外部信息

C.管理会计报告遵循问题导向

D.管理会计报告提供的信息既包括结果信息，也包括过程信息

二、多项选择题

1.企业管理会计报告，是指企业运用管理会计方法，根据（　　）基础信息加工整理形成的，满足企业价值管理和决策支持需要的内部报告。

A.业务　　B.投资　　C.风险　　D.财务

2.企业按管理层次划分的管理会计报告包括（　　）。

A.战略层　　B.操作层

C.经营层　　D.业务层

3.成本管理报告的内容一般包括（　　）等。

A.投资中心报告　　B.利润中心报告

C.融资中心报告　　D.成本中心报告

参考答案

任务二　管理会计报告应用

任务导学

前面通过认知管理会计报告，明确了管理会计报告的重要性。企业应按照管理会计报告流程和有关要求，有效应用管理会计报告，特别是战略层管理会计报告，并与企业核心利益紧密结合。

本任务要求既能描述管理会计报告的流程，又要把握战略层、经营层和业务层三个层次管理会计报告的联系与区别。

一、管理会计报告的流程

企业管理会计报告流程包括报告的编制、审批、报送、使用、评价等环节。

（一）编制企业管理会计报告

企业管理会计报告由管理会计信息归集、处理并报送的责任部门编制。只有建立管理会计报告相关信息的收集机制，才能够及时收集与企业生产经营相关的政策变化、市场状况和行业竞争态势等信息，使得重要的内外部信息能够及时获得并向各个管理层呈报，从而保证企业经营目标和发展战略的实现。应对收集的管理会计信息进行筛选，根据各管理层对管理会计报告的信息需求和之前制定的管理会计报告标准，进行资料分析，提取有效数据，编制内容全面、通俗易懂、简洁明了的管理会计报告，形成总结性的结论，并提出建议。

（二）审批企业管理会计报告

企业应根据报告的内容、重要性和报告对象等，确定不同的审批流程。经审批后的报告方可报出。

（三）报送企业管理会计报告

企业应合理设计报告报送路径，确保企业管理会计报告及时、有效地送达报告对象。企业管理会计报告可以根据报告性质、管理需要进行逐级报送或直接报送。

（四）授权使用企业管理会计报告

企业应建立管理会计报告使用的授权制度，报告使用人应在权限范围内使用企业管理会计报告。

（五）评价企业管理会计报告

企业应对管理会计报告的质量、传递的及时性、保密情况等进行评价，并将评价结果与绩效考核挂钩。

二、管理会计报告的编制

由于管理会计报告通常根据要解决的问题设定报告的内容和格式，本身并没有形成统一的格式规范和内容，在此，我们仅对按管理层次划分的三个层次的管理会计报告体系进行具体介绍。

（一）战略层管理会计报告

1.战略层管理会计报告的定义

战略层管理会计报告是为战略层开展战略规划、决策、控制和评价以及其他方面的管理活动提供相关信息的对内报告。战略层管理会计报告的报告对象是企业的战略层，包括股东大会、董事会和监事会等。

2.战略层管理会计报告的内容

战略层管理会计报告包括但不限于战略管理报告、综合业绩报告、价值创造报告、经营分析报告、风险分析报告、重大事项报告、例外事项报告等。这些报告可独立提交，也可根据不同需要整合后提交。

战略层管理会计报告应精练、简洁、易于理解，报告主要结果、主要原因，并提出具体的建议。

（1）战略管理报告的内容一般包括内外部环境分析、战略选择与目标设定、战略执行及其结果，以及战略评价等。

（2）综合业绩报告的内容一般包括关键绩效指标预算及其执行结果、差异分析以及其他重大绩效事项等。

（3）价值创造报告的内容一般包括价值创造目标、价值驱动的财务因素与非财务因素、内部各业务单元的资源占用与价值贡献，以及提升公司价值的措施等。

（4）经营分析报告的内容一般包括过去经营决策执行情况回顾、本期经营目标执行的差异及其原因、影响未来经营状况的内外部环境与主要风险分析、下一期的经营目标及管理措施等。

（5）风险分析报告的内容一般包括企业全面风险管理工作回顾、内外部风险因素分析、主要风险识别与评估、风险管理工作计划等。

（6）重大事项报告是针对企业的重大投资项目、重大资本运作、重大融资、重大担保事项、关联方交易等事项进行的报告。

（7）例外事项报告是针对企业发生的管理层变更、股权变更、安全事故、自然灾害等偶发性事项进行的报告。

【例9-1】KS机械公司管理会计报告，见表9-1。

表9-1 战略管理报告（战略选择与目标设定）

编制部门：KS机械公司 编制时间：____年__月__日

长期发展战略	1.公司以转型升级为发展主线，以技术创新和国际化为战略重点，围绕“国际化、精益化、补短板、可持续”四大经营理念，秉承“国际化、世界级”的发展战略，以实业和金融双轮驱动，努力成为深受全球信赖、具有独特价值创造力的世界级企业。 2.公司力争实现到2×20年国际化收入占比达50%左右，稳居世界工程机械行业前五位的战略目标；“中国制造2025”战略收尾时，力争进入行业世界前三强，基本实现全球产业“珠峰登顶”
短期经营计划	1.公司围绕有质量、有效益、有规模、可持续的增长目标，努力开拓高端存量市场，强抓细分市场、中高端客户，强抓海外市场和新产业发力，实现产业多样化、产品智能化、制造服务化，坚定落实战略目标。 2.公司预计2×16年实现营业收入168.03亿元，实际完成168.91亿元。公司预计2×17年营业收入为190.87亿元，同比增长约13%
战略举措	1.集团内部层层落实责任，强管理，控风险，抓好质量、安全和降本。 2.起重机械、装载机、道路机械等做优做大做强。 3.新产品如环境机械、桩工机械、零部件，全力夯实基础。 4.信息技术、备件服务等新业态迸发新活力。 5.全力开拓国内、国际两个市场。 6.重塑技术创新环境，争创技术领先，加强智能产品与系统的研发工作

（二）经营层管理会计报告

1.经营层管理会计报告的定义

经营层管理会计报告是为经营管理层开展与经营管理目标相关的管理活动提供相关

信息的对内报告。经营层管理会计报告的报告对象是经营管理层。

2.经营层管理会计报告的内容

经营层管理会计报告主要包括全面预算管理报告、投资分析报告、项目可行性报告、融资分析报告、盈利分析报告、资金管理报告、成本管理报告、绩效评价报告等。

经营层管理会计报告应做到内容完整、分析深入。

（1）全面预算管理报告的内容一般包括预算目标制定与分解、预算执行差异分析以及预算考评等。

（2）投资分析报告的内容一般包括投资对象、投资额度、投资结构、投资进度、投资效益、投资风险和投资管理建议等。

（3）项目可行性报告的内容一般包括项目概况、市场预测、产品方案与生产规模、厂址选择、工艺与组织方案设计、财务评价、项目风险分析，以及项目可行性研究结论与建议等。

（4）融资分析报告的内容一般包括融资需求测算、融资渠道与融资方式分析及选择、资本成本、融资程序、融资风险及其应对措施和融资管理建议等。

（5）盈利分析报告的内容一般包括盈利目标及其实现程度、利润的构成及其变动趋势、影响利润的主要因素及其变化情况，以及提高盈利能力的具体措施等。企业还应对收入和成本进行深入分析。盈利分析报告可基于企业集团、单个企业，也可基于责任中心、产品、区域、客户等进行。

（6）资金管理报告的内容一般包括资金管理目标、主要流动资金项目如现金、应收票据、应收账款、存货的管理状况，资金管理存在的问题，以及解决措施等。企业集团资金管理报告的内容一般还包括资金管理模式（集中管理还是分散管理）、资金集中方式、资金集中程度、内部资金往来等。

（7）成本管理报告的内容一般包括成本预算、实际成本及其差异分析，成本差异形成的原因以及改进措施等。

（8）业绩评价报告的内容一般包括绩效目标、关键绩效指标、实际执行结果、差异分析、考评结果，以及相关建议等。

【例9-2】A企业下属两个分厂，其业绩评价主要以成本为依据，每个分厂设有3个车间，其成本管理报告的编制及相互关系，见表9-2至表9-4。

表9-2 A企业成本管理报告 单位：元

项目	预算成本	实际可控成本	差异
管理费用	19 500	19 700	200（超支）
一分厂	467 475	470 330	2 855（超支）
二分厂	395 225	394 300	925（节约）
合计	882 200	884 330	2 130（超支）

表 9-3　　A 企业一分厂业绩报告　　单位：元

项目	预算成本	实际可控成本	差异
管理费用	17 500	17 350	150（节约）
甲车间	109 725	111 280	1 555（超支）
乙车间	190 500	192 600	2 100（超支）
丙车间	149 750	149 100	650（节约）
合计	467 475	470 330	2 855（超支）

表 9-4　　A 企业一分厂甲车间成本报告　　单位：元

项目	预算成本	实际可控成本	差异
工人工资	58 100	58 000	100（节约）
原材料	32 500	34 225	1 725（超支）
行政人员工资	6 400	6 400	
水电费	5 750	5 690	60（节约）
折旧费用	4 000	4 000	
设备维修	2 000	1 990	10（节约）
保险费	975	975	
合计	109 725	111 280	1 555（超支）

微课

企业管理会计报告例题解析

由表 9-2 至表 9-4 可以看出，从 A 企业总体管理会计报告上看，一分厂产生了不利差异，还比较大；从一分厂内部成本构成看，其不利差异主要是由甲车间和乙车间引起的；而分析甲车间成本报告可知，引起不利差异的主要原因是原材料成本超支。各级负责人应就其权责范围编制成本管理报告，并对其负责部门的成本差异负责。级别越低的单位，从事的经营活动越具体，其成本管理报告涉及的成本项目分类也越详细。根据成本管理报告，各部门的各级负责人可以针对成本差异，寻找原因对症下药，以便对成本费用实施有效的管理控制，从而提高业绩水平。

（三）业务层管理会计报告

1. 业务层管理会计报告的定义

业务层管理会计报告是为企业开展日常业务或作业活动提供相关信息的对内报告。其报告的报告对象是企业的业务部门、职能部门以及车间、班组等。

2. 业务层管理会计报告的内容

业务层管理会计报告应根据企业内部各部门、车间或班组的核心职能或经营目标进行设计，主要包括研究开发报告、采购业务报告、生产业务报告、配送业务报告、销售业务报告、售后服务业务报告、人力资源报告等。

业务层管理会计报告应做到内容具体，数据充分。

（1）研究开发报告的内容一般包括研发背景、主要研发内容、技术方案、研发进度、项目预算等。

（2）采购业务报告的内容一般包括采购业务预算、采购业务执行结果、差异分析及改善建议等。采购业务报告要重点反映采购质量、数量以及时间、价格等方面的内容。

（3）生产业务报告的内容一般包括生产业务预算、生产业务执行结果、差异分析及改善建议等。生产业务报告要重点反映生产成本、生产数量以及产品质量、生产时间等方面的内容。

（4）配送业务报告的内容一般包括配送业务预算、配送业务执行结果、差异分析及改善建议等。配送业务报告要重点反映配送的及时性、准确性以及配送损耗等方面的内容。

（5）销售业务报告的内容一般包括销售业务预算、销售业务执行结果、差异分析及改善建议等。销售业务报告要重点反映销售的数量结构和质量结构等方面的内容。

（6）售后服务业务报告的内容一般包括售后服务业务预算、售后服务业务执行结果、差异分析及改善建议等。售后服务业务报告要重点反映售后服务的客户满意度等方面的内容。

（7）人力资源报告的内容一般包括人力资源预算、人力资源执行结果、差异分析及改善建议等。人力资源报告要重点反映人力资源使用及考核等方面的内容。

【想一想】战略层、经营层和业务层三个层次管理会计报告有何联系与区别？

三、管理会计报告其他要求

（一）利用信息技术

企业应当充分利用信息技术，强化管理会计报告及相关信息集成和共享，将管理会计报告的编制、审批、报送和使用等纳入企业统一信息平台。

管理会计报告编制的关键是对庞大的财务及非财务信息进行收集，因而信息传递是管理会计报告能否顺利编制的前提。仅仅靠人工进行表格、文字的汇集梳理，会耗费大量的人力、物力，而且很容易出现遗漏和错误。在信息化建设的大背景下，企业必须建立一套符合企业需求的管理会计信息系统，通过现代化的信息手段来实现管理会计报告信息的收集、分类、整理、汇总工作，最终形成完整、准确、符合各层管理者需求特点的管理会计报告。

（二）优化与改进

企业应定期根据管理会计报告使用效果以及内外部环境变化对管理会计报告体系、内容以及编制、审批、报送、使用等进行优化。

随着企业的发展和变革，各层管理者需要的管理信息也在不断变化。管理需要的应当纳入管理会计报告的内容应及时扩充。同样，过去已经纳入管理会计报告但是现在已不需要的管理会计报告应取消编制。

（三）建立保密制度

企业管理会计报告属内部报告，应在允许的范围内传递和使用。相关人员应遵守保密规定。

企业应当制定严格的管理会计报告保密制度，避免公司机密泄露给竞争对手或其他无关人员，导致产生对公司不利的重大影响。企业要对涉密人员、涉密信息载体等进行管理。明确保密范围、保密内容、保密措施和保密级别，从信息传递的时间、空间、流程、接点等方面建立保密控制，通过监督检查、职责分离、授权接触、签订保密协议等手段防止公司的秘密泄露。

同步训练

一、单项选择题

1. 战略层管理会计报告是为（　　）开展战略规划、决策、控制和评价以及其他方面的管理活动提供相关信息的对内报告。

A. 战略层　　B. 经营层　　C. 各经营部门　　D. 职能部门

2. 经营层管理会计报告的报告对象是（　　）。

A. 战略层　　B. 经营层　　C. 各经营部门　　D. 职能部门

二、多项选择题

1. 企业管理会计报告流程包括报告的（　　）等环节。

A. 编制　　B. 审批　　C. 报送　　D. 使用与评价

2. 企业经营层管理会计报告的报告对象是企业的（　　）。

A. 业务部门　　B. 职能部门　　C. 车间　　D. 班组

三、案例分析题

据《财会月刊》2016年第4期《基于管理会计的内部管理报告体系构建——以得力文具为例》的介绍，得力文具借助阿米巴管理模式，构建了战略层、管理层、操作层的三级内部管理报告体系。其主要做法如下：

（1）公司中高层管理人员系统学习阿米巴经营理念，并在相关业务部门引入阿米巴管理模式。阿米巴经营理念根据管理的需要，把业务单位分割成细小的独立单元进行管理与财务核算，实质上就是一个特殊的管理会计系统。

（2）对财务组织架构进行重构，使财务会计与管理会计彻底分离，并在此基础上，构建了涵盖战略层、管理层和操作层三个层级的基于管理会计主体的组织架构，又称为构建内生动力的阿米巴组织。就如动车组的特点一样，经营动力结构多元化、分散化、均衡化，每一个节点都是动力制动点。

（3）基于管理会计主体的组织架构，构建相应的内部管理报告体系。综合考虑了营销渠道、材料供应来源与企业自身的组织架构等重要因素，得力文具自上而下制定了包含战略层、管理层、操作层及专题项目等方面的完整报告体系。

（4）确定内部管理报告的具体内容和模板。得力文具在管理报告体系中不仅纳入了财务指标，还纳入了人力资本、客户与市场、过程管理、学习成长等非财务指标。具体内容由财务负责人与管理主体负责人一起讨论确定。

（5）完善内部管理报告的运行环境。首先，完善信息化建设，实现财务业务一体化管理，导入外延专业管理信息化系统和BI商务智能系统；其次，构建涵盖战略财务、共享财务、业务财务的财务组织架构；最后，与地方高等院校合作，创办得力管理学院，除每月开设营销、生产、品质和财务等管理类课程外，还加大管理会计知识的培训，由集团分管财务的副总经理牵头，制定适合管理人员的管理会计课程，为内部管理报告的准确、及时、有效执行提供了人才保障。

要求：分析得力文具的管理会计报告管理的做法，探讨得力文具管理企业管理会计报告的经验。

参考答案

参考文献

［1］余绪缨．管理会计［M］．北京：首都经济贸易大学出版社，2004.

［2］中华人民共和国财政部．管理会计应用指引［M］．北京：经济科学出版社，2017.

［3］吴大军．管理会计［M］．5版．大连：东北财经大学出版社，2019.

［4］胡玉明．管理会计应用指引详解与实务［M］．北京：经济科学出版社，2018.

［5］中国注册会计师协会．财务成本管理［M］．北京：中国财政经济出版社，2020.

［6］中国注册会计师协会．公司战略与风险管理［M］．北京：经济科学出版社，2020.

［7］财政部会计资格评价中心．财务管理［M］．北京：经济科学出版社，2020.

［8］胡玉明．管理会计：管理还是会计［J］．新会计，2020（4）：6-12.

［9］胡玉明．承前启后：重温余绪缨管理会计思想［J］．财务研究，2018（4）：45-54.

［10］刘姗姗．管理会计与财务会计在企业财务管理中的应用研究［J］．财会学习，2020（4）：56，58.

附录

附表一　　复利终值系数表

利率 期数	1%	2%	3%	4%	5%	6%	7%	8%	9%	10%
1	1.0100	1.0200	1.0300	1.0400	1.0500	1.0600	1.0700	1.0800	1.0900	1.1000
2	1.0201	1.0404	1.0609	1.0816	1.1025	1.1236	1.1449	1.1664	1.1881	1.2100
3	1.0303	1.0612	1.0927	1.1249	1.1576	1.1910	1.2250	1.2597	1.2950	1.3310
4	1.0406	1.0824	1.1255	1.1699	1.2155	1.2625	1.3108	1.3605	1.4116	1.4641
5	1.0510	1.1041	1.1593	1.2167	1.2763	1.3382	1.4026	1.4693	1.5386	1.6105
6	1.0615	1.1262	1.1941	1.2653	1.3401	1.4185	1.5007	1.5869	1.6771	1.7716
7	1.0721	1.1487	1.2299	1.3159	1.4071	1.5036	1.6058	1.7138	1.8280	1.9487
8	1.0829	1.1717	1.2668	1.3686	1.4775	1.5938	1.7182	1.8509	1.9926	2.1436
9	1.0937	1.1951	1.3048	1.4233	1.5513	1.6895	1.8385	1.9990	2.1719	2.3579
10	1.1046	1.2190	1.3439	1.4802	1.6289	1.7908	1.9672	2.1589	2.3674	2.5937
11	1.1157	1.2434	1.3842	1.5395	1.7103	1.8983	2.1049	2.3316	2.5804	2.8531
12	1.1268	1.2682	1.4258	1.6010	1.7959	2.0122	2.2522	2.5182	2.8127	3.1384
13	1.1381	1.2936	1.4685	1.6651	1.8856	2.1329	2.4098	2.7196	3.0658	3.4523
14	1.1495	1.3195	1.5126	1.7317	1.9799	2.2609	2.5785	2.9372	3.3417	3.7975
15	1.1610	1.3459	1.5580	1.8009	2.0789	2.3966	2.7590	3.1722	3.6425	4.1772
16	1.1726	1.3728	1.6047	1.8730	2.1829	2.5404	2.9522	3.4259	3.9703	4.5950
17	1.1843	1.4002	1.6528	1.9479	2.2920	2.6928	3.1588	3.7000	4.3276	5.0545
18	1.1961	1.4282	1.7024	2.0258	2.4066	2.8543	3.3799	3.9960	4.7171	5.5599
19	1.2081	1.4568	1.7535	2.1068	2.5270	3.0256	3.6165	4.3157	5.1417	6.1159
20	1.2202	1.4859	1.8061	2.1911	2.6533	3.2071	3.8697	4.6610	5.6044	6.7275
21	1.2324	1.5157	1.8603	2.2788	2.7860	3.3996	4.1406	5.0338	6.1088	7.4002
22	1.2447	1.5460	1.9161	2.3699	2.9253	3.6035	4.4304	5.4365	6.6586	8.1403
23	1.2572	1.5769	1.9736	2.4647	3.0715	3.8197	4.7405	5.8715	7.2579	8.9543
24	1.2697	1.6084	2.0328	2.5633	3.2251	4.0489	5.0724	6.3412	7.9111	9.8497
25	1.2824	1.6406	2.0938	2.6658	3.3864	4.2919	5.4274	6.8485	8.6231	10.835
26	1.2953	1.6734	2.1566	2.7725	3.5557	4.5494	5.8074	7.3964	9.3992	11.918
27	1.3082	1.7069	2.2213	2.8834	3.7335	4.8223	6.2139	7.9881	10.245	13.110
28	1.3213	1.7410	2.2879	2.9987	3.9201	5.1117	6.6488	8.6271	11.167	14.421
29	1.3345	1.7758	2.3566	3.1187	4.1161	5.4184	7.1143	9.3173	12.172	15.863
30	1.3478	1.8114	2.4273	3.2434	4.3219	5.7435	7.6123	10.063	13.268	17.449
40	1.4889	2.2080	3.2620	4.8010	7.0400	10.286	14.975	21.725	31.409	45.259
50	1.6446	2.6916	4.3839	7.1067	11.467	18.420	29.457	46.902	74.358	117.39
60	1.8167	3.2810	5.8916	10.520	18.679	32.988	57.946	101.26	176.03	304.48

续表

利率 期数	12%	14%	15%	16%	18%	20%	24%	28%	32%	36%
1	1.1200	1.1400	1.1500	1.1600	1.1800	1.2000	1.2400	1.2800	1.3200	1.3600
2	1.2544	1.2996	1.3225	1.3456	1.3924	1.4400	1.5376	1.6384	1.7424	1.8496
3	1.4049	1.4815	1.5209	1.5609	1.6430	1.7280	1.9066	2.0972	2.3000	2.5155
4	1.5735	1.6890	1.7490	1.8106	1.9388	2.0736	2.3642	2.6844	3.0360	3.4210
5	1.7623	1.9254	2.0114	2.1003	2.2878	2.4883	2.9316	3.4360	4.0075	4.6526
6	1.9738	2.1950	2.3131	2.4364	2.6996	2.9860	3.6352	4.3980	5.2899	6.3275
7	2.2107	2.5023	2.6600	2.8262	3.1855	3.5832	4.5077	5.6295	6.9826	8.6054
8	2.4760	2.8526	3.0590	3.2784	3.7589	4.2998	5.5895	7.2058	9.2170	11.703
9	2.7731	3.2519	3.5179	3.8030	4.4355	5.1598	6.9310	9.2234	12.167	15.917
10	3.1058	3.7072	4.0456	4.4114	5.2338	6.1917	8.5944	11.806	16.060	21.647
11	3.4785	4.2262	4.6524	5.1173	6.1759	7.4301	10.657	15.112	21.199	29.439
12	3.8960	4.8179	5.3503	5.9360	7.2876	8.9161	13.215	19.343	27.983	40.038
13	4.3635	5.4924	6.1528	6.8858	8.5994	10.699	16.386	24.759	36.937	54.451
14	4.8871	6.2613	7.0757	7.9875	10.147	12.839	20.319	31.691	48.757	74.053
15	5.4736	7.1379	8.1371	9.2655	11.974	15.407	25.196	40.565	64.359	100.71
16	6.1304	8.1372	9.3576	10.748	14.129	18.488	31.243	51.923	84.954	136.97
17	6.8660	9.2765	10.761	12.468	16.672	22.186	38.741	66.461	112.14	186.28
18	7.6900	10.575	12.376	14.463	19.673	26.623	48.039	85.071	148.02	253.34
19	8.6128	12.056	14.232	16.777	23.214	31.948	59.568	108.89	195.39	344.54
20	9.6463	13.744	16.367	19.461	27.393	38.338	73.864	139.38	257.92	468.57
21	10.804	15.668	18.822	22.575	32.324	46.005	91.592	178.41	340.45	637.26
22	12.100	17.861	21.645	26.186	38.142	55.206	113.57	228.36	449.39	866.67
23	13.552	20.362	24.892	30.376	45.008	66.247	140.83	292.30	593.20	1178.7
24	15.179	23.212	28.625	35.236	53.109	79.497	174.63	374.14	783.02	1603.0
25	17.000	26.462	32.919	40.874	62.669	95.396	216.54	478.90	1033.6	2180.1
26	19.040	30.167	37.857	47.414	73.949	114.48	268.51	613.00	1364.3	2964.9
27	21.325	34.390	43.535	55.000	87.260	137.37	332.96	784.64	1800.9	4032.3
28	23.884	39.205	50.066	63.800	102.97	164.84	412.86	1004.3	2377.2	5483.9
29	26.750	44.693	57.576	74.009	121.50	197.81	511.95	1285.6	3137.9	7458.1
30	29.960	50.950	66.212	85.850	143.37	237.38	634.82	1645.5	4142.1	10143
40	93.051	188.88	267.86	378.72	750.38	1469.8	5455.9	19427	66521	*
50	289.00	700.23	1083.7	1670.7	3927.4	9100.4	46890	*	*	*
60	897.60	2595.9	4384.0	7370.2	20555	56348	*	*	*	*

注：* > 99 999

附表二

复利现值系数表

期数\利率	1%	2%	3%	4%	5%	6%	7%	8%	9%	10%
1	0.9901	0.9804	0.9709	0.9615	0.9524	0.9434	0.9346	0.9259	0.9174	0.9091
2	0.9803	0.9612	0.9426	0.9246	0.9070	0.8900	0.8734	0.8573	0.8417	0.8264
3	0.9706	0.9423	0.9151	0.8890	0.8638	0.8396	0.8163	0.7938	0.7722	0.7513
4	0.9610	0.9238	0.8885	0.8548	0.8227	0.7921	0.7629	0.7350	0.7084	0.6830
5	0.9515	0.9057	0.8626	0.8219	0.7835	0.7473	0.7130	0.6806	0.6499	0.6209
6	0.9420	0.8880	0.8375	0.7903	0.7462	0.7050	0.6663	0.6302	0.5963	0.5645
7	0.9327	0.8706	0.8131	0.7599	0.7107	0.6651	0.6227	0.5835	0.5470	0.5132
8	0.9235	0.8535	0.7894	0.7307	0.6768	0.6274	0.5820	0.5403	0.5019	0.4665
9	0.9143	0.8368	0.7664	0.7026	0.6446	0.5919	0.5439	0.5002	0.4604	0.4241
10	0.9053	0.8203	0.7441	0.6756	0.6139	0.5584	0.5083	0.4632	0.4224	0.3855
11	0.8963	0.8043	0.7224	0.6496	0.5847	0.5268	0.4751	0.4289	0.3875	0.3505
12	0.8874	0.7885	0.7014	0.6246	0.5568	0.4970	0.4440	0.3971	0.3555	0.3186
13	0.8787	0.7730	0.6810	0.6006	0.5303	0.4688	0.4150	0.3677	0.3262	0.2897
14	0.8700	0.7579	0.6611	0.5775	0.5051	0.4423	0.3878	0.3405	0.2992	0.2633
15	0.8613	0.7430	0.6419	0.5553	0.4810	0.4173	0.3624	0.3152	0.2745	0.2394
16	0.8528	0.7284	0.6232	0.5339	0.4581	0.3936	0.3387	0.2919	0.2519	0.2176
17	0.8444	0.7142	0.6050	0.5134	0.4363	0.3714	0.3166	0.2703	0.2311	0.1978
18	0.8360	0.7002	0.5874	0.4936	0.4155	0.3503	0.2959	0.2502	0.2120	0.1799
19	0.8277	0.6864	0.5703	0.4746	0.3957	0.3305	0.2765	0.2317	0.1945	0.1635
20	0.8195	0.6730	0.5537	0.4564	0.3769	0.3118	0.2584	0.2145	0.1784	0.1486
21	0.8114	0.6598	0.5375	0.4388	0.3589	0.2942	0.2415	0.1987	0.1637	0.1351
22	0.8034	0.6468	0.5219	0.4220	0.3418	0.2775	0.2257	0.1839	0.1502	0.1228
23	0.7954	0.6342	0.5067	0.4057	0.3256	0.2618	0.2109	0.1703	0.1378	0.1117
24	0.7876	0.6217	0.4919	0.3901	0.3101	0.2470	0.1971	0.1577	0.1264	0.1015
25	0.7798	0.6095	0.4776	0.3751	0.2953	0.2330	0.1842	0.1460	0.1160	0.0923
26	0.7720	0.5976	0.4637	0.3607	0.2812	0.2198	0.1722	0.1352	0.1064	0.0839
27	0.7644	0.5859	0.4502	0.3468	0.2678	0.2074	0.1609	0.1252	0.0976	0.0763
28	0.7568	0.5744	0.4371	0.3335	0.2551	0.1956	0.1504	0.1159	0.0895	0.0693
29	0.7493	0.5631	0.4243	0.3207	0.2429	0.1846	0.1406	0.1073	0.0822	0.0630
30	0.7419	0.5521	0.4120	0.3083	0.2314	0.1741	0.1314	0.0994	0.0754	0.0573
35	0.7059	0.5000	0.3554	0.2534	0.1813	0.1301	0.0937	0.0676	0.0490	0.0356
40	0.6717	0.4529	0.3066	0.2083	0.1420	0.0972	0.0668	0.0460	0.0318	0.0221
45	0.6391	0.4102	0.2644	0.1712	0.1113	0.0727	0.0476	0.0313	0.0207	0.0137
50	0.6080	0.3715	0.2281	0.1407	0.0872	0.0543	0.0339	0.0213	0.0134	0.0085
55	0.5785	0.3365	0.1968	0.1157	0.0683	0.0406	0.0242	0.0145	0.0087	0.0053

续表

期数 \ 利率	12%	14%	15%	16%	18%	20%	24%	28%	32%	36%
1	0.8929	0.8772	0.8696	0.8621	0.8475	0.8333	0.8065	0.7813	0.7576	0.7353
2	0.7972	0.7695	0.7561	0.7432	0.7182	0.6944	0.6504	0.6104	0.5739	0.5407
3	0.7118	0.6750	0.6575	0.6407	0.6086	0.5787	0.5245	0.4768	0.4348	0.3975
4	0.6355	0.5921	0.5718	0.5523	0.5158	0.4823	0.4230	0.3725	0.3294	0.2923
5	0.5674	0.5194	0.4972	0.4761	0.4371	0.4019	0.3411	0.2910	0.2495	0.2149
6	0.5066	0.4556	0.4323	0.4104	0.3704	0.3349	0.2751	0.2274	0.1890	0.1580
7	0.4523	0.3996	0.3759	0.3538	0.3139	0.2791	0.2218	0.1776	0.1432	0.1162
8	0.4039	0.3506	0.3269	0.3050	0.2660	0.2326	0.1789	0.1388	0.1085	0.0854
9	0.3606	0.3075	0.2843	0.2630	0.2255	0.1938	0.1443	0.1084	0.0822	0.0628
10	0.3220	0.2697	0.2472	0.2267	0.1911	0.1615	0.1164	0.0847	0.0623	0.0462
11	0.2875	0.2366	0.2149	0.1954	0.1619	0.1346	0.0938	0.0662	0.0472	0.0340
12	0.2567	0.2076	0.1869	0.1685	0.1372	0.1122	0.0757	0.0517	0.0357	0.0250
13	0.2292	0.1821	0.1625	0.1452	0.1163	0.0935	0.0610	0.0404	0.0271	0.0184
14	0.2046	0.1597	0.1413	0.1252	0.0985	0.0779	0.0492	0.0316	0.0205	0.0135
15	0.1827	0.1401	0.1229	0.1079	0.0835	0.0649	0.0397	0.0247	0.0155	0.0099
16	0.1631	0.1229	0.1069	0.0930	0.0708	0.0541	0.0320	0.0193	0.0118	0.0073
17	0.1456	0.1078	0.0929	0.0802	0.0600	0.0451	0.0258	0.0150	0.0089	0.0054
18	0.1300	0.0946	0.0808	0.0691	0.0508	0.0376	0.0208	0.0118	0.0068	0.0039
19	0.1161	0.0829	0.0703	0.0596	0.0431	0.0313	0.0168	0.0092	0.0051	0.0029
20	0.1037	0.0728	0.0611	0.0514	0.0365	0.0261	0.0135	0.0072	0.0039	0.0021
21	0.0926	0.0638	0.0531	0.0443	0.0309	0.0217	0.0109	0.0056	0.0029	0.0016
22	0.0826	0.0560	0.0462	0.0382	0.0262	0.0181	0.0088	0.0044	0.0022	0.0012
23	0.0738	0.0491	0.0402	0.0329	0.0222	0.0151	0.0071	0.0034	0.0017	0.0008
24	0.0659	0.0431	0.0349	0.0284	0.0188	0.0126	0.0057	0.0027	0.0013	0.0006
25	0.0588	0.0378	0.0304	0.0245	0.0160	0.0105	0.0046	0.0021	0.0010	0.0005
26	0.0525	0.0331	0.0264	0.0211	0.0135	0.0087	0.0037	0.0016	0.0007	0.0003
27	0.0469	0.0291	0.0230	0.0182	0.0115	0.0073	0.0030	0.0013	0.0006	0.0002
28	0.0419	0.0255	0.0200	0.0157	0.0097	0.0061	0.0024	0.0010	0.0004	0.0002
29	0.0374	0.0224	0.0174	0.0135	0.0082	0.0051	0.0020	0.0008	0.0003	0.0001
30	0.0334	0.0196	0.0151	0.0116	0.0070	0.0042	0.0016	0.0006	0.0002	0.0001
35	0.0189	0.0102	0.0075	0.0055	0.0030	0.0017	0.0005	0.0002	0.0001	*
40	0.0107	0.0053	0.0037	0.0026	0.0013	0.0007	0.0002	0.0001	*	*
45	0.0061	0.0027	0.0019	0.0013	0.0006	0.0003	0.0001	*	*	*
50	0.0035	0.0014	0.0009	0.0006	0.0003	0.0001	*	*	*	*
55	0.0020	0.0007	0.0005	0.0003	0.0001	*	*	*	*	*

注：* < 0.0001

附表三

年金终值系数表

利率 期数	1%	2%	3%	4%	5%	6%	7%	8%	9%	10%
1	1.0000	1.0000	1.0000	1.0000	1.0000	1.0000	1.0000	1.0000	1.0000	1.0000
2	2.0100	2.0200	2.0300	2.0400	2.0500	2.0600	2.0700	2.0800	2.0900	2.1000
3	3.0301	3.0604	3.0909	3.1216	3.1525	3.1836	3.2149	3.2464	3.2781	3.3100
4	4.0604	4.1216	4.1836	4.2465	4.3101	4.3746	4.4399	4.5061	4.5731	4.6410
5	5.1010	5.2040	5.3091	5.4163	5.5256	5.6371	5.7507	5.8666	5.9847	6.1051
6	6.1520	6.3081	6.4684	6.6330	6.8019	6.9753	7.1533	7.3359	7.5233	7.7156
7	7.2135	7.4343	7.6625	7.8983	8.1420	8.3938	8.6540	8.9228	9.2004	9.4872
8	8.2857	8.5830	8.8923	9.2142	9.5491	9.8975	10.260	10.637	11.029	11.436
9	9.3685	9.7546	10.159	10.583	11.027	11.491	11.978	12.488	13.021	13.580
10	10.462	10.950	11.464	12.006	12.578	13.181	13.816	14.487	15.193	15.937
11	11.567	12.169	12.808	13.486	14.207	14.972	15.784	16.646	17.560	18.531
12	12.683	13.412	14.192	15.026	15.917	16.870	17.889	18.977	20.141	21.384
13	13.809	14.680	15.618	16.627	17.713	18.882	20.141	21.495	22.953	24.523
14	14.947	15.974	17.086	18.292	19.599	21.015	22.551	24.215	26.019	27.975
15	16.097	17.293	18.599	20.024	21.579	23.276	25.129	27.152	29.361	31.773
16	17.258	18.639	20.157	21.825	23.658	25.673	27.888	30.324	33.003	35.950
17	18.430	20.012	21.762	23.698	25.840	28.213	30.840	33.750	36.974	40.545
18	19.615	21.412	23.414	25.645	28.132	30.906	33.999	37.450	41.301	45.599
19	20.811	22.841	25.117	27.671	30.539	33.760	37.379	41.446	46.019	51.159
20	22.019	24.297	26.870	29.778	33.066	36.786	40.996	45.762	51.160	57.275
21	23.239	25.783	28.677	31.969	35.719	39.993	44.865	50.423	56.765	64.003
22	24.472	27.299	30.537	34.248	38.505	43.392	49.006	55.457	62.873	71.403
23	25.716	28.845	32.453	36.618	41.431	46.996	53.436	60.893	69.532	79.543
24	26.974	30.422	34.427	39.083	44.502	50.816	58.177	66.765	76.790	88.497
25	28.243	32.030	36.459	41.646	47.727	54.865	63.249	73.106	84.701	98.347
26	29.526	33.671	38.553	44.312	51.114	59.156	68.677	79.954	93.324	109.18
27	30.821	35.344	40.710	47.084	54.669	63.706	74.484	87.351	102.72	121.10
28	32.129	37.051	42.931	49.968	58.403	68.528	80.698	95.339	112.97	134.21
29	33.450	38.792	45.219	52.966	62.323	73.640	87.347	103.97	124.14	148.63
30	34.785	40.568	47.575	56.085	66.439	79.058	94.461	113.28	136.31	164.49
40	48.886	60.402	75.401	95.026	120.80	154.76	199.64	259.06	337.88	442.59
50	64.463	84.579	112.80	152.67	209.35	290.34	406.53	573.77	815.08	1163.9
60	81.670	114.05	163.05	237.99	353.58	533.13	813.52	1253.2	1944.8	3034.8

续表

利率 期数	12%	14%	15%	16%	18%	20%	24%	28%	32%	36%
1	1.0000	1.0000	1.0000	1.0000	1.0000	1.0000	1.0000	1.0000	1.0000	1.0000
2	2.1200	2.1400	2.1500	2.1600	2.1800	2.2000	2.2400	2.2800	2.3200	2.3600
3	3.3744	3.4396	3.4725	3.5056	3.5724	3.6400	3.7776	3.9184	4.0624	4.2096
4	4.7793	4.9211	4.9934	5.0665	5.2154	5.3680	5.6842	6.0156	6.3624	6.7251
5	6.3528	6.6101	6.7424	6.8771	7.1542	7.4416	8.0484	8.6999	9.3983	10.146
6	8.1152	8.5355	8.7537	8.9775	9.4420	9.9299	10.980	12.136	13.406	14.799
7	10.089	10.731	11.067	11.414	12.142	12.916	14.615	16.534	18.696	21.126
8	12.300	13.233	13.727	14.240	15.327	16.499	19.123	22.163	25.678	29.732
9	14.776	16.085	16.786	17.519	19.086	20.799	24.713	29.369	34.895	41.435
10	17.549	19.337	20.304	21.322	23.521	25.959	31.643	38.593	47.062	57.352
11	20.655	23.045	24.349	25.733	28.755	32.150	40.238	50.399	63.122	78.998
12	24.133	27.271	29.002	30.850	34.931	39.581	50.895	65.510	84.320	108.44
13	28.029	32.089	34.352	36.786	42.219	48.497	64.110	84.853	112.30	148.48
14	32.393	37.581	40.505	43.672	50.818	59.196	80.496	109.61	149.24	202.93
15	37.280	43.842	47.580	51.660	60.965	72.035	100.82	141.30	198.00	276.98
16	42.753	50.980	55.718	60.925	72.939	87.442	126.01	181.87	262.36	377.69
17	48.884	59.118	65.075	71.673	87.068	105.93	157.25	233.79	347.31	514.66
18	55.750	68.394	75.836	84.141	103.74	128.12	195.99	300.25	459.45	700.94
19	63.440	78.969	88.212	98.603	123.41	154.74	244.03	385.32	607.47	954.28
20	72.052	91.025	102.44	115.38	146.63	186.69	303.60	494.21	802.86	1298.8
21	81.699	104.77	118.81	134.84	174.02	225.03	377.46	633.59	1060.8	1767.4
22	92.503	120.44	137.63	157.42	206.34	271.03	469.06	812.00	1401.2	2404.7
23	104.60	138.30	159.28	183.60	244.49	326.24	582.63	1040.4	1850.6	3271.3
24	118.16	158.66	184.17	213.98	289.49	392.48	723.46	1332.7	2443.8	4450.0
25	133.33	181.87	212.79	249.21	342.60	471.98	898.09	1706.8	3226.8	6053.0
26	150.33	208.33	245.71	290.09	405.27	567.38	1114.6	2185.7	4260.4	8233.1
27	169.37	238.50	283.57	337.50	479.22	681.85	1383.1	2798.7	5624.8	11198
28	190.70	272.89	327.10	392.50	566.48	819.22	1716.1	3583.3	7425.7	15230
29	214.58	312.09	377.17	456.30	669.45	984.07	2129.0	4587.7	9802.9	20714
30	241.33	356.79	434.75	530.31	790.95	1181.9	2640.9	5873.2	12941	28172
40	767.09	1342.0	1779.1	2360.8	4163.2	7343.9	22729	69377	207874	609890
50	2400.0	4994.5	7217.7	10436	21813	45497	195373	819103	*	*
60	7471.6	18535	29220	46058	114190	281733	*	*	*	*

注：* > 999 999.99

附表四

年金现值系数表

期数 \ 利率	1%	2%	3%	4%	5%	6%	7%	8%	9%	10%
1	0.9901	0.9804	0.9709	0.9615	0.9524	0.9434	0.9346	0.9259	0.9174	0.9091
2	1.9704	1.9416	1.9135	1.8861	1.8594	1.8334	1.8080	1.7833	1.7591	1.7355
3	2.9410	2.8839	2.8286	2.7751	2.7232	2.6730	2.6243	2.5771	2.5313	2.4869
4	3.9020	3.8077	3.7171	3.6299	3.5460	3.4651	3.3872	3.3121	3.2397	3.1699
5	4.8534	4.7135	4.5797	4.4518	4.3295	4.2124	4.1002	3.9927	3.8897	3.7908
6	5.7955	5.6014	5.4172	5.2421	5.0757	4.9173	4.7665	4.6229	4.4859	4.3553
7	6.7282	6.4720	6.2303	6.0021	5.7864	5.5824	5.3893	5.2064	5.0330	4.8684
8	7.6517	7.3255	7.0197	6.7327	6.4632	6.2098	5.9713	5.7466	5.5348	5.3349
9	8.5660	8.1622	7.7861	7.4353	7.1078	6.8017	6.5152	6.2469	5.9952	5.7590
10	9.4713	8.9826	8.5302	8.1109	7.7217	7.3601	7.0236	6.7101	6.4177	6.1446
11	10.3676	9.7868	9.2526	8.7605	8.3064	7.8869	7.4987	7.1390	6.8052	6.4951
12	11.2551	10.5753	9.9540	9.3851	8.8633	8.3838	7.9427	7.5361	7.1607	6.8137
13	12.1337	11.3484	10.6350	9.9856	9.3936	8.8527	8.3577	7.9038	7.4869	7.1034
14	13.0037	12.1062	11.2961	10.5631	9.8986	9.2950	8.7455	8.2442	7.7862	7.3667
15	13.8651	12.8493	11.9379	11.1184	10.3797	9.7122	9.1079	8.5595	8.0607	7.6061
16	14.7179	13.5777	12.5611	11.6523	10.8378	10.1059	9.4466	8.8514	8.3126	7.8237
17	15.5623	14.2919	13.1661	12.1657	11.2741	10.4773	9.7632	9.1216	8.5436	8.0216
18	16.3983	14.9920	13.7535	12.6593	11.6896	10.8276	10.0591	9.3719	8.7556	8.2014
19	17.2260	15.6785	14.3238	13.1339	12.0853	11.1581	10.3356	9.6036	8.9501	8.3649
20	18.0456	16.3514	14.8775	13.5903	12.4622	11.4699	10.5940	9.8181	9.1285	8.5136
21	18.8570	17.0112	15.4150	14.0292	12.8212	11.7641	10.8355	10.0168	9.2922	8.6487
22	19.6604	17.6580	15.9369	14.4511	13.1630	12.0416	11.0612	10.2007	9.4424	8.7715
23	20.4558	18.2922	16.4436	14.8568	13.4886	12.3034	11.2722	10.3711	9.5802	8.8832
24	21.2434	18.9139	16.9355	15.2470	13.7986	12.5504	11.4693	10.5288	9.7066	8.9847
25	22.0232	19.5235	17.4131	15.6221	14.0939	12.7834	11.6536	10.6748	9.8226	9.0770
26	22.7952	20.1210	17.8768	15.9828	14.3752	13.0032	11.8258	10.8100	9.9290	9.1609
27	23.5596	20.7069	18.3270	16.3296	14.6430	13.2105	11.9867	10.9352	10.0266	9.2372
28	24.3164	21.2813	18.7641	16.6631	14.8981	13.4062	12.1371	11.0511	10.1161	9.3066
29	25.0658	21.8444	19.1885	16.9837	15.1411	13.5907	12.2777	11.1584	10.1983	9.3696
30	25.8077	22.3965	19.6004	17.2920	15.3725	13.7648	12.4090	11.2578	10.2737	9.4269
35	29.4086	24.9986	21.4872	18.6646	16.3742	14.4982	12.9477	11.6546	10.5668	9.6442
40	32.8347	27.3555	23.1148	19.7928	17.1591	15.0463	13.3317	11.9246	10.7574	9.7791
45	36.0945	29.4902	24.5187	20.7200	17.7741	15.4558	13.6055	12.1084	10.8812	9.8628
50	39.1961	31.4236	25.7298	21.4822	18.2559	15.7619	13.8007	12.2335	10.9617	9.9148
55	42.1472	33.1748	26.7744	22.1086	18.6335	15.9905	13.9399	12.3186	11.0140	9.9471

续表

期数 \ 利率	12%	14%	15%	16%	18%	20%	24%	28%	32%	36%
1	0.8929	0.8772	0.8696	0.8621	0.8475	0.8333	0.8065	0.7813	0.7576	0.7353
2	1.6901	1.6467	1.6257	1.6052	1.5656	1.5278	1.4568	1.3916	1.3315	1.2760
3	2.4018	2.3216	2.2832	2.2459	2.1743	2.1065	1.9813	1.8684	1.7663	1.6735
4	3.0373	2.9137	2.8550	2.7982	2.6901	2.5887	2.4043	2.2410	2.0957	1.9658
5	3.6048	3.4331	3.3522	3.2743	3.1272	2.9906	2.7454	2.5320	2.3452	2.1807
6	4.1114	3.8887	3.7845	3.6847	3.4976	3.3255	3.0205	2.7594	2.5342	2.3388
7	4.5638	4.2883	4.1604	4.0386	3.8115	3.6046	3.2423	2.9370	2.6775	2.4550
8	4.9676	4.6389	4.4873	4.3436	4.0776	3.8372	3.4212	3.0758	2.7860	2.5404
9	5.3282	4.9464	4.7716	4.6065	4.3030	4.0310	3.5655	3.1842	2.8681	2.6033
10	5.6502	5.2161	5.0188	4.8332	4.4941	4.1925	3.6819	3.2689	2.9304	2.6495
11	5.9377	5.4527	5.2337	5.0286	4.6560	4.3271	3.7757	3.3351	2.9776	2.6834
12	6.1944	5.6603	5.4206	5.1971	4.7932	4.4392	3.8514	3.3868	3.0133	2.7084
13	6.4235	5.8424	5.5831	5.3423	4.9095	4.5327	3.9124	3.4272	3.0404	2.7268
14	6.6282	6.0021	5.7245	5.4675	5.0081	4.6106	3.9616	3.4587	3.0609	2.7403
15	6.8109	6.1422	5.8474	5.5755	5.0916	4.6755	4.0013	3.4834	3.0764	2.7502
16	6.9740	6.2651	5.9542	5.6685	5.1624	4.7296	4.0333	3.5026	3.0882	2.7575
17	7.1196	6.3729	6.0472	5.7487	5.2223	4.7746	4.0591	3.5177	3.0971	2.7629
18	7.2497	6.4674	6.1280	5.8178	5.2732	4.8122	4.0799	3.5294	3.1039	2.7668
19	7.3658	6.5504	6.1982	5.8775	5.3162	4.8435	4.0967	3.5386	3.1090	2.7697
20	7.4694	6.6231	6.2593	5.9288	5.3527	4.8696	4.1103	3.5458	3.1129	2.7718
21	7.5620	6.6870	6.3125	5.9731	5.3837	4.8913	4.1212	3.5514	3.1158	2.7734
22	7.6446	6.7429	6.3587	6.0113	5.4099	4.9094	4.1300	3.5558	3.1180	2.7746
23	7.7184	6.7921	6.3988	6.0442	5.4321	4.9245	4.1371	3.5592	3.1197	2.7754
24	7.7843	6.8351	6.4338	6.0726	5.4509	4.9371	4.1428	3.5619	3.1210	2.7760
25	7.8431	6.8729	6.4641	6.0971	5.4669	4.9476	4.1474	3.5640	3.1220	2.7765
26	7.8957	6.9061	6.4906	6.1182	5.4804	4.9563	4.1511	3.5656	3.1227	2.7768
27	7.9426	6.9352	6.5135	6.1364	5.4919	4.9636	4.1542	3.5669	3.1233	2.7771
28	7.9844	6.9607	6.5335	6.1520	5.5016	4.9697	4.1566	3.5679	3.1237	2.7773
29	8.0218	6.9830	6.5509	6.1656	5.5098	4.9747	4.1585	3.5687	3.1240	2.7774
30	8.0552	7.0027	6.5660	6.1772	5.5168	4.9789	4.1601	3.5693	3.1242	2.7775
35	8.1755	7.0700	6.6166	6.2153	5.5386	4.9915	4.1644	3.5708	3.1248	2.7777
40	8.2438	7.1050	6.6418	6.2335	5.5482	4.9966	4.1659	3.5712	3.1250	2.7778
45	8.2825	7.1232	6.6543	6.2421	5.5523	4.9986	4.1664	3.5714	3.1250	2.7778
50	8.3045	7.1327	6.6605	6.2463	5.5541	4.9995	4.1666	3.5714	3.1250	2.7778
55	8.3170	7.1376	6.6636	6.2482	5.5549	4.9998	4.1666	3.5714	3.1250	2.7778

微课索引

为了便于学生自主学习，我们制作了20个微课，以二维码的形式添加在本教材中，用手机扫描二维码即可直接观看内容，括号内标注了二维码的具体页码。